從尼克森到柯林頓

# 美國對華「一個中國」政策之演變

胡為眞◎著

臺灣商務印書館 發行

謹以本書獻予

內子

林惠英女士

# 「通識叢書」序

王壽南

　　近年來，通識教育成為教育界的熱門話題，教育部取消了大學共同必修科（國文、英文、中國通史、中國現代史、憲法），要求各大學自行規定學生必須修習通識課程若干學分，於是，在大學中，通識課程成為一個重要的項目，許多大學為了落實通識科目，還在學校內設置了通識教育中心，以規劃全校的通識教育。不過，在國內一百多所大學中設置通識教育中心的仍屬少數，尤其許多單科性的大學或升格不久的大學，不但沒有負責通識教育的單位，甚至把通識教育當成填塞性課程，使通識教育未能達到理想的目的。

　　大學通識教育重大的困難有二：一是大學中對通識的定義未能獲得共識。許多大學校務負責人和教師都未瞭解通識的意義，於是使得許多大學的通識課程科目出現可議之處，有些大學把相當專業的科目開放給外院系學生選修當成通識科目，有些大學把通識課程當成普通常識課程，這都反映出大學教師對通識教育的欠缺瞭解。

　　另一個困難是大學通識科目缺少典範性的教材。當然，在大學中沒有指定全國通用的教科書，但每一科目幾乎都會有一、二種被該科教師認為最佳的教科書，這些被公認為該科最佳的教科書實即典範性的教材，在典範性教材指引下，該科目的講授內容大致劃出了核心和範圍，教師們授課雖可以自由發揮，但不致於遠離核心和範圍。通識科目由於缺少典範性的教材，所以教師們在講授同一通識科目時，可能南轅北轍，全無交集，使學生在修習此通識科目後，可能無法瞭解這一科目的核心和範圍所在。

由於上述兩大困難，所以目前大學的通識課程出現相當混亂的狀況。當然，我國通識教育的推行才剛剛踏上起步階段，困難乃是可以理解的事，我們希望大學教師能共同努力，解決各種困難，使通識教育能步入成功之路。

本叢書編撰的目的在為大學通識科目提供教學參考資料。本叢書特別強調兩個重點：科際整合與人文精神，期能真正顯示出通識的真義。我們不敢自許為典範性的教材，但我們願意為大學通識科目的教師與學生盡一分心力，希望修習這一科目的師生能從書中獲得一些研習的線索。

通識課程並無固定的科目名稱，而且包羅範圍極廣，其領域涵蓋了人文學、社會科學、物質科學和生命科學，因此，本叢書的書種並無限制，我們將盡量約請學有專長、淵博貫通又能兼備人文素養的學者專家來撰寫。

本叢書的出版旨在為我國剛起步的通識教育投注一分關懷，希望未來的通識教育能步入平坦的大道，提升大學教育的素質。我們期盼關心通識教育的學者專家給予指教和鼓勵。

2000 年 11 月 12 日於台北鑑宇齋

# 序　言

　　半個世紀以來，尤其近三十年來的亞洲局勢變化極大：超強之一的蘇聯，在農工業長期不均衡的發展下，經過不斷的軍力擴張，終於導致經濟衰敗而解體；中共經過史無前例的文化大革命，改採經濟上改革開放，政治上維持共黨專制的體制，結果國力增長，但人民對共產主義信仰不再，社會腐化及各項結構性矛盾問題日顯。日本的經濟和科技實力仍然維持舉足輕重的地位，但亦面臨成長遲滯的問題。在台灣的中華民國以有限的資源和土地，成功地自農業、輕工業為主的經濟，發展成世界高科技的重鎮，而政治上也演進成為完全民主化的體制，人民教育水準大幅提高。這種種的變化均影響了美國與各國間彼此的關係，也影響美國在亞洲的利益和各項政策考慮。

　　傳統上，美國外交政策雖顯示重歐輕亞的趨勢，其在亞洲的政策目標則基本上在維護當地的權力平衡和各國的獨立自主，以便保護並促進美國的安全及利益；其中美國與日本之關係或與中國之關係，一向是美國亞太政策中最重要的考量。事實上，美國對華政策不但是其外交政策重要一環，也是學術界研討辯論的重要題材，因為「中國」既對美國利益的促進提供了機會，多年來更構成了挑戰。

　　美國對華「一個中國」政策是個十分複雜的題材，隨著美國不少官方文件陸續的解密，有關美國對華政策史的外文著作出版甚豐，只可惜多數論著對於中華民國立場及角色之探討均嫌不足，即使就已出版之各項中文著作而言，其中顧及我國角度，而又綜合說明數十年來美國對華政策演變之書籍殊不多覯。由於在政治大學外交系及外交研究所授課，經常遇見學生提問美國對華政策的演變，

使作者頗有感於國內對此一課題可供一般參考中文資料之缺乏。適逢政府機關某人員訓練部門邀請就此課題授課,乃開始蒐集資料,撰寫成一套教材。茲再根據現有中英文公開資料,將之編輯成冊,期望能儘量以客觀的態度,從顧及我方的角度,將史實發展加以簡述,同時亦將中美關係相關正式文件彙集作為附錄,俾便相關科系學生在研讀美國及我國外交史時有另一項資料可供參考,並可自本書的註釋、書目及附錄中獲得進一步研究的線索。

本書的撰寫主要參考我國、美國及大陸已出版的官方文件檔案以及相關官員的回憶錄,傳記等,力求資料的完整與平衡,並觀察比較其中的異同。由於近年來美國外交檔案解密者不少(特別值得一提的是 1999 年出版的「美中關係檔案」中二千餘份文件),而美國政府退職官員則多有回憶錄留傳;此外,中共亦有不少相關出版品問世,加以網際網路查考資訊的便利,對此一題材的撰述均提供了助力;至於台北各有關單位已出版各年度的中華民國史事紀要、中美關係報告及中共年報等,亦均成為本書甚佳的參考工具。

第一章緒論,簡述我國政府 1949 年遷台以來以迄美國尼克森擔任總統前的發展,由於美國當時承認我國政府代表中國,許多事件的演變亦與今日情勢相關,故使用若干篇幅,以作本書主體之背景。第二章至第七章各以一任美國總統之對華政策作為敘述的重心,其次序乃是共和黨的尼克森、福特、民主黨的卡特、共和黨的雷根、布希及民主黨的柯林頓。其中在卡特政府後一半任期以後,美國才轉變對華政策,外交承認的對象從台北移至北京。第七章關於柯林頓政府部分,篇幅較多,因其對目前狀況,影響最直接。柯氏的時代,基本上敘述到公元 2000 年春季為止,當時美國開始準備總統大選,執政的民主黨對華政策基調已定,不會再有重大變化;而我國因民進黨陳水扁先生在 3 月間的總統大選中獲勝,亦代表一個新時代的開始,因此本書以此時為結束點。

此書撰寫過程中,承蒙趙國材及孫同勛兩位教授在百忙的教學

與研究工作中，花費寶貴時間對本書作了深入的批評指正，而陳全綸、朱瑞園、王涵江、何其穎、方玫芬諸先生女士於餘暇亦在打字、校訂等事務上提供協助，竭盡辛勞，在此敬致謝忱。至於台灣商務印書館為本書出版發行，更是作者的榮幸。

　　作者多年來服務於政府不同機構，亦先後任教於師範大學及政治大學，但此項研究完全是個人的學術作品，其中之論點不代表任何單位。由於作者學養不足，而撰寫本書之時間尤其有限，內容恐有失誤，謹以拋磚引玉的態度，期望各界專家不吝指正，俾便將來再作增修。


　　　　　　　　　　　　　　　　胡為真
　　　　　　　　　　　　　　　　民國八十九年十二月於台北

# 目　　錄

第一章

# 緒　　論

## ——1949 至 1969 年間美國對華政策演變概況

　　從歷史的發展觀察，美國一向有重視中國的傳統，美國人對中
國亦總有一種憧憬、尊敬，而且隨時願意提供協助的情感。五十年
來，美國的對華政策反應了此種心理，也反映了美國人的現實主
義，只是由於影響它的內外因素多，牽涉廣，包括國際格局的變
化、兩岸定位的互動、美國及兩岸之內部發展等，不易維持一致而
延續的政策，也不易予以清晰說明，尤其對所謂「一個中國」政策
為然。1999年9月15日，美國駐聯合國人員在發言反對我國若干友
邦所呼籲注意台灣未能參與聯合國之事實時，強調美國對華政策在
過去廿八年間，歷任了尼克森、福特、卡特、雷根、布希及柯林頓
六任總統，一直是一貫而清楚的（consistent and clear）；[①] 10 月 21
日，美國國家安全事務顧問柏格（Samuel R. Berger）在紐約外交關
係協會（Council on Foreign Relations）發表演說時，也表示美方有
一歷經共和民主兩黨政府之「一個中國」政策架構（framework of
one-China policy），在此架構下，「自 1972 年起，美台關係發展順
利，美『中』關係亦有所進展。」[②] 但另一方面，同樣在 1999 年，
美國北卡羅林納州選出之聯邦參議員赫姆斯（Senator Jesse Helms）

---

① Taiwan Seaurity Research, "Media-Reuters" Website at http://taiwansecurity.org (20
　Feb, 2000).

② website at http://www.cfr.org, 1999.10.21.

卻指稱美國的「一個中國政策」是一個「令人困惑的虛構故事」（a puzzling fiction），而在白宮記者會中，亦有記者引用之以詢問柯林頓總統，柯林頓雖不贊成赫氏之形容，卻也承認海峽兩岸沒有統一是個事實。③

本書乃試圖簡述自尼克森、福特、卡特、雷根、布希以迄柯林頓共六任美國政府對華關係的演變，並觀察究竟前述美政府中，行政部門如柏格之說法還是立法部門赫姆斯的說法更接近事實。書中的對「華」政策則同時包括我國及中共。

由於尼克森總統繼承了其前任的對華政策，而當時美國仍係與在台北的中華民國政府維持外交關係，華府與台北且為有協防條約的盟國。在當時的情況下，美國與中共之關係又係如何？本章緒論乃將中華人民共和國成立、中華民國政府遷台以來，以至尼克森上任以前的美國對華政策作一扼要析述，俾作為其後發展的背景介紹。

# 一、中共政權成立後美國對華政策之轉化

1949年2月，中華民國政府由於與中共戰事迅速逆轉，乃自南京遷往廣州。④10月1日，中共在北京宣佈成立中華人民共和國，⑤同日發函各國，表示願同各國建立外交關係。⑥兩日前，即9月29日，中共「中國人民政治協商會談」通過的「共同綱領」宣稱，凡與「國民黨反動派」的中華民國政府斷絕關係並對中共友好之外國

---

③ 見 White House Briefing Room, "Press Conference by the President," website at http://www.pub.whitehouse.gov/urines/(20 Feb, 2000), 第 3 頁。
④ 潘振球主編，《中華民國史事紀要（初稿）-中華民國 38 年（1949）1 至 6 月份》（台北：國史館，1996 年 2 月），第 234 頁。
⑤ 潘振球主編，《中華民國史事紀要（初稿）-中華民國 38 年（1949）10 至 12 月份》（台北：國史館，1997 年 10 月），第 8-9 頁。
⑥ 同上註，第 9-10 頁；〈外交部長周恩來將毛澤東主席宣告中華人民共和國中央人民政府成立的公告送達各國政府的公函〉，載《中華人民共和國對外關係文件集（1949-1950）》，第一集（北京：世界知識出版社，1957），第 5 頁。

政府，中共政府均可與之建交。⑦於是，蘇聯政府在次日，亦即10月2日，成為第一個決定與中華人民共和國建交的外國政府。是日照會中華民國駐蘇聯大使館，聲稱「蘇聯政府……確信中國中央人民政府是絕大多數中國人民意志的代表者……位於廣州的閻錫山先生的政府……已變成廣東省政府，而失去了代表中國與外國保持外交關係的可能性」，故決定召回蘇聯代表；⑧10月3日，中共覆照蘇聯，盼即行建交，而中華民國政府亦於10月3日宣佈與蘇聯斷交。⑨

中華民國政府在1949年10月以後，隨著戰事之發展，自廣州遷往重慶，再遷往成都，而在12月8日播遷台灣台北，⑩自此中國在台灣海峽兩岸之分治於焉形成。因此在中共建立中華人民共和國，並控制了中國領土的大部分，而中華民國政府仍然存在，只是有效統治範圍縮小後的這五十年餘，根據國際法，對中國的承認與否便是「政府承認」（recognition of government）的問題，而不是「國家承認」（recognition of state）的問題，⑪而爭取外國承認並防阻他國因承認中共政權而與我斷交，自然也就成為五十餘年來我國外交工作的重要目標。⑫

⑦ 見〈中國人民政治協商會談共同綱領（節錄）〉載于《中華人民共和國對外關係文件集（1949-1950）》，第一集，第1頁；該綱領亦有「臨時憲法」的作用，見竇暉編著，《中華人民共和國對外關係概述》（上海：外語教育出版社，1988），第2-3頁。

⑧ 見《中華民國史事紀要（初稿）-中華民國38年10至12月份》，第12-15頁；「蘇聯政府來電」及「中國政府覆蘇聯政府電」，載於《中華人民共和國對外關係文集（1949-1950）》，第一集，第6-7頁。

⑨ 《人民日報》（北京），1949年10月4日，1版；另見「李宗仁代總統為中共成立『中華人民共和國』發表昭告全國同胞及世界友邦人士書」及「外交部長葉公超發表聲明我國與蘇聯絕交」全文，《中華民國史事紀要（初稿）-中華民國38年10至12月份》，第15-17, 19-22頁。

⑩ 中華民國政府在民國38年間遷徙情形可參考《中華民國史事紀要-中華民國38年10至12月份》，第94-96, 100, 121-26, 424, 481, 544-49頁；以及蔣經國，《風雨中的寧靜》，16版（台北：黎明文化公司，1984），第117-279頁。

⑪ 參考《中共於國際雙邊關係中對台灣地位等問題的主張之研究》（台北：國立政治大學國際關係研究中心顧問委員會，1996年5月），第3-5頁。

⑫ 參考1949年時我國駐美顧維鈞大使對此事之看法，見顧維鈞述，中國社會科學院近代史研究所譯，《顧維鈞回憶錄》，第7分冊（北京：中華書局，1988），第407, 433頁。

美國國務院在1948至1949年時，對中國局勢的迅速轉變感到難以掌握，其對華政策的處理頗為混淆，其官員亦有在中共成立政權後即予以承認的想法。[13] 所以當國民政府在1949年春自南京遷往廣州之際，其使館雖然隨我中央政府遷移，美駐華大使司徒雷登（John Leighton Stuart）卻滯留南京，並於6月底與中共代表黃華接觸。[14] 惟當時蘇聯和美國所領導的東西兩大陣營的冷戰格局已經形成，中共主席毛澤東乃於6月30日發表〈論人民民主專政〉一文，強調「一邊倒」政策，也就是中共在國際上是屬於以蘇聯為首的反帝國主義戰線一方面的，所謂「中國人要……倒向社會主義一邊……騎牆是不行的，第三條道路是沒有的」；「靠蘇聯這個巨人站在我們背後，這就極大地鼓舞了我們的銳氣，大剎了國民黨的威風」[15] 而中共軍隊在佔領上海、北京、瀋陽時對美國領館人員亦多予軟禁或侮辱。換言之，在大陸一片反帝國主義聲浪中，中共在言行上都展現出親蘇反美的姿態，致使美國在對中共的立場上頗為

⑬ 同上註，第118頁；袁明，〈新中國成立前後的美國對華政策觀〉，袁明，哈里．哈丁主編，《中美關係史上沉重的一頁（*Sino-American Relations 1945-1955. A Collaborative Reassessment of a Troubled Time*）》（北京：北京大學出版社，1989），第213-220頁；另，倫敦《泰晤士報（*Time*）》在1949年5月即曾報導美英兩國政府已就至終須承認中共一事相互磋商，見 *Time* (London), May 17, 1949.

⑭ 《中華民國史事紀要-中華民國38年1至6月份》，第249頁；袁明，同上註，第214頁；*China: U.S. Policy Since 1945* (Washington, D.C.：Congressional Quarterly, Inc., 1980)，第86頁。

⑮ 姜義華編，《毛澤東著作選》，台灣初版（台北：台灣商務印書館，1996年1月），第388頁；毛澤東，〈論人民民主專政：紀念中國共產黨28週年，1949年6月30日〉，《毛澤東選集》，第四卷（北京：北京人民出版社，1990），第1405-1411頁。毛澤東作此宣佈的背景，包括中蘇共在1948及1949年間之互動，參考薄一波，《若干重大決策與事件的回顧》上冊（北京：中共中央黨校，1981），第36-39頁；以及斯蒂芬．戈德斯坦（Steven Goldstein），〈失去的機會，還是根本沒有機會〉（Sino-American Relations, 1948-1950: Lost Chance or No Chance？），袁明，哈里．哈定主編，前揭書，第194-204頁；史達林對毛澤東的不信任參考赫魯雪夫回憶錄，Nikita Khrushchev, *Khrushchev Remembers*, translated by J. Schecter（Boston：Little, Brown and Company, 1990），第142-144頁。

猶疑。[16]

　　是年8月，國務院不顧我國政府的一再勸阻，發表了一厚達
1,071頁的《1944年至1949年的美國對華關係》（*United States Re-lations with China, 1944-1949*），亦即俗稱的《白皮書》，包括五年
來美國對華公開與秘密文件完整紀錄，強調由美國以軍事力量來協
助中國政府剿滅共黨是完全不切實際的，中國大陸失陷於中共乃係
國民政府的失敗，美國沒有責任。惟美方亦盼望中國人民能夠明瞭
共產政權並非有利於中國人民，而係有益於蘇聯。國務卿艾奇遜
（Dean Acheson）在白皮書中的上杜魯門總統書中亦作了長達17
頁的摘要說明。[17]國務院此舉自有對馬歇爾來華調停失敗卸責，為
美國民主黨政府的中國政策辯護，亦表示與我國民政府保持距
離。[18]

---

[16] 《中華民國史事紀要-中華民國38年10月至12月份》，第381-382, 421-423頁；
袁明，同上註，第214-15頁；Anthony Kubek, *How the Far East Was Lost* (Taipei
: Hwa Kang Press, 1979), 第414-415頁；竇暉，前揭書，第2-6頁。

[17] Dean Acheson, "Letter of Transmittal," in United States, Department of State, *United
States Relations with China, with Special Reference to the Period 1944-1949* (Washing-
ton, D.C. : Department of State Publication, 1949), 第III-XVII頁；潘振球主編，《中
華民國史事紀要（初稿）-中華民國38年（1949）7至9月份》（台北：國史
館，1997年10月），第187-214頁；陳之邁，《患難中的美國友人》（台北，
傳記文學出版社，1979），第157-174頁，附錄：「艾奇遜與中美關係白皮
書」。按，艾奇遜是外交老手，精通外交術和國際法，曾為出色的律師和哈佛大
學教授，深獲杜魯門總統（Harry Truman）賞識和馬歇爾前國務卿（George Ma-
rshall）的倚重，基本理念是重歐輕亞。見《顧維鈞回憶錄》，第7分冊，第
39-40, 227頁。

[18] 參考 Central Intelligence Agency, "Relative U.S. Security Interest in the European-
Mediterranean Area and the Far East," July 14, 1949, Harry S. Truman Library, PSF
Box 249, Central Intelligence Memos, 1949；中華民國政府對白皮書之反應見陳之
邁，前揭書，第167-169頁；白皮書故意不採用當時所有的大批對國民政府有利
文件，見董顯光英文原著，曾虛白譯，《董顯光自傳》（台北：台灣新生報，
1981）。按，美國在白皮書發佈四年前，即1945年12月15日所宣佈之對華政
策（U.S. Policy Toward China）中強調美國承認中華民國國民政府為中國唯一合
法政府，希國民政府改進其「一黨政府」，自訓政走向憲政，尤其希望國軍與中
共軍停止敵對，並邀集各政治力量召開會議達成中國統一。杜魯門總統隨即派馬
歇爾（Gen. George Marshall）於12月22日抵華調停國共衝突，後因調停失敗，
於1947年1月6日召回馬歇爾。相關政策及經過見杜魯門回憶錄 Harry Truman,

二次大戰以後，由於東歐被關入鐵幕，蘇聯勢力擴張，共產主義蔓延，希臘、土耳其局勢危殆，西歐承受威脅日增。美國遂改變其與蘇聯合作之政策，而採取學者外交官喬治肯楠（George Kennan）之建議，對蘇聯進行全球性的「圍堵」（containment）：1947年3月杜魯門總統在國會演講「杜魯門主義」（Truman Doctrine），呼籲援助希、土二國，是圍堵政策的第一份公開文件；同年6月馬歇爾國務卿在哈佛大學演講歐洲復興計畫，即馬歇爾計畫（Marshall Plan）是第二次重要政策聲明；而當年7月份的「外交事務」（*Foreign Affairs*）季刊，更明確的刊載了肯楠的圍堵政策理論。[19] 美國繼於1949年3月結合了12個北美及西歐國家成立北大西洋公約組織（North Atlantic Treaty Organization），以防衛西歐集體安全，6月向國會提出「第四點計畫」（The Point Four Program），主張經援亞洲、非洲和拉丁美洲尚未工業化的國家，其主要目的也都在阻遏共產主義的蔓延，尤其蘇聯勢力之擴張。[20] 由於蘇聯成為美國的主要敵國，所以對於亞洲大陸而言，雖然杜魯門、馬歇爾等人十分瞭解中共領導人是真正的共產主義者，真心信奉馬克思、列

---

*Memoirs of Harry S. Truman, Vol. II : Years of Trial and Hope, 1946-1952* (New York : Da Capo Press, 1956)，第 68-71 頁，chs 5-7；國民政府對馬歇爾調停之敘述及失敗之分析見蔣中正，《蘇俄在中國》（台北：中央文物供應社，1956），第158-9頁；至於中共對該白皮書之反應則是由毛澤東撰寫〈無可奈何的供狀〉（8月12日），〈丟掉幻想，準備鬥爭〉（8月14日），〈別了，司徒雷登〉（8月18日），及〈為什麼要討論白皮書〉（8月28日）四文強烈抨擊美帝國主義對於中國的干涉，並反駁白皮書中若干論點，見《毛澤東選集》，第四卷，第1420-41頁。

[19] 各項文件全文見 Harry Truman, "The Truman Doctrine"；George C. Marshall, "The Marshall Plan,"及 George F. Kennan, "Sources of Soviet Conduct," in *The Annals of America*, Vol. 16 (1940-1949) (Chicago : Encyclopaedia Britannica, Inc., 1976), Documents 87, 88, 89, 第 434-46 頁。

[20] 北約成立之目的，及「第四點計畫」之主要內容，見 Dean Acheson, "Debate on the North Atlantic Treaty"；Harry Truman, "The Point Four Program," 同上註，Documents 115, 116, 第 587-99 頁；另見 *Memoirs of Harry S. Truman*, Vol. II, 第 231-40 頁，chs 7, 12。

寧主義，㉑ 他們仍然期望中共能像南斯拉夫的狄托（Josip Tito）一樣，不受蘇聯控制，甚至能與蘇聯產生罅隙與矛盾，以便能在亞洲自然阻止蘇聯勢力的蔓延，俾使美國全力協助歐洲。㉒

　　中共政權成立後，美國務院估計台灣陷共是遲早之事，乃於1950年元月初通令外館，說明台灣對美國安全不具重要性，㉓ 而杜魯門總統雖然甫在記者會中曾表示「台灣不是獨立的，是中國政府治下中國之一部分，而美國是繼續承認中國政府的」，卻亦宣佈美國對台灣或中國其他領土沒有野心，不採取導致捲入中國內戰的方針，美國不再對在台灣的中國軍隊提供軍事援助或意見；㉔ 艾奇遜國務卿由於相信中蘇共在意識型態上的結合只是暫時的，其傳統利益的衝突卻是久遠的，乃在元月12日更在公開演說中宣佈美國將防衛阿留申群島（Aleutian Islands）、日本及菲律賓一線，有意地不提韓國及台灣，期望避免把中共進一步的推到蘇聯一邊。㉕

　　但中共主席毛澤東卻於12月率團訪問莫斯科向蘇共總書記史達

---

㉑ *Memoirs of Harry S. Truman*, 第 91, 399 頁。

㉒ 英國首相艾特禮（Clement Attlee）對中共成為「亞洲狄托」一事尤抱期望，並與杜魯門詳細計論，令後者印象深刻。見同上註，第 399-405 頁；美國名學者拉鐵摩爾（Owen Lattimore）對此說法之鼓吹見 A. Kubek, 前揭書，第 411-17 頁；另見約翰．加迪斯（John Gaddis），〈美國的政策與看法：1949-1950 年分裂中蘇的楔子戰略〉（American Policy and Perspectives: The Sino-Soviet "Wedge" Strategy, 1949-1955），袁明，前揭書，第 252-54 頁。

㉓ 國務院評估全文見 U.S. Department of State's Policy Memorandum on Formosa, December 23, 1949, in Hundah Chiu ed., *China and the Taiwan Question* (New York : Praeger Publishers, 1979), Document 4, 第 215-18 頁。

㉔ 參考《中華民國史事紀要-中華民國 38 年 10 至 12 月份》，第 649 頁；潘振球主編，《中華民國史事紀要（初稿）-中華民國 39 年（1950）1 至 3 月份》（台北：國史館，1994 年 12 月），第 59-62 頁；《顧維鈞回憶錄》，第 7 分冊，第 499-500, 557-61 頁；*China: U.S. Policy Since 1945*, 第 88 頁。

㉕ 艾奇遜演說全文見 *China: U.S. Policy Since 1945*, 第 304-05 頁；另參考 Gaddis Smith, *Dean Acheson* (New York : Cooper Square Publishers, 1972), 第 172-73 頁；袁明，前揭書，第 254-55；艾氏政策之根據參考美國國安會 1949 年 12 月之內部分析，其原文為 "the strategic importance of Formosa does not justify overt military action...," "The United States should exploit...any rifts between the Chinese Communists and the USSR and between the Stalinists and other elements in China......"；NSC 48/2, 第 30, December 1949, RG273, NSC 48, National Archives: 收錄於 Stephen

林（Joseph Stalin）賀壽，總理兼外長周恩來並於2月與蘇聯簽署中蘇友好同盟互助條約（Treaty of Friendship, Alliance, and Mutual Assistance），蘇聯予中共貸款3億美元的協定，以及蘇聯歸還中國長春鐵路、旅順口及大連的協定。[26] 中華民國政府隨即發表聲明認為該等協定為賣國條約，對中國政府及人民無約束效力，美國的反應則是由艾奇遜國務卿評稱，該等條約將使蘇聯把中共變成其衛星國，故對中共不利。[27] 由於中共親蘇立場明顯，而美國境內批評政府政策親共之聲浪日漲，致使美對華政策舉棋不定，與中共關係亦未有進一步之改善。

另一方面，中共則於1949年11月致電聯合國大會秘書長及主席，認為中華民國駐聯合國代表團不能代表中國，應予驅逐；12月底，蘇聯在安理會上亦提出此一詰難。1950年元月，蘇聯再度提案排我，遭到否決後，遂以不參加安理會會議以為抗議。[28] 從此，開始了我聯合國會籍每年的保衛戰。我國鑒於大陸陷共與蘇聯支助中共大有關係，乃於1949年秋在第四屆聯合國大會控訴蘇聯違反聯合國憲章以及未履行1945年與中華民國友好同盟條約之義務，其中尤其因為大量軍援中共並阻止我政府恢復東北主權而違背了它不協助中共之承諾。該項控蘇案經奮鬥三年後，終於在1952年2月1日於

Gilbert and William M. Carpenter eds., *America and Island China: A Documentary History* (Lanham : University Press of America, 1989), 第80-85頁；另美國希望中蘇共分裂之分析，可參考 Harry Harding, *A Fragile Relationship: the United States and China Since 1972* (Washington, D.C. : The Brookings Institution, 1992), 第28-29頁。

[26] 各協定全文見《中華民國史事紀要-中華民國39年1至3月份》，第356-63頁；《中華人民共和國對外關係文件集（1949-1950）》，第一集，第74-80頁；另參考姜義華編，前揭書，第388-92頁；寶暉，前揭書，第11-13頁；*China: U.S. Policy Since 1945*, 第87-89頁。

[27] 《中華民國史事紀要-中華民國39年1至3月份》，第373, 378-80頁；*China: U.S. Policy Since 1945*, 第87-89頁；《顧維鈞回憶錄》，第7分冊，第713-14頁。

[28] 《中華民國史事紀要-中華民國38年（1949）10至12月份》，第382頁；《中華民國史事紀要-中華民國39年1至3月份》，第87-88, 90-92, 96-97, 139-40頁；《顧維鈞回憶錄》，第7分冊，第634-38頁；《中華人民共和國對外關係文件集（1949-1950）》，第一集，第85-87頁。

聯合國第六屆大會中以26票對9票，24票棄權獲得表決通過。此案之通過肯定了蘇聯扶植中共之事實，亦穩固了中華民國在聯合國代表權一事上之地位。[29]

中共與蘇聯友好同盟條約以共同防日為目的，但中共據此進一步獲得了蘇聯在軍事方面，尤其建立海空軍之協助。只是中共希望在進攻台灣時亦可獲取蘇聯協助一節，史達林卻未同意。[30] 1950年6月25日，出乎美國意料之外，北韓發動南侵，（因美國甫於是年元月26日與南韓簽訂協防條約），以致戰略形勢丕變，美國遂認為這代表蘇聯及中共在亞洲的擴張，若不予以阻止，而且台灣若淪陷入中共手中，中蘇共便可威脅到美國在琉球和菲律賓的基地，使美國從阿留申群島以下的西太平洋防線形成一個重大缺口，對美國的戰略態勢會產生甚為不利之影響。[31] 美國乃決定以實力阻止赤禍蔓延，杜魯門宣佈派遣第七艦隊到台灣海峽，防止中共攻台，亦阻止中華民國政府對大陸突擊，同時指出「有關台灣地位的確定」，有待「該地區恢復穩定與和平，或者簽訂對日和約，或者由聯合國討論決定」。但杜魯門當日亦請艾奇遜國務卿公開引述開羅宣言及波茨坦宣言強調：「中國管理台灣已達四年之久，美國或任何其他盟

---

[29] 中華民國所簽 1945 年中蘇友好同盟條約主要內容、締約經過及蘇聯的違約行動參考蔣中正，前揭書，第 140-41, 150-55 頁；蔣經國，前揭書，第 64-77 頁；吳相湘，《俄帝侵略中國史》，台八版（台北：國立編譯館，1976），第 470-548 頁；控蘇案有關情形見《中華民國史事紀要》相關各冊，如《中華民國 38 年 7 至 9 月份》，第 529-30, 546-47 頁；《中華民國 38 年 10 至 12 月份》，第 450-56, 461-62, 476-79, 527-32 頁；《中華民國 39 年 1 至 3 月份》，第 123-24 頁；《中華民國 39 年 7 至 9 月份》，第 73-74, 671-72 頁；《中華民國 39 年 10 至 12 月份》，第 287-88, 336-40 頁；《中華民國 40 年 1 至 6 月份》，第 438-43 頁；《中華民國 41 年 1 至 6 月份》，第 187-97, 213-17 頁；《顧維鈞回憶錄》，第 7 分冊，第 415-37, 682-84 頁；蔣廷黻，〈三年控蘇的奮鬥〉及該文附錄「我國控蘇案全文」，《蔣廷黻選集》，第五冊（台北：文星叢刊，1965），第 885-949 頁。

[30] John W. Garver, *The Sino-American Alliance: Nationalist China and American Cold War Strategy in Asia* (New York : M. E. Sharpe, Inc., 1997), 第 21-24 頁。

[31] *Memoirs of Harry Truman*, 第 403-05 頁；另參考 Gaddis Smith, 前揭書，第 173-88 頁。

國……，從未發生疑問……大家都認為那是合法的」，因此，「台灣是中國的，絕不容懷疑。」[32] 對於美國的說法，台北於6月28日正式聲明：1. 原則上暫停對大陸之海空軍軍事行動；2. 台灣屬於中國領土之一部分，美國政府之建議應不改變開羅宣言中預期的台灣地位，亦不影響中國對台灣之主權；3. 中國政府接受此一提議自不影響中國反抗共產主義侵略及維護中國領土完整之立場。[33]

7月下旬，杜魯門政府決定提供予台北軍事援助，並任命駐香港總領事藍欽（Karl Rankin）為駐台北公使，另亦派三軍武官駐台，[34] 美國駐日麥克阿瑟將軍（Gen. Douglas MacArthur）雖然進一步切盼我軍能牽制中共，但杜魯門總統對華援助之目的僅係消極地防止台灣淪陷，而不願積極地使台灣成為反攻大陸的跳板。[35] 俟中共參加韓戰後，美國政府仍極自制，決定不轟炸東北、不封鎖大陸、不使用中華民國國軍、不大量增援，俾避免與中共全面作戰，因美國根據當時的國家安全會議68號文件（National Security Council 68），認為蘇聯目的在赤化全球，而應以快速強化自由世界的政治、經濟、軍事力量為行動方向，俾阻遏蘇聯擴張，尤其保衛歐

---

[32] 杜魯門總統之聲明，載於 *Department of State Bulletin*, July 3, 1950, 第 5 頁；及 H. Chiu, 前揭書，Document 6, 第 221 頁；《顧維鈞回憶錄》，第 8 分冊，第 7-12 頁；艾奇遜之聲明，見潘振球主編，《中華民國史事紀要（初稿）-中華民國 39 年（1950）4 至 6 月份》（台北：國史館，1994 年 12 月），第913-14 頁。在韓戰發生第四天，我政府即表示願派軍三萬赴韓助戰，美方未予接受，因美方認為該項援助可能會嚴重削弱台灣本身的防務。見 *China: U.S. Policy Since 1945*, 第 90-91 頁；John W. Garver, 前揭書，第 24-29 頁；及麥克阿瑟將軍回憶錄 Douglas MacArthur, *Reminiscences* (New York : McGraw-Hill Book Company, 1964), 第 339 頁。

[33] 中華民國政府對韓戰之立場、駐聯合國代表之聲明及對美政策之反應參考《中華民國史事紀要-中華民國 39 年（1950）4 至 6 月份》，第 877-83, 904-06, 911-15 頁；《顧維鈞回憶錄》，第 8 分冊，第 11 頁。

[34] 潘振球主編，《中華民國史事紀要（初稿）-中華民國 39 年（1950）7 至 9 月份》（台北：國史館，1997 年 5 月），第 210, 226, 229-42 頁；《顧維鈞回憶錄》，第 8 分冊，第 203 頁；G. Smith, 前揭書，第 203-05 頁。

[35] *Memoirs of Harry S. Truman*, Vol. II, 第 349-55 頁。另艾奇遜國務卿在公開及私下談話中均不認為中共會參加韓戰，見 G. Smith, 同上註，第 201-02 頁。

洲。這是更高層次的戰略考慮，㊱此種戰略考慮與麥克阿瑟將軍期望全力支持台北，強硬對付中共，俾在韓戰獲勝的目的完全不符㊲，隨後麥氏與杜魯門衝突之結果終於造成了前者的解職。㊳此外，在外交戰場上，美國在我政府之支持下，幾經努力，在1951年2月促使了聯合國通過決議案，譴責中共在韓戰中為侵略者。㊴雖然如此，美國國務院在私下卻仍設法派人與中共秘密接觸，卻未有結果。㊵

中共對於美國派遣第七艦隊至台海並恢復對中華民國政府軍援一事反應激烈，於1950年8月要求聯合國命令「美國侵略軍」（指第七艦隊）「撤出台灣」，周恩來總理兼外長並強調「中國決心解放台灣」；美國則致函聯合國秘書長，表示美國行動不會影響到將來台灣政治地位的解決。㊶11月，中共再度利用派團赴安理會辯論

㊱ 同上註，第 415, 437 頁；G. Smith, 同上註，第 217-32 頁；NSC 68 是美國冷戰時期的戰略，至 1975 年方才由季辛吉國務卿下令解密，其全文及評論、影響見 Ernest May ed., *American Cold War Strategy: Interpreting NSC 68* (Boston : Bedford/St. Martin's, 1993)；但中共未能理解美國的目標有限，而其參加韓戰乃為消除蘇聯猜疑等目的，見薄一波，前揭書，第 43-44 頁。

㊲ 麥克阿瑟建議美參謀首長聯席會議使用中華民國國軍於韓國或其他地區，渠對中華民國國軍之素質及可靠性甚表贊許，其論點及渠與參謀本部、杜魯門總統及國會議員來往之相關文電見 D. MacArthur, 前揭書，Part Nine: Frustration in Korea；及 *China: U.S. Policy Since 1945*, 第 91-96 頁；潘振球主編，《中華民國史事紀要（初稿）-中華民國 40 年 1 至 6 月份》（台北：國史館，1995 年 5 月），第 203 頁。

㊳ 參考杜魯門之詳述，*Memoirs of Harry S.Truman*, chs. 23-27；另，William Manchester 所著麥克阿瑟傳有生動之描述：*American Caesar : Douglas MacArthur* (London : Arrow Books, 1979), 第 582-626 頁。

㊴ 聯合國大會以 44 票對 7 票通過本案，其詳情及中共外交部長周恩來之反應聲明見《中華民國史事紀要（初稿）-中華民國 40 年（1951）1 至 6 月份》，第 167-69, 179-80, 198-99 頁；另見《顧維鈞回憶錄》，第 8 分冊，第 186-202 頁。

㊵ 袁明，前揭書，第 258-59 頁。

㊶ *China: U.S. Policy Since 1945*, 第 91 頁；台北的反應由外交部葉公超部長發表聲明，主張聯合國不應考慮「北平政權任何申述」，見《中華民國史事紀要-中華民國 39 年 7 至 9 月份》，第 448-49 頁；周恩來等中共領導階層當時誤判美國維持現狀的基本考慮，以為美國企圖摧毀中共政權，從而認為與美國的戰爭不可避免，見 Ernest May，前揭書，第 195,198 頁。

「美國侵略」之際作類似指控。[42] 其後，中共亦在聯合國籲其討論韓戰停火條件時要求撤退在韓聯軍，撤退第七艦隊，並把台灣「交還」。美國對此均未讓步。[43]

在世界各國兩極化壁壘分明的大局之下，由於中華民國政府在台澎金馬站穩了腳跟，而中華人民共和國政府採行明確的親蘇反美政策，加以美國國內反共聲勢，以及檢討中國大陸失陷責任的輿論，遂使美國政府採取了鮮明的立場。[44] 雖然美國政府為避免台灣陷落於中共曾考慮「台灣地位未定論」的說法，但到1951年2月，為供給台北軍援，並設立軍事顧問團，乃與中華民國政府以換文方式成立「聯防互助協定」（Agreement Relating to the Furnishing of Certain Military Material to China for the Defense of Taiwan），[45] 而美國務院亞太事務助卿魯斯克（Dean Rusk）進一步於5月間發佈聲明稱，「北平政權不是中國的政府，我們承認中華民國的國民政府-

---

[42] *China: U.S. Policy Since 1945*, 第93頁；《顧維鈞回憶錄》，第8分冊，第166-68頁；中共代表伍修權認為，當時美國能操縱聯合國大多數會員國之行動，因此聯合國允許中共派團前往，便是美國對中共之拉攏，俾使中共不完全靠在蘇聯一邊，見伍修權，《回憶與懷念》（北京：中共中央黨校，1991），第256-57頁。伍氏對此行之詳細記載見該書第255-83頁。

[43] 顧維鈞，同上註，第185-86頁，另參考竇暉，前揭書，第18-19, 22-25頁。

[44] 美國在1949年以來政策之轉折及台灣相關發展狀況，參考中華民國政府遷台以來，美國首任大使藍欽（Karl Rankin）之回憶錄：Karl L. Rankin, *China Assignment* (Seattle : University of Washington Press, 1964), Chapters 3-4；及 Ralph N. Clough, *Island China* (Cambridge : Harvard University Press, 1978), 第5-10頁；*China: U. S. Policy Since 1945*, 第90, 92, 93-94頁韓戰強化了美國與我國關係一節，參考 Keiji Furuya, *Chiang Kai-shek: His Life and Times* (New York : St. John's University, 1981), 第926-27頁；另美國威斯康辛州選出之聯邦參議員麥卡錫（Joseph McCarthy）於1950年2月9日開始在美國各地演說痛斥敵視基督教的共產主義之非，並指責美國政府尤其國務院高層都有共黨份子潛伏，導致了對華政策的偏差，不但使共黨在中國取得政權，亦影響了美國的國家安全。其指控一時引起美政府和輿論的自清運動，多人下監，使1950年代的前幾年稱為麥卡錫時代。麥氏第一篇演說係在西維吉尼亞州發表，參考 Joseph R. McCarthy, "Communists in the State Department," in *The Annals of America*, Vol. 17(1950-1960), 第16-21頁；及 Chris Cook and John Stevenson, *The Longman Handbook of the Modern World* (New York : Longman, 1998), 第407頁。

[45] 該項協定之中英文全文見《中華民國史事紀要-中華民國40年1至6月份》，第210-18頁。

即使他的領土很小。」「該（中華民國）政府將持續接受美國重要的援助。」由於中國共產黨政府是蘇聯所控制，「它便不是中國的（It is not Chinese），因此不能得到美國的承認。」[46] 此項聲明在其後二十年間均代表著美國政府的立場。在1951至1971年這二十年間，美國支持在中國大陸周邊各種反共力量，進行對中共政權侵擾（harassment of China），但除了朝鮮半島以外，盡量避免在亞洲其他地方與北京正式作戰。在聯合國中，則支持中華民國政府代表中國。[47]

1951年，英美等二次大戰時之對日作戰同盟國開始討論對日和約的簽訂。[48] 由於英國、蘇聯、印度[49] 等承認中共的國家主張邀請中共，反對我政府代表中國參加該項條約之討論，以致對美國政府造成實際的困難，美國遂決定不邀請中國參加。換言之，不邀請中共，也將我政府排除於當年9月的舊金山多邊對日和約參與者之外。同時另外安排由日本在金山和約後以恢復了主權國的身分，再與由中華民國政府代表的中國單獨簽約，以結束日本與中國的戰爭狀態。其後，該一中日和平條約經十八次非正式談判，三次正式談判，於1952年4月28日在台北簽訂，簽字時恰在金山多邊對日和約

[46] 同上註，第793-98頁；*China: U.S. Policy Since 1945*, 第95頁；但魯斯克私下卻逐漸認為要將台灣與大陸分離且將中共政權融入國際社會，所謂「兩個中國」的想法。見 Warren Cohen, *Dean Rusk* (New Jersey : Cooper Square Publishers, 1980), 第84-86頁。

[47] *China: U.S. Policy Since 1945*, 第45頁；另參考 Lewis M. Purifoy, *Harry Truman's China Policy* (New York : New Viewpoint, 1976), 第298-306頁。

[48] 詳細經過參考《顧維鈞回憶錄》，第9分冊，第90-239頁。

[49] 1949年12月31日印度通知中華民國駐印大使即行停止一切外交關係，台北於同日發表聲明，強調中國對印度人民維持友誼，惟不得不撤回駐印外交使節；1950年1月5日，英國承認中共是「中國法律上的政府」，台北於次日發表聲明，指出英國維護亞洲人民自由卻承認中共極權政權之矛盾。按，英國擔心與中共發生全面對抗，更反對美國對中國使用原子彈。參考《中華民國史事紀要-中華民國39年1至3月份》，第56-59頁；《中共於國際雙邊關係中對台灣地位等問題的主張之研究》，第12, 18-19頁；黃剛，《世界相關各國與中華民國終斷使領關係之述論（1949年10月-1998年2月）》（台北：政治大學國研中心，1998），第8-10頁。

生效前7小時又20分。⑤

在金山多邊和約中，日本宣佈放棄對台灣澎湖的主權，而在中日1952年雙邊和約之照會中，則列明該約適用範圍在中華民國之一方「適用於現在中華民國政府控制下或將來在其控制下之全部領土」。由於日本未明示承認和約之適用範圍包括大陸，在某種意義上而言，即表示台北政府的管轄權僅只及於有效統治之台澎金馬，而不及於大陸。⑤中共則於1952年5月5日由周恩來外長發表聲明，支持蘇聯對於金山多邊和約的反對，嚴詞抨擊美國單獨炮製該對日和約，並抨擊日本「吉田反動政府」與我締結雙邊和約，強調「中國人民絕不能容忍。」⑤

## 二、中美共同防禦條約之簽訂及美國與中共之談判

美國艾森豪（Dwight Eisenhower）於1953年接任總統後，繼續

---

⑤ 有關交涉談判情況，我國之立場反應及英國等國之態度及影響見 G. Smith,前揭書，第 11 章；《中華民國史事紀要-中華民國 40 年 1 至 6 月份》，第 847-51, 966-69, 988-94, 999-1001 頁；潘振球主編，《中華民國史事紀要-中華民國 40 年（1951）7 至 12 月份》（台北：國史館，1996 年 2 月），第 11-12, 49-73, 76-77, 80-83, 93-99, 134-36, 172-74, 202-05, 219-21, 230-31, 239-80, 701-02 頁；《中華民國史事紀要（初稿）-中華民國 41 年（1952）1 至 6 月份》（台北：國史館，1995 年 9 月），第 113, 209, 278-84, 291-312, 355-63, 452-56, 509, 539-53 頁；《顧維鈞回憶錄》，第 9 分冊，第 239-320 頁；K. Rankin, 前揭書，第 109-18, 237-38 頁；及 Shigeru Yoshida, *The Yoshida Memoirs* (Westport : Greenwood Press, 1961), 第 250-55 頁；日本首相吉田茂（Shigeru Yoshida）在該條約締結前後之作法及韓戰進展之影響見 Seigen Miyasato, "John Foster Dulles and the Peace Settlement with Japan," in Richard H. Immerman ed., *John Foster Dulles and the Diplomacy of the Cold War* (Princeton : Princeton University Press, 1990), 第 190-212 頁。

⑤ K. Furuya, 同上註，第 921-24 頁；K. Rankin, 前揭書，第 116-18 頁；在中日談判之過程中，台北曾力爭日本必須承認中華民國對中國全部領土之主權，其提出之約稿，日方之態度，台北為此事致美方之照會及最後中日和約及議定書、照會、同意紀錄全文，雙方代表葉公超及河田烈致詞全文見《中華民國史事紀要-中華民國 41 年 1 至 6 月份》，第 297-312, 340-44, 540-50 頁；《中華民國史事紀要-中華民國 40 年 7 至 12 月份》，第 342-43 頁；顧維鈞，同上註，第 732-40 頁；H. Chiu, 前揭書，Document 9, 第 224-26 頁。

⑤ 全文參考《中華民國史事紀要-中華民國 41 年 1 至 6 月份》，第 573-76 頁，以及《中華人民共和國對外關係文件集（1951-1953）》，第二集（北京：世界知識出版社，1958 年），第 33-40 頁；另見竇暉，前揭書，第 19-21 頁。

在軍事上協助台灣，並在向國會發表的第一次國情咨文中宣佈將令第七艦隊不再阻止台灣對大陸突擊。[53]他盡力設法結束韓戰，同時認定亞洲之威脅在於中蘇共集團支助亞洲共黨滲透顛覆，乃以圍堵共黨擴張為目標，強化美國在亞洲之軍事反應能力，用各項協防條約在西太平洋建立集體安全防衛體系，並協助各自由國家發展經濟。[54]艾森豪除了任命反共的杜勒斯（John Dulles）為國務卿外，也任命藍欽（Karl Rankin）公使代辦升任為中華民國政府遷台後首任駐華大使。[55]當時美國認為中共在蘇聯支持下對美國的利益構成極大威脅，而台北在解決「中國問題」（China problem）上佔了獨特的地位，故對華政策目標為協助中華民國增進安全、提升軍力、推動民主、改善對外關係、團結海外華人、強化對大陸突擊之能力，成為大陸人民爭取自由的希望；因而繼續予我軍、經援助及其他各項協助，而以軍援為優先。[56]

---

[53] 艾森豪在其回憶錄中表示其目的在警告中共，若不認真進行結束韓戰談判，則戰事可能擴展至韓半島以外，見 Dweight D. Eisenhower, *Mandate for Change, 1953-1956: The White House Years* (New York : Doublesday, 1963)，第 181 頁；台北蔣中正總統對此發表聲明表示歡迎。詳見朱匯森主編，《中華民國史事紀要（初稿）-中華民國 42 年（1953）1 至 6 月份》（台北：國史館，1989 年 4 月），第 138-43 頁；另見 R. Clough，前揭書，第 10 頁；《顧維鈞回憶錄》，第 10 分冊，第 8-41 頁。

[54] 韓戰停戰協定全文見《中華人民共和國對外關係文件集（1951-1953）》，第二集，第 217-42 頁；亞洲安全體系參考杜勒斯國務卿在外交事務季刊中所闡釋之美國安全政策及戰略，John Foster Dulles, "Policy for Security and Peace," *Foreign Affairs*, Vol. 32, No. 3 (April, 1954)，第 353-64 頁；以及艾森豪總統之詳細說明，D. Eisenhower, 同上註，chs. 7, 14。

[55] 艾森豪選擇杜勒斯的原因是杜的外交世家背景、共和黨籍、及豐富的工作經驗－包括曾擔任 1907 海牙和會（1907 Peace Conference at the Hague）中國代表團之秘書。見 D. Eisenhower, 同上註，第 86 頁；及 Louis L. Gerson, *John Foster Dulles* (New York : Cooper Square Publishers, Inc., 1967)，第 9 頁；至於杜勒斯的反共理念見後者第 44-51 頁，及其屬下何志立（John Holdridge）之回憶錄：John Holdridge, *Crossing the Divide: An Insider's Account of Normalization of U.S.-China Relations* (N.Y. : Rowman Littlefield Publisher, Inc., 1997)，第 9 頁。另見 Karl L. Rankin, 前揭書，第 159-60 頁。

[56] 美方在韓戰停戰協定簽字後並曾於 1954 年 1 月派機艦護送願投奔台灣的一萬四千名中共戰俘來台，參考朱匯森主編，《中華民國史事紀要（初稿）-中華民國 43 年（1954）1 至 6 月份》（台北:國史館，1988 年 10 月），第 158-217 頁；美

儘管如此，美國決策者仍企圖運用各種方法離間中蘇共，甚至想到增加援助我方，以施加壓力予中共，使中共被迫而不斷向蘇聯要求援助，到蘇聯不勝負擔之時，自然會不得不疏遠與中共之關係。另，美國安會亦曾研究用貿易方法達到分離蘇聯與中共之目的。⑰

我國政府當時的外交政策目標是聯合友好國家，結成反共聯盟，阻止中共進入聯合國及防阻邦交國與中共建交。⑱ 因此，在韓戰結束在望時，台北為了鞏固與美國的關係，也為了提昇政府的地位，乃主動要求與美國簽訂一項共同防禦條約，並獲美國同意。⑲

美國決定與中華民國簽訂共同防禦條約，國務院曾表示其目的是：1.明確向中共表示對台北承諾，俾嚇阻中共對台動武；2.提振台灣的軍民士氣；3.賦予我政府以日、韓、菲、紐、澳等同一地位；4.挫敗中共對日內瓦會議不友好的態度；5.藉此使用台灣的

---

方其他作為參考《顧維鈞回憶錄》，第 10 分冊，第 253-93 頁；"United States Objectives and Courses of Action with Respect to Formosa and the Chinese National Government," NSC 146/2, November 6,1953, *Foreign Relations of the United States (FRUS) 1952-1954*, Vol. XIV (Washington, D.C. : United States Government Printing Office, 1985), 第 307-30 頁。

⑰ 袁明，前揭書，第 248 頁；美總統希望研擬用貿易等方式促成中蘇共分裂之戰略一事見 "NSC 5416, April 13, 1954," *FRUS 1952-1954*, Vol. XIV, 第 408-09 頁；J. Garver, 前揭書，第 36 頁。

⑱ Y. S. Wang, "Foundation of the Republic of China's Foreign Policy," in Yu San Wang ed., *Foreign Policy of the Republic of China on Taiwan: An Unorthodox Approach* (New York : Praeger Publishers, 1990), 第 2 頁。

⑲ 參考蔣中正總統致艾森豪總統函，錄於《顧維鈞回憶錄》，第10分冊，第142-43 頁；關於締約之需要、進展及相關情勢發展另見《顧維鈞回憶錄》，第11分冊，第 181-222 頁；K. Rankin, 前揭書，第 154, 171-214 頁；Memorandum to the Secretary, Feb 25, 1954, *FRUS 1952-1954*, Vol. XIV, 第 367-69 頁；Memorandum of Conversation between Wellington Koo and Dulles, July 1, 1954；between Koo and Drumright(莊萊德), July 16, 1954；between Koo and Nixon, July 15, 1954；between Koo and Knowland(諾蘭參議員), July ¦4, 1954；between Koo and Walter Judd(周以德), July 16, 1954；*V. K. Wellington Koo Papers*, Box 191, Manuscript Library, Columbia University；符兆祥，《葉公超傳》（台北：懋聯文化基金，1994），第 146-148 頁。

海空設施。[60]

1954年9月，美國艾森豪總統在英國邱吉爾首相（Winston
Churchill）建議下，邀同法、澳、紐、泰、菲、巴基斯坦共八國
以仿照歐洲簽訂北約之方式簽約成立了東南亞公約組織（SEATO），
在東南亞建立區域聯防，以遏阻共黨勢力的擴張。[61]東南亞公約組
織成立後，加上其他美國與日韓等安全條約，使亞洲地區圍堵共黨
之安排只留下台海的空隙。就在當月，中共為表反對中美擬談判共
同防禦條約而砲擊金門，於5小時之內射擊6千發砲彈，並與我海
空軍發生衝突。我空軍隨即突擊大陸沿海相關設施。台海的緊張情
勢一般稱為第一次台海危機，它既引起國際上普遍關切，也突顯了
阻止中共軍事挑釁及在本地區作安全安排之急迫性。[62]杜勒斯國務
卿乃訪問台北，蔣中正總統在與其會談時呼籲美國政府對與我簽訂
協防條約事速作決定。因此，艾森豪總統遂決定雙管齊下以增進台
海安全，一方面開始談判一項「真正防衛性質」的共同防禦條約來
保障台灣與澎湖，另一方面由當時安理會成員紐西蘭在聯合國提出
決議案，期望達到外島停火，以保障金門與馬祖。[63]

---

[60] 見美國務院亞太事務助卿羅伯遜（Walter Robertson）在1954年2月、8月及10
月之三項極密備忘錄，*FRUS 1952-1954*, Vol. XIV, 第367-68, 548-49, 706-07頁；
J. Garver, 前揭書，第54頁。至於1954年春、夏期間的日內瓦和會係討論朝鮮
及中南半島問題，美國與中共均參加，其有關情形見《顧維鈞回憶錄》，第11
分冊，第49-117頁；文厚（Alfred D. Wilhelm, Jr.）著，林添貴譯，《談判桌上
的中國人（*The Chinese at the Negotiation Table*）》（台北：新新聞文化，
1995），第148-93頁。

[61] 有關情形及公約全文中譯文見朱匯森主編，《中華民國史事紀要（初稿）-中華
民國43年（1954）7至12月份》（台北:國史館，1989年6月），第504-07頁；
另參考 L. Gerson, 前揭書，第189-98頁；及艾森豪總統之敘述：D. Eisenhower,
前揭書，第368, 374-75, 600-03頁；美國杜魯門政府時代對該條約之看法見 G.
Smith, 前揭書，第299-304頁。

[62] Eisenhower, 同上註，第459-65頁（相關形勢圖見第460頁）；L. Gerson, 前揭
書，第198-213頁；《顧維鈞回憶錄》，第11分冊，第282-387頁；L. Gerson,
前揭書，第198-213頁。

[63] 參考《中華民國史事紀要-中華民國43年7至12月份》，第507-12頁；王景
弘，《採訪歷史：從華府檔案看台灣》（台北：遠流公司，2000），第一章：中
美共同防衛條約談判內幕。

中美兩國為簽訂共同防禦條約，經過九次正式談判，終於在
1954年12月2日簽署，美國明確承諾保障台澎安全。台灣方面主要
參與官員是外交部長葉公超，次長沈昌煥，駐美大使顧維鈞，美方
是杜勒斯國務卿，亞太事務助卿羅伯遜和駐華大使藍欽。雙方在談
判過程中，美方唯恐我國今後會把它牽入與中共的衝突中，曾經堅
持如果國軍對大陸採取軍事行動，一定要事先獲得美方同意，而且
為防台北政府集中軍力於外島，反而依條約讓美國助我防守台、
澎，乃要求我政府在金馬部署軍隊也要獲得美方的首肯。我方與之
艱苦談判，最後不得不在對大陸採取行動一事上讓步，而以換文的
方式完成共同諒解。[64] 共同防禦條約的簽訂增進了本地區的安全，
提昇了台北的國際地位，中華民國獲得了美國承認它對台澎的「固
有防衛權」，以及現在與將來所控制的一切領土具有固有自衛權，
但在該約所定任一區域使用武力時，也必須經雙方同意。[65] 換言
之，美國藉此條約及其換文將台澎與金馬的地位作了區別，也成功
地限制了中華民國政府反攻大陸的政策，以避免被台北與北京在大
陸沿海島嶼作戰的拖累而與中共直接衝突。[66]

但另一方面，中共卻認為此項條約正代表著美國企圖將台灣從
中國大陸永久分離出去的具體作為，故於12月7日發表聲明，重申
台灣是中國領土，中國人民決心解放台灣，認為該條約製造了爆發

<hr>

[64] 參考《中華民國史事紀要》，同上註，第 1107-1150 頁，尤其其中代理外長沈昌
煥記者會全文。另見王景弘，同上註，第 25-59 頁；《顧維鈞回憶錄》，第 11
分冊，第 379-486 頁；沈劍虹，《使美八年紀要－沈劍虹回憶錄》（台北：聯經
公司，1982），第 265-67 頁；Memorandum of Conversation Between Yeh (葉公超
外長), Koo and Robertson (助卿), Nov. 4, 1954, *Koo Papers*, Box 192；Memorandum
of Conversation by the Director of the Office of Chinese Affairs (McConaughy, 馬康
衛), Nov. 12, 1954, Nov. 16, 1954 (participants: Dr. Yeh, Dr. Koo, Dr. Tan 譚紹華公
使, Mr. Robertson, Mr. McConaughy), *FRUS 1952-1954*, Vol. XIV, 第 887-92, 895-903
頁；*China: U.S. Policy Since 1945*, 第 104 頁；簽署影像見《外交風雲：中央社珍
藏新聞照片》（台北：中央通訊社，1999），第 102-03 頁。

[65] 條約及換文全文見本書附錄一。

[66] 見杜勒斯國務卿對艾森豪總統的報告，及 Memorandum of Conversation, Nov. 12,
1954, *FRUS 1952-54*, Vol. XIV, 第 833, 889 頁；王景弘，前揭書，第 59 頁。

新戰爭的危險。[67] 次月（1955 年 1 月）共軍並以陸海空三軍協同作戰，經由相當的代價攻佔了大陳列島的門戶——一江山，以表明了它不承認中美協防條約和解放台灣的決心。[68]

中共的軍事行動隨即促使美第七艦隊成功地協助台北自大陳撤離所有軍民四萬餘人，並催化了美國會通過台灣決議案（Formosa Resolution），授權美國總統使用美國武裝部隊保衛台澎及該地區相關領土（即金馬等外島）。艾森豪總統亦認為此舉對我民心士氣甚有助益。[69]

至於美方當初設計為了保障外島安全而向聯合國安理會提議北京與台北雙方停火的紐西蘭案，進展並不順利。我方堅決反對，因為外島不安全是因中共攻擊而起，聯合國既曾決議中共為侵略者，則紐西蘭向聯合國提案停火，便是將中共侵略者與我國這個創始會員國平等對待，而且此舉亦有事實上承認中共政權，以及影響我政府當時光復大陸之目的。[70] 該案在 1955 年 2 月由於美、英之支持而終於在安理會提出，邀請海峽兩岸政府派代表前往聯合國共商不在

[67] 《中華民國史事紀要-中華民國 43 年 7 至 12 月》，第 1183 頁；賈慶國，〈從台灣海峽危機到中美大使級會談〉，袁明，哈里．哈丁主編，前揭書，第 346-47 頁。

[68] 朱匯森主編，《中華民國史事紀要-中華民國 44 年（1955）1 至 6 月份》（台北：國史館，1989 年 12 月），第 93-96, 126-32, 317-21 頁；按，一江山之戰共軍係派出十餘倍於我方守軍的兵力，在二百多架飛機和一百多艘艦艇掩護下進攻。我反共救國軍自王生明上校司令官以下七百二十八人全數殉國，而中共軍亦遭死傷五千餘人及被擊落十餘架飛機，艦艇遭擊沉多艘的慘重損失，中共內部至為震驚。大陳島反共救國軍在 1950 年前後由胡宗南將軍指揮，歷次對大陸突擊戰果及相關照片，敵我態勢圖及美第七艦隊在 1955 年協助當地軍民撤退情形，見陳仁和，《大陳島》（台北：上海印刷廠，1987），第三、六、七章；鍾漢波，《海峽動盪的年代：一位海軍軍官服勤筆記》（台北：麥田公司，2000），第 51-86 頁；王曲文獻委員會，《王曲文獻》，第四部，戰史：戡亂之部（下）（台北：飛燕公司，1995），第 809-30 頁；《顧維鈞回憶錄》，第 12 分冊，第 55, 61-62, 74-75 頁。

[69] 參考《中華民國史事紀要》，同上註，第 156-99, 207-14, 252-84, 291-98, 324 頁；D. Eisenhower, 前揭書，第 466-74 頁；台灣決議案事及蔣中正總統關於美軍助我自大陳撤退致艾森豪謝函譯文另見《顧維鈞回憶錄》，第 12 分冊，第 76-107, 208 頁。

[70] 《顧維鈞回憶錄》，第 11 分冊，第 346-71, 584-89 頁。

台海動武一事。惟中共在蘇聯支持下立即拒絕，反要求將我方先行排除。安理會遂不得不擱置此議，令美國頗為失望。[71]

美國雖持續不予中共外交承認，[72]但它與我國在締結共同防禦條約之目的卻有重大不同：美國的目標在維護台北政府的安全與合法性，但對中共政權僅加以圍堵，希望中共至終與蘇聯分離，而且改善與美關係；但我國當時的目標在取得美國支持，鞏固政權，進而推翻中共政權。[73]

中共在1954年4月至7月派團參加討論朝鮮半島問題及中南半島問題的日內瓦和會，這是中共首次參加重要國際會議。在會中，中共與蘇聯合作，與美國進行鬥爭；而且在同年7月並對外正式宣佈「解放台灣，挫敗美國侵略和顛覆中國的活動」是中國人民當前「最重要的任務」。[74]隨後，在第一次台海危機中，中共發現軍事行動效果甚為有限，遂於1955年4月在印尼萬隆（Bandung）所召開之29個亞非國家會議中改變好戰態度，以愛好和平之姿態設法改善與各發展中國家，尤其周邊國家之關係，強調「和平共處五原則」（即互相尊重領土主權、互不侵犯、互不干涉內政，平等互利，和平共處），甚至表示希望和平解決台灣問題，以及願與美國就遠東緊張局勢，特別是台灣地區緊張局勢的問題舉行會

---

[71] 《顧維鈞回憶錄》，第 12 分冊，第 209-11 頁；D. Eisenhower, 前揭書，第 469 頁。

[72] 在艾森豪總統的同意下，杜勒斯國務卿對外表示，只要中共繼續在中南半島鼓勵侵略，繼續被聯合國認為是韓戰的侵略者，繼續不遵從聯合國憲章所規定之國家的義務，美國就不能考慮承認中國的共黨政府，*FRUS 1952-1954*, Vol. XIV, 第 330-31 頁。

[73] 《中華民國史事紀要-中華民國 44 年 1 至 6 月份》，第 407-12, 426-29, 436-42, 510-11, 518-19 頁；H. Chiu, 前揭書，第 157-61 頁；*FRUS 1952-1954*, Vol. XIV, 第 307-17, 331-37, 819-22 頁；R. Clough, 前揭書，第 11-13 頁；我國與美國在此時之矛盾與衝突亦可參考 Nancy Tucker, "John Foster Dulles and the Taiwan Roots of the ' Two China' Policy," in R. Immerman ed., 前揭書，第 235-62 頁。

[74] 賈慶國前文，袁明，哈里．哈丁，前揭書，第 346 頁，引自「美日新聞稿」1954 年 7 月；寶暉，前揭書，第 43-50 頁；美方立場參考 L. Gerson, 前揭書，第 173-88 頁。

談。⑦⑤美國對此提議反應積極，於是經由英國之聯繫後，北京與華盛頓於7月25日宣佈兩國同意自1955年8月1日起在日內瓦舉行大使級會談，將1954年以來雙方在日內瓦的領事級談判加以升級，以討論解決遣返雙方滯留在對方境內的公民和其他問題。美國國務院並特別聲明此種對話和以前與中共進行的磋商一樣，並不涉及外交承認，杜勒斯國務卿亦向美參院外委會表示，該項談判不會涉及中華民國權益。⑦⑥

中共周恩來總理繼於7月30日在人代會上宣稱，美國佔據中國的領土台灣是中美之間的國際問題，解放台灣則是中國的內政，如美國不介入中國內政，則中共可能可以和平手段解放台灣，甚至可以和台灣談判，不過一定是中央政府對地方政府的談判，而中國人民堅決反對兩個中國。⑦⑦

8月1日起，美國駐捷克大使強森（U. Alexis Johnson）便與中共駐波蘭大使王炳南開始談判，⑦⑧美總統艾森豪隨後在記者會中宣

⑦⑤ 袁明，同上註，第347-50頁；竇暉，同上註，第50-53頁；L. Gerson,同上註，第210頁；王炳南，《中美會談九年回顧》（北京：世界知識出版社，1985），第41-45頁。

⑦⑥ 朱匯森主編，《中華民國史事紀要（初稿)-中華民國44年7至12月份》（台北：國史館，1990年9月），第134, 139, 182-87, 206-29頁；《顧維鈞回憶錄》，第12分冊，第353-55頁；H. Chiu, "Taiwan in Sino-American Relations," in H. Chiu ed., 前揭書，第167-71頁；*China: U.S. Policy Since 1945*, 第106-07頁。美方事先對與中共談判之評估研究，可參考 *FRUS 1952-1954*, Vol. XIV, Documents 181, 203, 204；March 24, 1954；May 30, 1954；May 31, 1954, 第397-99, 438-41頁；中共方面對談判的準備，及板門店談判、日內瓦定期談判及萬隆會議之情形，可參考王炳南，前揭書，第43-47頁；竇暉，前揭書，第36-39頁；《談判桌上的中國人》，第169-72, 176-93, 200-07頁；及蘇格，《美國對華政策與台灣問題》（北京：世界知識出版社，1998），第273-90頁。

⑦⑦ H. Chiu, 前揭書，第168頁；*China: U.S. Policy Since 1945*, 第106-07頁；王炳南，同上註，第58, 66頁。

⑦⑧ 參考王炳南，同上註，第48, 55頁；以及國務卿杜勒斯對強森大使的訓令及中共與美國外長對日內瓦談判所作之公開聲明，United States, Department of State, *FRUS 1955-1957*, Vol. II (Washington, D.C. : United States Government Printing Office, 1986), 第678-79, 685-86頁；強森大使在8月1日、2日關於談判情形發回美國院之電報，見 *FRUS 1955-1957*, Vol. III, 第1-9頁；強森與王炳南的背景，見《談判桌上的中國人》，第174-76頁。中共採用之各項談判技巧參考 Richard Solomon, *Chinese Political Negotiating Behavior, 1967-1984* (Santa Monica : Rand, 1995), 第ix-xviii頁。

稱，中華民國為美方友邦，美如與中共談判涉及台灣事宜，必然要台北參與。[79]

中華民國政府為日內瓦會談事隨即發表聲明，對美國希望中共釋放美方人士無異議，但對美國強制遣返不願回到大陸的中國留學生一事則持保留。另宣稱美國已向我政府保證該談判不意味對中共外交承認，也不涉及我政府的權利。[80] 其實我方為免中美關係受損，不願意美國與中共談判，尤其反對美國與中共共同發表聲明；美國國務卿杜勒斯便於10月間向我外交部長葉公超表示，如果我方自金馬撤軍，美方便可考慮停止日內瓦談判。對此，台北自不能接受。[81]

中共與美談判的目標是希望美國勢力能撤出台灣地區，獲取美國的事實外交承認（de facto diplomatic recognition），解除禁運及提升至外長級會談；美方談判的目標則為：盼藉持續談判以便中共在台海地區能放棄使用武力，亦盼美籍戰俘能獲釋放，而美外交人員之作法態度則確實嚴守不予外界任何承認中共之印象。[82] 其實，美方所提不在台海使用武力之議，亦即台海中立化，對中華民國政府而言在外交，法律及軍事行動自由上均有不利因素，故我方對此

---

[79] 艾森豪總統8月4日記者會中之保證見《中華民國史事紀要-中華民國44年7至12月份》，第227頁；*FRUS 1955-1957*, Vol. III, 第6-7頁；會談前，美方亦曾向我駐美顧維鈞大使保證不會與中共談涉及我方利益之事，見 *FRUS 1955-1957*, Vol. II, 第682-83頁；《顧維鈞回憶錄》，第12分冊，第363-68頁。

[80] 《顧維鈞回憶錄》，第12分冊，第362-63頁。

[81] 見1955年10月4日會談備忘錄，*FRUS 1955-1957*, Vol. III, 第110-11頁。我政府對日內瓦會談之反對原因見 K. Rankin, 前揭書，第246-54頁。

[82] 王炳南，前揭書，第50-51, 58頁；*FRUS 1955-1957*, Vol. II, 第681-82頁；Vol. III, 第78-126, 147-49, 206-07頁；United States Department of State, *Foreign Relations of the United States (FRUS)1961-1963*, Vol. XXII (Washington, D.C.: Government Printing Office, 1996), 第9-12頁；R. Clough, 前揭書，第14頁；J. Garver, 前揭書，第61-62頁；中共認為如能取消禁運，則可彰顯獨立，如能舉行外長級會談，則能成為討論台灣問題的先聲，見《談判桌上的中國人》，第213頁；美方立場及作為亦可參考美政府於1954年11月對中共勢力在1957年前的可能發展所作之國家情報評估，*FRUS 1952-1954*, Vol. XIV, 第930-44頁。

類提議也向美國表達反對立場。[83]

　　在美國與中共的各次談判中，台灣問題始終是最關鍵，最動感情，也是最困難的問題。經常談不下去。[84]而中共的一貫立場，不但在軍事上不願放棄在台海使用武力，在外交上亦公開表示任何有台灣代表參加的國際會議，中共絕不參加，在中共與美國所舉行的日內瓦會議上亦不願我方參加，為的是避免「造成兩個中國」。[85]事實上，由於美國與中共談判不免有對中共「事實承認」之涵義，所以美駐華大使藍欽亦曾於1956年秘密建議美政府可否考慮施行「兩個中國」政策。[86]

　　從1955年到1972年，美國與中共先是在日內瓦，其後於1958年9月起改在華沙舉行談判，前後共舉行了136次，僅在1955年9月10日達成一項承認對方國民有返回的權利的協議聲明（agreement announcement）。該文件在雙方互不承認的情況下完成，是在上海公報前的唯一正式協議。[87]其他主要成果只有在相互解釋說明彼此立場，尤其在1958及1962年第二及所謂第三次台海危機時為然。越戰時期美國通過此一管道表明美方無意擴大戰爭範圍，但對於關鍵性的台灣問題或台海和平問題上沒有取得任何進展。尤其自從1958年後，中共決定「台灣問題不解決，其他問題都談不上」的政策。所以在歷次談判中，中共沒有一次提出改善與美關係的建議，

[83] K. Rankin, 前揭書，第249-52頁；*FRUS 1955-57*, Vol. II, 第558-59頁。

[84] 王炳南，前揭書，第57頁；*FRUS 1961-1963*, Vol. XXII, 前揭書，第9-10頁。

[85] *FRUS 1955-1957*, Vol. III, 第642-43頁；中共立場另參考其外交部相關聲明，見《中華人民共和國對外關係文件集（1956-1957）》，第四集（北京：世界知識出版社，1958年），第9-18頁

[86] K. Rankin, 前揭書，第254頁；美杜勒斯國務卿亦在私下談話中向我葉公超外長及顧維鈞大使指出美國雖不予中共外交承認，但承認中共政權存在之事實，此立場正如同對待德、韓、越三個其他分裂國家一樣。他深信共黨邪惡制度終會瓦解，我人要有信心，因「信是未見之事之確據」。（聖經希伯來書11章11節金句）"Memorandum of Conversation between the Secretary of State and Minister Yeh, Ambassador Koo," Feb. 10, 1955, *FRUS 1955-1957*, Vol. II, 第251-59頁。

[87] 王炳南，前揭書，第55頁；但中共亦未必完全遵守該協議，見國務卿魯斯克（Dean Rusk）之評論，*FRUS 1961-1963*, Vol. XXII, 前揭書，第9-10頁。

而凡是美國作相關提議時，中共均以要求美國先「放棄」台灣而加以拒絕。此亦反映其所謂「民族感情的歷史根源」。[88]

中共未能在對美談判中削弱美國與我國之關係，亦未能取得美國外交承認。由於1957年蘇聯順利施放衛星，形勢有利，所謂「東風壓倒西風」，於是它亦開始了「大躍進」等更激進的共產主義運動，且在1958年8月23日起，趁美國處於黎巴嫩危機時發動金門砲戰，造成第二次台海危機，以試探美國對我安全之承諾。[89] 由於蘇聯當時的戰略重點是與美國和平共存，並向中東、非洲擴張影響力，蘇共總書記赫魯雪夫（Nikita Khrushchev）雖兩度發佈公開信，警告美國稱，如攻擊中共即是攻擊蘇聯，但實際上蘇聯無意與美國直接衝突，亦無意全力支援中共，1958年7月底在赫魯雪夫秘密訪問中共並受辱之後更是如此。當時蘇共與中共二者表面共同敵視美國，但彼此已貌合神離。[90] 八二三砲戰之役由於國軍士氣高

[88] 中華人民共和國外交部外交史編輯室主編，《中國外交概覽1987》（北京：世界知識出版社，1987），第328頁；賈慶國文，袁明，哈里．哈丁，前揭書，第354-55頁；*China: U.S. Policy Since 1945*，第149頁；中共在1960年9月13日提出相關立場文件，參考 *FRUS 1961-1963*，同上註，第10頁；另見國務卿魯斯克的回憶錄：Dean Rusk, *As I Saw it* (New York：W. W. Norton Company, 1990)，第287頁；及《談判桌上的中國人》，第212-16頁。

[89] 金門炮戰之前，中共軍與國軍發生多次海空軍遭遇戰及炮戰，惟多數在馬祖附近（6月1日，10日，21日，22日，8月10日，13日，14日），除7月29日台海空戰我機損失兩架外，在其他戰役中均係國軍獲致戰果，擊沉或擊傷共軍炮艇，擊落或擊傷共機。但共軍引發全面局勢緊張卻是在金門對面大量集中三軍部隊，尤以在中共中央軍委會於七月下旬開完擴大會議，及蘇共總書記赫魯雪夫於7月31日至8月3日訪問北京與中共主席毛澤東發表公報（抨擊美、英在黎巴嫩等地加速戰爭危機）後為然。參考瞿韶華主編，《中華民國史事紀要（初稿）-中華民國47年（1958）4至6月份》（台北：國史館，1991年12月），第527, 619-22, 731-32, 736-39頁；及瞿韶華主編，《中華民國史事紀要（初稿）-中華民國47年（1958）7至9月份》（台北：國史館，1993年5月），第268-69, 322-28, 391-92, 425-26, 431-38, 459-60頁；*China: U.S. Policy Since 1945*，第105-06頁；R. Clough，前揭書，第16-17頁；Jonathan T. Howe, *Multicrises: Sea Power and Global Politics in the Missile Age* (Cambridge：The MIT Press, 1971)，第163-70頁。

[90] Howe, 同上註，第193-95頁；Summary of *FRUS 1958-1960*,Vol. XIX, China；http://www.dosfan.Libuic.edu/ERC/frus/summaries/96081_FRUS_XIX_1958-60.html；竇暉，前揭書，第76-82頁；赫魯雪夫與毛澤東之關係及對毛澤東的批評見 Nikita Khrushchev，前揭書，第258-61頁；李志綏著，戴鴻超英譯，《毛澤東

昂，表現優異，海軍能維持補給，空軍亦能控制台海制空權，砲兵亦獲相當戰果，美國鑑於需向其他盟邦展示其遵守「中美共同防禦條約」之承諾，第七艦隊亦有足夠實力遂行美國外交政策，是以態度轉為堅定，發表不惜為台灣一戰之嚴正聲明，並派艦在台灣海峽的公海部分為我方補給船護航，提供國軍八吋榴彈砲等新式武器，致助台北度過危機，而中共陸海空軍均遭受慘重損失，不得不宣佈其砲擊改為單打雙停。[91]

中美兩國在此次台海危機時，曾不斷依形勢之發展作聯繫與折衝，美國依據中美共同防禦條約雖只有協防台澎的承諾，但亦顧及我方防守金門的決心及萬一金門失守對國軍士氣的影響，因此在可能範圍內均予我協助。另美國亦與中共恢復在華沙會談，向中共提議停火及若干降低緊張之具體方式，但中共則強調如何解放台灣是中國內政，若我方自外島撤軍，他們可設法以和平方式解放台灣。美方雖亦希望台北自金馬撤軍，但目的在將台澎與大陸完全隔離，故會談進行不順利，無任何結果。[92]雖然如此，在美國的軍事與外

---

私人醫師回憶錄（*The Private Life of Chairman Mao*）》（台北：時報文化，1994），第 251-52 頁。

[91] *China: U.S. Policy Since 1945*, 第 117-19 頁；J. Howe, 前揭書，第 265-74 頁；另參考陶涵（Jay Taylor）著，林添貴譯，《台灣現代化的推手：蔣經國傳》（台北：時報文化，2000），第 14 章；沈劍虹，前揭書，第 269-72 頁；李志綏，前揭書，第 260 頁；蘇格，前揭書，第 291-309 頁；值得注意的是中共於 9 月 4 日宣佈中國領海寬度為 12 海浬，其後便對美國軍艦軍機侵犯領海領空不斷提出嚴重警告，見竇暉，前揭書，第 39-43 頁；另自 1958 年 8 月迄 12 月間戰況及美國立場參考《中華民國史事紀要-中華民國 47 年 7 至 9 月份》，第 492-540, 551-78, 618-20, 634-66, 674-80, 716-24, 773-98, 807-23, 851-906, 912-20, 961-95 頁；瞿韶華主編，《中華民國史事紀要（初稿）-中華民國 47 年（1958）10 至 12 月份》（台北：國史館，1993 年 5 月），第 145-71, 185-94, 225-29, 251-85, 329-35, 470-83, 916-36 頁；郝柏村，〈八二三砲戰日記〉，《不懼》（台北：五四書店，1995），第 9-141 頁；相關照片見《台灣：戰後 50 年－土地、人民、歲月》（台北：中國時報，1995），第 126-27 頁。

[92] 我國、中共、美國及英國等在八二三砲戰期間的外交折衝及言論參考《中華民國史事紀要-中華民國 47 年 7 至 9 月份》，第 692-98, 743-45, 751-62, 825-27, 883, 1033-44, 1068-79 頁；《中華民國史事紀要-中華民國 47 年 10 至 12 月份》，第 171-73, 185-89, 198-200 頁；王景弘，前揭書，第三章：嚇阻：美國因應 1958 年

第一章 緒 論

25

交手段並用之下，終於達到金門實質停火之目的，另美政府亦成功地避免了把戰事延伸至中國大陸，一面公開宣佈不支持我對大陸攻擊，一面在杜勒斯國務卿於1958年10月訪問台北後，在聯合聲明中，迫使中華民國政府明白宣示「恢復大陸人民之自由」之主要途徑須憑藉三民主義，而非武力。[93]

## 三、1960年代美國與中華民國關係之發展

1961年，美國國務卿魯斯克（Dean Rusk）曾向甘迺迪總統（John F. Kennedy）建議改變中國政策，正式承認兩個中國，同時設法在幕後促使海峽兩邊和好，亦即明白採取「兩個中國」政策。魯斯克表示，他作此建議，乃因為：

1. 在艾森豪時代，國務卿杜勒斯即曾考慮過此一作法，只是未能實施；

2. 美國從未承認台灣是整個中國的政府。而台灣只是美國承認的唯一的中國政府而已；

3. 北京和台灣都同意只有一個中國，台灣是中國的一部分。[94]

當時因為甘迺迪甫於大選中險勝，政治基礎不穩，萬一有任何差池，會受到美國內所謂的「中國遊說團」及對我友好的國會議員們圍攻，所以甘迺迪立即否決此議，同時亦嚴令魯氏保密。[95]

台海危機，第97-160頁。Summary of *FRUS 1958-1960*, Vol. XIX, 前揭書，同註90；R. Clough, 前揭書，pp.19-21頁；竇暉，同上註，第41-43頁。

[93] J. Howe, 前揭書，第189-95, 235-38頁；杜勒斯訪問經過及聯合公報全文見本書附錄二及《中華民國史事紀要-中華民國47年10至12月份》，第251, 263-66, 277-84, 288-90, 300-304, 329-33頁；沈劍虹，前揭書，第396-97頁；L. Gerson, 前揭書，第210-13頁；H. Chiu, 前揭書，Document 15, 第237-39頁，此公報亦可視為美國推動「事實上兩個中國政策」之明證，見第174頁。

[94] Dean Rusk, 前揭書，第282-86頁。

[95] 同上註；魯斯克另亦計畫著手在聯合國中國代表權席位上實行「兩個中國」政策，但甘乃迪總統卻承諾台北，若中共入會，美國將予否決。參考 W. Cohen, 前揭書，第164-68頁；其他甘迺迪政府時代在聯合國中有關「兩個中國」之議，以及支持中華民國人士堅持「一個中國」及當時美政策之考量，參考 Roger Hilsman, *To Move a Nation: The Politics of Foreign Policy in the Administration of John F. Kennedy* (New York : Doubleday & Company, Inc., 1967), Chapter 22. (Hilsman 係甘迺迪任命之國務院亞太事務助卿)

但由於甘迺迪政府官員確在研究接納中共入聯合國以解決中國代表權問題，另在外蒙古申請入聯合國一案中，美國不但將予默許支持並考慮進而承認外蒙，尤其美國持續與中共在華沙會談，所以台北至感憂慮，認為美國新政府對華政策正在改變，乃一方面由沈昌煥外長正面對美國是否將改變其「一個中國」（中華民國）政策質疑，一方面由蔣中正總統親自強調如中共入聯合國，中華民國便將退出。同時表示將再否決外蒙加入聯合國之申請案。[96]當時由於蘇聯集團將外蒙入會案與茅利塔尼亞（Mauritania）入會案相連結，威脅如果台北否決前者，蘇聯將否決後者，以致美方認為非洲新興國家將群起杯葛台北，反而威脅到中華民國自己在聯合國之地位，乃力勸台北改變初衷，並派詹森副總統訪問台灣表示對我政策不變。[97]不料台北未為所動，似乎寧為玉碎，繼派陳誠副總統偕沈昌煥外長赴美說明外蒙案乃原則問題，不容妥協，在國內則立院、僑團等熱烈發表主張否決外蒙入會之各項輿論。[98]當時美國已研擬以提「重要問題案」（需2／3多數通過）來維護我會籍，[99]蔣中正乃不經由正常外交管道，而通過蔣經國與美國中央情報局駐台北站站長克萊恩（Ray Cline）之聯繫管道，力促甘迺迪公開發表聲明，如中共入會則將予否決。美方原對台北之固執甚表不滿，但經此一新

---

[96] 中華民國曾於 1955 年以安理會常任理事國身分否決外蒙申請案。參閱美國政府於 1997 年解密之外交檔案（以微縮影片存於相關圖書館中），E. Keefer et al ed., *Foreign Relations of the United States, 1961-1963, Vol. XXII/XXIV, Northeast Asia, Laos Microfiche Supplement*（以下簡稱 Supplement）(Washington, D.C.: Department of State, 1997), Documents 1, 1961 年 1 月 24 日；8, 6 月 15 日；12, 6 月 27 日；14（蔣中正對美國大使莊萊德 Drumright 談話），7 月 2 日；23, 8 月 1 日；25, 8 月 11 日；28（蔣中正致甘迺迪函），8 月 15 日；30, 10 月 20 日；美國內部對中共之評估及對華沙會談之重視，見 Documents 17, 1961 年 7 月 17 日；25, 8 月 11 日。

[97] 同上註，Documents 4, 1961 年 3 月 31 日；13. 6 月 30 日；14, 7 月 2 日，及甘迺迪致蔣中正函，Document 28, 8 月 15 日。

[98] 見陳誠一行與魯克斯國務卿等人談話記要備忘錄，同上註，Document 24, 1961 年 8 月 1 日；及蔣中正復甘迺迪函，Document 27, 8 月 13 日。

[99] 同上註，Document 27, 1961 年 8 月 13 日。

轉折，再與我方多次連繫後，知道若提對我保證，台北立場可能鬆動，乃由甘迺迪再通過克萊恩向蔣中正強調稱，美國認為中華民國政府是唯一正當〔合法〕代表中國的政府（the only rightful government representing China），一向全力支持它在聯合國的權利，並願作私下保證：「任何時候如美國的否決有效的話，美國將運用否決權阻止中共入聯合國」。[100]數日後，甘迺迪於10月20日發表聲明，未提及否決權，但表示強烈反對中共參加聯合國，及支持中華民國的立場。[101]中華民國政府既然獲得了它所需要的保證，就根據與甘迺迪的私下約定，不再對外蒙入會案否決。[102]換言之，雖然中國代表權問題一直是經由聯合國大會，而非安理會審理，否決權未必用得上，但台北藉外蒙案的外交作為堅定了美國對它「一個中國」政策的立場，也在某種意義上迫使中共晚了十年入聯合國。[103]

其實蔣中正當時更高的企圖，是期望用否決外蒙案當籌碼來與美國交涉，修改中美共同防禦條約換文中對中華民國政府軍事行動的限制，以便反攻大陸。[104]緣以1961年至1962年，中共的激進共產主義三面紅旗政策——社會主義總路線（在經濟、政治、思想、技術、文化各戰線均進行社會主義革命）、大躍進（多快好省地短期內超英趕美）、人民公社（大躍進時衍生的農村制度）——但未能達成預期效果，反造成經濟明顯衰退，人民生活極其困苦，甚多人

---

[100] 見中情局克萊恩致國家安全事務助理彭岱（McGeorge Bundy）密電全文，同上註，Document 31, 1961 年 10 月 16 日。

[101] 相關函電見 *FRUS 1961-1963*, Vol. XXII, 前揭書，第 127-62 頁。

[102] 葉公超大使與魯斯克國務卿談話紀錄，*Supplement*, Document 30, 1961 年 10 月 20 日，葉公超在談話中提及艾森豪總統曾兩度向蔣中正保證不允許中共進入聯合國。另見註 100。

[103] 參考黃天才，〈蔣介石精心策劃確保聯合國中華民國代表權：外蒙古問題使中共晚十年參加聯合國〉，《聯合報》，台北，1998 年 8 月 9-10 日；王景弘，〈外蒙入會案通訊〉，《聯合報》，1998 年 4 月 11 日。

[104] 參考葉公超對高立夫（Ralph Clough）所透露陳誠於 1961 年 8 月訪美時的任務，以及蔣中正對克萊恩形容中美共同防禦條約已變成保衛中共安全，防備中華民國攻擊的條約，見 *Supplement*, 前揭書，Documents 54, 1962 年 7 月 17 日；36, 1962 年 3 月 21, 22 日。

民餓死，致對共產政權痛恨，大量難民向香港等地逃亡，[105]加以中蘇共分裂明顯，蘇聯應不致支援中共，於是台北自1961年起，積極作軍事反攻之準備，並於1962年初，再經由中情局駐台北克萊恩站長等管道，請甘迺迪政府協助空降多批國軍小部隊至大陸建立據點，組織當地反對中共的民眾，以策應國軍反攻。[106]甘迺迪政府由於甫於上一年4月支持古巴流亡美國反政府人士為推翻卡斯楚（F. Castro）政權登陸豬灣（Bay of Pigs）遭到慘重失敗，因此對登陸戰特別謹慎。[107]事實上，美方對台北積極準備軍事行動已予注意，亦對台北軍事力量能否勝任反攻作了評估，[108]同時認為大陸局勢確實惡化，惟中共尚能掌握。[109]當時中共也在大陸動員備戰，台海情勢一時緊張。[110]由於美國政府官員多對此事持反對態度，甚至認為蘇

[105] 三面紅旗運動之背景參考薄一波，前揭書，第25-27章；它所造成之中共經濟處於崩潰邊緣，及人民生活痛苦，共黨內部腐化，卻不斷鬥爭種種情形之目擊見李志綏，前揭書，第261-86頁；蘇聯共黨對其評論見 *Khrushcher Remembers*，前揭書，第153-60頁。另參考簡笙簧主編，《中華民國史事紀要（初稿）-中華民國51年（1962）4至6月份》（台北：國史館，1999年5月），第417-18, 497-506, 584-607, 629-34, 901-02頁；陳永發，《中國共產革命七十年》（台北：聯經出版社，1998），第七章，第八章；及美中情局1966年7月25日之分析，United States, Dept. of State, *FRUS 1964-1968*, Vol. XXX, China, Website at http://www.state.gov/(20 Feb, 2000)

[106] *Supplement*，前揭書，Documents 33（克萊恩與蔣中正談話紀要），1962年1月21日；35（美國務次卿彭戴 William Bundy 與蔣中正談話紀要），2月24日；36（中情局相關報告），3月23日。我方認為延長中共政權壽命將加增中國人民極大痛苦，所以計畫軍事反攻，推翻中共政權，請美國提供者僅後勤裝備而已，參考劉安祺，《劉安祺先生訪問紀錄》（台北：中央研究院近代史研究所，1991），第182-85, 195-99頁；R. Clough, 前揭書，第21頁；H. Chiu, "The Question of Taiwan in Sino-American Relations," in H. Chiu ed., 前揭書，第172-75頁。

[107] 甘迺迪本人曾於1961年7月對陳誠談及此痛苦經驗，*Supplement*, Document 22, 1961年7月31日；嗣於1963年9月11日又對蔣經國重提此事，*FRUS 1961-1963*, Vol. XXII, 第386-92頁；豬灣戰役參考 *The Cuban Missile Crisis, 1962*, Digital National Security Archive Website at http://nsarchive.chadwyck.com/introx.htm

[108] 見 *Supplement*, Documents 12（中情局發自台北密電），1961年6月27日；20（中情局情勢評估），7月27日；38（國務院對國軍評估），1962年3月30日。

[109] *FRUS 1961-1963*, Vol. XXII, 第200-01頁；*Supplement*, Document 20, 1961年7月27日。

[110] 中共在金馬當面集結40萬陸軍，300架戰機，「新華社」並呼籲「全國人民...支援前線」以「迎擊」國軍反攻。見《中華民國史事紀要-中華民國51年4至6月份》，第849, 864, 872頁。

聯會藉此與中共修好共同抗美，[111]國安會關於對中共政策亦正式向甘迺迪作了建議，[112]美國乃於6月23日經由華沙會談管道將美國反對雙方動武之立場轉告中共，[113]同時請英國政府將美立場再轉告北京，也把美國態度向蘇聯解釋。[114]其後台北蔣中正總統於1963年除再度致函甘迺迪總統，強調機會稍縱即逝，台北必須掌握大陸民心思變，佔據華南數省，並派行政院政務委員蔣經國往訪，希美方能提供後勤，支援國軍行動，甘氏復函及談話態度禮貌友好，惟鑒於成功難料，仍未予贊同。[115]

在這兩三年間，台北政府盡各種努力，均未能說服美國，[116]但

---

[111] 例如 FRUS 1961-1963, Vol. XXII, 第 181-260 頁；Supplement, Documents 47（甘迺迪特別顧問 Chester Bowles 力陳不能支持台北反攻），1962 年 6 月 15 日；48, 6 月 18 日。

[112] FRUS 1961-1963, 同上註, 第 271 頁。

[113] 美國駐波蘭大使 John Cabot 奉國務院指示告知中共王炳南大使，美國不支持台北任何反攻大陸的計畫，王炳南則警告稱，如果台北發動攻擊，中共將立即取消華沙會談，台海局勢將是完全一個新局面，談話紀要見 FRUS 1961-1963, 同上註, 第 273-75 頁；Supplement, Document 53, 1962 年 6 月 29 日。另美國務院亦發表聲明，重申美國希望中共「放棄在台灣海峽地區使用武力」。甘迺迪總統繼於 6 月 27 日之記者會中正式聲明稱，他的政府對於金馬的政策與前總統艾森豪政府一樣。甘氏警告中共不得對台動武，重申美國協防台、澎、金、馬的決心，同時說明美國反對台海兩岸使用武力。中共新華社嗣於 6 月 30 日詆毀甘迺迪的聲明，強調台灣問題是一個內部問題，「中國人民」對台灣的行動「不能受一種國際協定的約束」。甘迺迪記者會全文及相關發展參考《中華民國史事紀要-中華民國 51 年 4 月至 6 月份》，第 873-75, 902-04, 938 頁。美國魯斯克國務卿即為阻止台北行動之主要人士之一，見 W. Cohen, 前揭書, 第 169 頁；美方之考慮, 情勢之演變，包括美助卿 Hilsman 來台與蔣經國先生商談情形，見 R. Hilsman, 前揭書，第 310-20 頁。中共方面的態度參考王炳南, 前揭書, 第 86-90 頁；蘇格, 前揭書，第 329-35 頁。

[114] FRUS 1961-1963, 同上註, 第 267-70 頁。

[115] 相關函件及談話內容見 FRUS 1961-1963, 同上註, 第 347, 359-60, 383-92 頁；Supplement, Documents 59, 1963 年 3 月 15 日；64, 9 月 5 日。另參考蔣經國與美國魯斯克國務卿及國家安全事務助理彭岱之談話，Documents 66, 9 月 13 日；67, 9 月 19 日。

[116] 台北說詞可參考 162 年 1 月 29 日蔣中正總統對美國報界訪問團 49 人的談話，見簡笙簧主編，《中華民國史事紀要（初稿）-中華民國 51 年（1962）1 月至 3 月份》（台北：國史館，1999 年 5 月），第 282-83 頁；以及 1962 年 9 月 6 日蔣中正總統與美國駐華寇克大使（Alan G. Kirk）之談話，見 Department of State, FRUS, 1961-1963, Vol. XXII, http://www.state.gov/www/about_state/history/frus-XXII/151to197.html；以及台北致送甘迺迪總統的反攻大陸說帖（Aide Memoire），見 Supplement, Document 65, 無日期。

它為了防阻中共政權穩定壯大而對於大陸沿海小規模的突擊，卻未受美國阻撓，[⑰]而且在1950及1960年代，中美兩國持續合作進行對大陸的情報蒐集工作，亦有其績效，例如自1959年起由中華民國空軍駕駛U-2飛機對大陸偵照，證實了中共與蘇聯分裂及中共原子武器發展情形；[⑱]關於後者，經多次偵照，並與美國研究後，美國情報單位隨即根據相關資料對其核武器之可能進展，及對中共國內外之可能影響做出了現在看來頗為正確的評估，惟後來美方權衡輕重後，並未採取軍事行動予以破壞。[⑲]

一般而言，美國在遵守中美共同防禦條約的協防台灣一事上是認真執行的。根據該約美方在台成立協防司令部，派來台灣之美軍亦漸增加。由於該等人員享受外交官待遇及豁免權，但因不免有人觸犯刑案，台北乃要求與華府訂定一「美軍在華地位協定」（Agreement Relating to the Status of United States Armed Forces in China），參照北約國家及日本與美方所訂類似協定，以彰顯我國司法管轄權。華府對此事並不積極，惟經台北力爭後，經數年之談判，終於1965年由外交部沈昌煥部長與美國駐華臨時代辦高立夫（Ralph Clough）簽訂是項協定，1966年生效；其中明定對危害中華民國安全、致人死亡、搶劫、強姦等重大案件，台北行使管轄權

---

⑰ J. Garver, 前揭書，Chapter 6；陶涵，前揭書，第15章。

⑱ J. Garver, 同上註，Chapter 10；陶涵，同上註；中華民國國軍飛行員駕駛U-2情形可參考華錫鈞之回憶，《戰機的天空：雷霆、U-2到IDF》（台北：天下文化，1999），第五章。

⑲ "Communist China's Advanced Weapons Program," Special National Intelligence Estimate, No. 13 -2-63, submitted by the Director of Central Intelligence, Concurred in by the United States Intelligence Board, 24 July, 1963, NSEC212；"Destruction of Chinese Nuclear Weapons Capabilities," by G. W. Rathjens, U.S. Arms Control and Disarmament Agency, 14 December, 1964, website at http://www.gwu.edu/sarchiv/NSAEBB/NSAEBB19/01-01.htm；NSAEBB1/nsaebb1.htm#5；China and the United States: From Hostility to Engagement 1960-1998 (Washington, D.C.: The National Security Archives, 1999), Documents 00015, 1963年7月24日；00016, 1963年11月18日；00017, 1964年4月17日；00021, 1964年10月9日；《台灣：戰後50年》，第168, 181頁。

「成為絕對必然」。⑳

　　從1950年到1969年，美國給予我國之軍事援助則共達31.9億美元，協助我軍隊之組織編裝及現代化，但在軍品援贈項目中卻非常小心地不讓國軍有對大陸發動大規模攻擊的能力，例如絕不提供足夠的運輸機及登陸艦，以免被台灣的軍事行動影響而導致美國與中共直接衝突。㉑

　　美國在中華民國政府撤退來台直到70年代，除軍事援助外，亦提供經濟援助，並用美援促進台灣社會發展，協助農復會之成立及運作，甚至設法鼓勵各種漸進方式促使台灣民主化，使台灣成為名副其實的「自由中國」。㉒美國的國家領導人如共和黨的尼克森副總統、艾森豪總統、民主黨的詹森副總統（Lyndon B. Johnson）、韓福瑞副總統（Hubert H. Humphrey）曾分別於在任時在1953、1960、1961及1966年來訪，以示對我支持。㉓從1950年起到1965年為止，美國一共對台灣提供了經濟援助22億美元，奠定了我國經濟起飛的基礎。㉔

<hr>

⑳　美軍在華地位協定全文見外交部《中外條約輯編，民國54年至61年》（台北：外交部，1993），第648-701頁。其後，1979年1月中美共同防禦條約失效時，本協定亦隨之失效。協定談判台北參與人員，包括外交部朱撫松次長，胡慶育大使，蔡維屏司長，關鏞副司長，錢復科長及司法行政部查良鑑次長；美方包括政治參事 J. Leonard, R. Linquizt, 費浩偉（H. Feldman）等人。參考蔡維屏，《難忘的往事》（台北：惠友公司，1985），第236-47頁。

㉑　美方軍援數字參考中美關係報告編輯小組主編，《1981-1983 中美關係報告》（台北：中央研究院美國文化研究所，1984），第5頁；另見艾森豪總統致蔣中正總統函，承諾提供乙架 C-130B 運輸機（惟未送達），FRUS 1961-1963, 前揭書，第1-2頁；及 K. Rankin, 前揭書，第275-79頁；R. Clough, 前揭書，第102-07頁；相關照片見《外交風雲》，第66-74, 131頁。蔣中正的反攻準備，保台戰略及美方對軍援之限制，參考《中華民國史事紀要-中華民國51年1至3月份》，第551-66頁。另根據孔令晟將軍對作者回憶，台北放棄軍事反攻是蔣中正總統派員赴西南敵後調查評估後，聽取高級將領簡報，然後作出痛苦決定。

㉒　K. Rankin, 前揭書，第313-24頁；R. Clough, 前揭書，第72-87頁；J. Garver, 前揭書，Chapter 13.

㉓　《外交風雲》，第88-89, 136-41頁；《台灣：戰後50年》，第145頁。

㉔　經濟援助情形及效果見 K. Rankin, 前揭書，第260-71頁；另1965年4月美賴特大使致我沈昌煥外長照會，提及於當年6月30日將停止經援，見 S. Gilbert and W. Carpenter, 前揭書，第181-82頁。

越戰的發生阻止了美國與中共關係的改善，因為美軍介入，防衛南越，主要原因是要阻止中共勢力向中南半島的擴張。而中共在河內的要求下也曾秘密派遣高射炮兵部隊和鐵道兵部隊等進入北越，協助對空作戰和工程建設等任務，前後共對北越提供了達200億美元的軍經援助。期間南越政府曾數次希望台灣用機密方式派軍援越，我國也樂意提供，但經過1961、1964、1965、1967共四次與美方磋商後，美政府均不接受，原因是不願中共以之為藉口而正式派軍介入越戰，亦怕中華民國政府藉機反攻大陸——台北亦確曾在1965年到1966年間研究出兵攻佔大陸西南沿海沿著越南邊界的五個省份以配合美軍在南越作戰——美國自然堅決反對；在此時期，美方亦不時有高級官員建議美國政府設法使台灣與大陸永遠分離，而且正式實行「兩個中國」對華政策。[125]

　　儘管如此，中華民國仍善盡盟邦的義務，提供美方基地及設備，使美三軍在台灣得以取得後勤、維修及各項支援，大量節省了美軍在越南的戰費。[126]對越南，台北政府也協助其農經發展及地方綏靖工作。[127]

　　其實蔣中正總統對美國介入越戰的政策是反對的。1963年，尼克森總統以平民身分來台及1966年詹森總統派韓福瑞副總統來訪時，蔣總統均曾明白的指出美國派軍入越南並非良策，因為東方民

[125] Department of State, *FRUS, 1964-1968*, Vol. XXX, 第 242-47 頁, 402-03 頁, 539-40頁；D. Rusk, 前揭書，第 289, 456-57 頁；W. Cohen, 前揭書，第 224-27 頁，246-68頁，第14章；H. Chiu, 前揭書，第175-79頁；J. Garver, 前揭書，第202-04頁；中共在越戰期間支援北越和越共之簡述，參考寶暉，前揭書，第88-92頁。美參院外委會主席 Wm. Fulbright 警告行政當局小心勿引起與中共之衝突，見其演說 "The Arrogance of Power," *The Annals of America*, Vol. 18 (Chicago : Encyclopaedia Britannica, Inc., 1976), 第 362-67 頁；另參考美駐聯合國大使 Goldberg 於1967 年 3 月 9 日呈詹森總統之備忘錄，報告與蔣中正總統談話內容，以及詹森總統 1967 年 3 月 16 日請美駐華馬康衛大使（Walter McConaughy）轉達予蔣中正總統之電文。United states Dept. of state *FRUS 1964-1968*, Vol. XXX, website at http://www.state.gov/www/about_state/history/vol_xxx/(20 Feb, 2000)

[126] Garver, 同上註，第 209 頁。

[127] 同上註，第 205-06 頁；《外交風雲》，第 168-73, 211 頁。

族主義的緣故，美國應當提供南越後勤支援及訓練，讓南越軍隊進行作戰，如果直接派遣美軍進入越南將是下策。[128]

不幸，美方太過自信，沒能接受蔣中正的警告，以致越戰最後以失敗告終。

另外關於聯合國中國代表權的爭議，1960年代中，自從甘迺迪總統對蔣中正總統提出保證後，美國始終採取支持並維護我方會籍之立場，而美國的歐美盟邦則未必與其站在同一陣線，[129]但右列聯合國之中國代表權投票記錄簡表顯示由於中華民國政府的努力及美日等友邦的支持，在50及60年代中，我方均仍能順應聯合國會員國增加的趨勢，爭取到對我有利之票數，直至1970年為止。[130]

1966年，美國的聯合國協會（United Nation Association of the United States）曾提議中共與我國同時加入聯合國大會成為會員，另將我政府在安理會之席位讓給中共佔據，此議竟在1971年成為美國政策。[131]而我國在聯合國1971年之失利與美國對華政策之改變是息息相關的（詳見本書第二章）。

在60年代美國與我國發展密切關係，到了尼克森上任後才因各方情勢之演變而發生變化。

---

[128] 理查德‧尼克松（即尼克森）著，伍任譯，《尼克松回憶錄》，上冊（北京：商務印書館，1978），第332頁；尼克森總統在1969年11月24日對全美電視演說" The Pursuit of Peace in Vietnam "中曾提及蔣中正總統該項忠告之內容，並謂此係「某亞洲領袖之勸告」，見 The Annals of America, Vol. 18, 前揭書，第88頁；至於韓福瑞與蔣中正總統談話係根據當時傳譯錢復博士之回憶。美國至1967-68年始有更多人士相信在越南戰場無法取勝而應撤離，羅勃甘迺迪參議員之演說可為代表：Robert Kennedy, "Vietnam − Illusion and Reality," a speech delivered on Feb. 11, 1968, The Annals of America, Vol. 18, 第 599-605 頁。

[129] 例如見1967年5月10日我副總統嚴家淦訪美時之談話及1966年7月25日美國務院關於加拿大對我代表權立場之電報，FRUS 1964-1968, Vol. XXX, website 同註125，Documents 170, 260.

[130] Y. S. Wang, "Foundation of the Republic of China's Foreign Policy," in Y. S. Wang ed., 前揭書，第 4-5 頁；引用歷年聯合國年鑑（Yearbooks of the United Nations, 1950-1970）；W. Cohen, 前揭書，第 280-89 頁。

[131] K. Furuya, 前揭書，第 948 頁。

| 年份 | 聯合國會員國數 | 支持中共入會國 | 反對中共入會國 | 棄權國 | 缺席國 |
|------|------|------|------|------|------|
| 1950 | 59 | 16 | 33 | 10 | 0 |
| 1951 | 60 | 11 | 37 | 4 | 8 |
| 1952 | 60 | 7 | 42 | 11 | 0 |
| 1953 | 60 | 10 | 44 | 2 | 4 |
| 1954 | 60 | 11 | 43 | 6 | 0 |
| 1955 | 60 | 12 | 42 | 6 | 0 |
| 1956 | 79 | 24 | 47 | 8 | 0 |
| 1957 | 82 | 27 | 48 | 6 | 1 |
| 1958 | 81 | 28 | 44 | 9 | 0 |
| 1959 | 82 | 29 | 44 | 9 | 0 |
| 1960 | 99 | 34 | 42 | 22 | 1 |
| 1961 | 104 | 37 | 48 | 19 | 0 |
| 1962 | 110 | 42 | 56 | 12 | 0 |
| 1963 | 111 | 41 | 57 | 12 | 1 |
| 1964 | 114 | 延期 | | | |
| 1965 | 117 | 47 | 47 | 20 | 3 |
| 1966 | 121 | 46 | 57 | 17 | 1 |
| 1967 | 122 | 45 | 58 | 17 | 2 |
| 1968 | 126 | 44 | 58 | 23 | 1 |
| 1969 | 126 | 48 | 56 | 21 | 1 |
| 1970（註） | 127 | 51 | 49 | 25 | 2 |

（註）1970年因先以66票對52票通過「重要問題案」，即中國代表權問題須2／3
多數通過，故支持中共入會國雖多於反對者，我政府仍留在聯合國。

# 四、小　結

　　自從中華民國政府播遷台灣到1969年尼克森就任美國總統的二
十年間，美國的對華政策歷經了相當的變化。

　　美國杜魯門政府的主流政策，原是準備聽任台灣被中共佔領，
但因中共對內剷除西方帝國主義國家勢力，對外堅決採行親蘇立
場，所以美國與新成立的中華人民共和國關係沒有進展。韓戰爆
發，突顯了台灣在阻止共黨擴張方面的戰略地位，也導致了美國與

中共在朝鮮半島的軍事直接衝突，再加上美國內部檢討其政府內部左傾人士在中國大陸失陷於共黨一事上之責任，而中華民國政府在台灣又逐漸站穩腳跟，所以美國政府才重行採取援助我方的政策。

韓戰停火後，處於彼此冷戰之東西兩方陣營仍然明顯對立，美國遂致力加強在亞洲圍堵共黨之行動，而我國亦有意強化自身安全及提升國際地位。雙方配合之下，於是乃有1954年末中美共同防禦條約的簽訂。其後，儘管中共在1954年及1958年挑起了第一次及第二次台海危機，均與美國互相敵對，但美國仍然與中共在1955年起於日內瓦開始大使級談判，1958年並將該會談移至華沙。雙方前後共舉行一百餘次談判，持續到尼克森上台為止，雖然沒有什麼具體結果，但起碼使美國與中共在互不承認的對立情況下，有了一個溝通和聯繫的管道，兩國沒有外交關係，卻有會談關係，而且互相派出大使進行長期會談，其中還達成了一項不重要而且各說各話的關於承認對方國民有返回權利的協議。[132]

另一方面，中美共同防禦條約的效果，就某方來說就是默認有兩個中國的局面，一個在台灣，另一個在大陸。再加上與中共的會談，便構成了一種以間接方式接受並承認台海兩岸各有一個政權的事實，而在台灣的政權還繼續得到美國的承認，承認它代表中國。

事實上，中華民國政府能夠在新敗之餘，逐漸達到如此的國際地位是十分不易的。它一面要應付外島的防衛和作戰，一面要復興本島的經濟和建設，一面又要進行政治的改革，逐漸以事實和法理否定了台灣地位未定論。但到底那時國力有限，例如到了50年代後期，在人力財力都已大量支援的對美工作中，台北駐美大使館的經費都還明顯捉襟見肘，[133] 充分顯示困苦狀況之一斑。惟由於政府運用美援成功，經濟政策合宜，到了60年代，中華民國在各方面進步

---

[132] 美國和中共都有類似評估，見王炳南，前揭書，第 92-93 頁；*Supplement*，前揭書，Document 25, 1961 年 8 月 11 日。

[133] 參考駐美董顯光大使的自述，董顯光著，曾虛白譯，前揭書，第 309-12 頁。

逐漸顯著，國力增強，甚至可以積極援助亞洲非洲等地的第三世界國家，[34]普遍贏得國際友誼。雖然在軍事上未能取得美國的支持以對大陸反攻，但在外交上卻取得了民主黨甘迺迪政府的堅強保證支持我國，反對中共入聯合國，以致在聯合國的保衛戰中，始終能夠擊敗排我納中共的動議。

由於蘇聯是共產世界的領袖，又是對美國最具威脅的超強，所以美國在50、60年代中都期望能促成中共與蘇聯的分裂，以便能集中力量圍堵蘇聯。在60年代，中蘇共不和的期望終於實現，但中共因為開始進行文化大革命，對外關係受意識型態指導，以致其對美政策到了60年代末期才因蘇聯對其生存產生嚴重威脅而不得不改變。

總之，在尼克森上任以前的50到60年代，美國對華政策可以說是一種以承認中華民國政府代表中國的隱性兩個中國政策，[35]其發展受到1. 國際大形勢，尤其美蘇關係進展；2. 美國國內情勢演變；3. 中共內政及對美政策；以及4. 中華民國國內變化等四個層面的影響。此種隱性的兩個中國政策，在尼克森以後的六任政府是如何演變的，以下乃分別以該四個層面為重點加以觀察。

---

㉞ 參考 Y. S. Wang. 前揭書，第 5 頁。

㉟ 美雷根總統時代的國務卿海格在其回憶錄中曾明白指出，直到 1979 年 1 月 1 日美國與中共建交，並與台灣僅能維持非官方關係之後，美國「才在法律上而非情感上終止其兩個中國政策」。見 Alexander Haig, Jr., *Caveat* (London : Weidenfeld and Nicolson, 1984), 第 197 頁。美國在 1978 年以前與我國盟邦關係的檢討可另參考 Steven Goldstein, *The United States and the Republic of China, 1949-1978: Suspicious Allies*, Discussion Paper, Institute for International Studies: Stanford University, February 2000.

## 第二章

# 尼克森政府時代（1969－1974）

## ——華府在維持與台北外交關係中尋求與北京關係正常化

　　尼克森（Richard Nixon）於1968年末代表共和黨擊敗了民主黨的韓福瑞（Hubert H. Humphrey）而於1969年初入主白宮。他在1943年三十歲時便開始從政，四十歲起擔任艾森豪的副總統共八年，1960年競選總統時敗給了甘迺迪（John F. Kennedy）。他在當時有名的電視辯論中曾力主協防中華民國的金門、馬祖以對抗共黨擴張。又因他曾六次訪問台北，與蔣中正總統熟稔，是以一般人認為他是台北的友人。① 1953年7月，尼克森以副總統的身分曾奉命來台轉達美國政府不支持台北反攻大陸的計畫。他在此行返回美國後，亦曾於國家安全會議上表示，從內部推翻大陸政權希望渺茫。② 1960年代，尼克森以平民身分在訪問亞洲之行中，更逐漸強化此一想法，而主張美國必須正視中共之存在，且應改善與中共之關係。1967年，他進一步在《外交事務》季刊中發表文章，公開強調，如不正視中國的現實，「中國將會成為世界和平的重大威

---

① 參考理查德．尼克松著，伍任譯，《尼克松回憶錄》，上冊（北京：商務印書館，1978），第43, 153, 284, 232-38頁；沈劍虹，《使美八年紀要：沈劍虹回憶錄》（台北：聯經公司，1982），第47頁。

② *United States Department of State, Foreign Relations of the United States (FRUS) 1952-1954*, Vol. XIV (Washington D.C.：Government Printing Office, 1985), 第347-48頁；《尼克松回憶錄》，上冊，第166頁；《外交風雲》（台北：中央社，1999），第88-89頁。

脅」。③

　尼克森經由其律師事務所的夥伴米契爾（John Mitchell）認識
了擔任共和黨政治領袖之一洛克斐勒（Nelson Rockefeller）的外交
事務顧問，哈佛大學教授季辛吉（Henry Kissinger），覺得季辛吉
有關國際政治的觀念與其相近。基本上，尼氏認為外交政策必須強
大到足可取信於人，包括盟友與敵人，越南固然是大問題，但只是
短期的問題，美國必須把長期問題處理好，例如恢復北約的活力，
並改善與蘇聯、日本、以及中共的關係，才能維護美國的安全與
發展。④季辛吉的外交理念則是：為求世局穩定，必須要維持各國
的權力均衡；一個政權的合法性不在於其內部政策或主義，而在於
其政策是否合乎國際均衡，美國必須出面主導此種國際均衡，以免
災難發生。⑤換言之，尼克森及季辛吉在與共黨國家交往時，都不
重視共黨統治的合法性與道德性與否，而只注重維護國際上權力平
衡，來促進美國利益。

# 一、上海公報及幕後承諾

　尼克森當選總統後，即認為美蘇之間的關係將是他任內及其後
任政府決定世界可否和平共存的唯一的最重要的因素，因為美國過
去在和蘇聯對峙的局勢中，已經逐漸陷於不利的地位：例如中東、
北越、古巴、東歐等地，都是蘇聯佔上風，而在當時的世局發展
中，只有中共與蘇聯分裂，才是有利於美國的最重要因素。換句話

---

③ Richard Nixon, "Asia after Vietnam," *Foreign Affairs*, Vol. 46 (October 1967), 第 121
　頁；《尼克松回憶錄》，上冊，第 282-83 頁；尼克森後來承認，1964 年時巴基
　斯坦總統阿育布（Ayub Khan）力勸他訪問大陸，對他頗有影響，見其另一回憶
　錄 Richard Nixon, *In the Arena: A Memoir of Victory, Defeat, and Renewal* (New York
　: Simon and Schuster, 1990), 第 11 頁。

④ 《尼克松回憶錄》，上冊，第 441 頁。

⑤ William Burr ed., *The Kissinger Transcripts : The Top Secret Talks With Beijing and
　Moscow* (New York : The New Press, 1999), 第 2, 4-5 頁；Henry Kissinger, *White
　House Years* (Boston : Little, Brown and Company, 1979), Chapter III；《尼克松回
　憶錄》，中冊，第 251 頁。

說，多年來美國所期待的中蘇共分裂，在尼克森就任時就已經實現了；所以他推動尼克森主義（The Nixon Doctrine），即以實力建構之夥伴關係（partnership）作為基礎去進行談判，以談判代替對抗，並充分利用共產世界的矛盾與多元中心主義（polycentrism）來改善對蘇聯及對中共之關係，同時推動越戰越南化。⑥

　　為了在此一形勢中促進美國利益，尼克森遂一方面建立自己的諮詢系統，改組並提升國家安全會議在外交、國防、危機處理等方面之功能及國家安全事務顧問之地位，延聘季辛吉擔任該國家安全事務顧問，賦予發佈國家安全研究備忘錄（National Security Study Memoranda-NSSMs）之權力，以指揮國務院、國防部、中情局，武器管制局諸單位，為尼克森準備政策研究與建議，並藉主持國家安全會議中之評估小組（National Security Council Reviews Group）而對各項上呈給尼克森的部會政策建議享有同意權。⑦ 另一方面，尼克森卻任命在司法界德高望重，曾任司法部長，但缺乏外交經驗的老友羅吉斯（William Rogers）出任國務卿，在執政初期作大致的分工：季辛吉因其猶太背景，主要經營越南、限武談判、蘇聯、日本等；羅吉斯則主要負責中東等地區；雖然藉此使白宮掌控

---

⑥ 《尼克松回憶錄》，上冊，第 445-46 頁；Melvin Laird, *The Nixon Doctrine* (Washington, D.C. : American Enterprise Institute, 1932), 第 5-16 頁；但值得參考的是，蘇聯共黨政治局在 1967 年通過的蘇聯外交政策目標是推動與美國和解（detente），以利國內發展經濟，同時對付「中國冒險記劃」（adventurous schemes of the leaders of China），俾避免對美、對中共兩面作戰。同時，支持北越，但不是一定要北越統一南越。見蘇聯駐美大使回憶錄 Anatoly Dobrynin, *In Confidence: Moscow's Ambassador to America's Six Cold War Presidents* (New York: Times Books, 1995), 第 162-63 頁；美國境內認為中蘇共分裂未必有利於美國之說法參考 W. Cohen, *Dean Rusk* (New Jersey : Cooper Square Publishers, 1980), 第 316-19 頁。

⑦ H. Kissinger, *White House Years*, Chapter I；Seymour Hersh, *The Price of Power: Kissinger in the Nixon White House* (New York : Summit Books, 1983), Chapters 2 and 3；尼克森改組國家安全會議之總統指令（Presidential Directive）全文及國安會組織架構見 Stephen A. Cambone, *A New Structure for National Security Policy Planning* (Washington, D.C. : The CSIS Press, 1998), 第 190-94, 151-52 頁。

外交事務，卻也增加了國安會與國務院的競爭與摩擦。[8]

　　尼克森在與中共接近的政策上遠較季辛吉為積極，[9] 其目的：一是利用中共與蘇聯反目的事實來平衡蘇聯的勢力，因為蘇聯的核武器已享有數量優勢，在世界各地也增加影響與活動；二是認為解決越南問題的關鍵在莫斯科及北京，而非河內，期望借助蘇聯及中共對北越的影響力使越戰越南化能順利推行，使美國能夠自越南抽身；三是希望避免將來與中共因錯誤判斷而發生衝突；四是國內政治的考慮；由於尼克森政治上的對手先是共和黨總統提名競選人洛克菲勒（Nelson Rockefeller），後來是民主黨總統候選人韓福瑞（Hubert Humphrey），他們均主張美國應與中共接觸，所以他要先一步進行，以鞏固國內政治地位。[10]

　　中共自從1966年8月十一全會中央委員會議決定進行無產階級文化大革命之後，對外關係未能恢復。1968年8月蘇聯進兵捷克，中共感受到蘇聯威脅，遂盼與美恢復華沙會談，但因內外原因，未有結果。[11] 1969年3月又與蘇聯在珍寶島發生衝突。[12] 其後蘇聯積極向中蘇邊界增兵，與中共陸續在東北及西北邊境發生武裝衝突，

⑧ Cambone, 同上註，第152頁；W. Burr, 前揭書，第8頁；《尼克松回憶錄》，前揭書，中冊，第145頁；季辛吉與羅吉斯之衝突可參考季氏回憶錄 Henry Kissinger, *Years of Upheaval* (Boston : Little, Brown and Company, 1982), 第418-19頁。

⑨ W. Burr, 前揭書，第3頁。

⑩ 尼克森稱，當中共和蘇聯是盟友時，美國不得不和中共為敵，但只要這個障礙清除了，雙方可立即成為朋友，見 Richard Nixon, *1999: Victory without War* (New York : Simon & Schuster Inc., 1990), 第244-46頁。另可參考《尼克松回憶錄》，上冊，第446頁；James Mann, *About Face: A History of America's Curious Relationship With China, From Nixon to Clinton* (New York : Alfred A. Knopf, 1999), 第18頁；當時美國的戰略構想及世局分析見 Robert Ross, *Negotiating Cooperation: The United States and China, 1969-1989* (Stanford : Stanford Univ. Press, 1995), 第17-29頁；蘇聯對尼克森政府要「打中國牌」來對抗蘇聯事曾於1969年10月正式向美國提出抗議，見 Anatoly Dobrynin, 前揭書，第207頁。

⑪《1970中共年報》（台北：中共研究雜誌社，1970），二之287-二之288，六之3-六之8，及十二之47-79頁；李志綏，《毛澤東私人醫師回憶錄》（台北：時報文化，1994），第496頁。

⑫ 珍寶島事件之背景、經過及相關聲明，見《1970中共年報》（台北：中共研究雜誌社，1970），伍之2-伍之8頁；章孝嚴，《珍寶島事件及匪俄關係，一九五六—一九六九》（台北：黎明文化公司，1978），第六章；Patrick Tyler, *A Great Wall: Six Presidents and China, An Investigative History* (New York: The Century Foundation, 2000), 第2章。

甚至準備對中共進行核子戰爭。⑬ 7 月間，中共內部對國際情勢作了新的分析：「蘇修把中國當成主要敵人，它對我國的安全威脅比美帝大」。於是乃決定採取務實外交，加強對外關係，尤其改善與美關係，聯合次要敵人打擊主要敵人，以開拓戰略外交新局面。⑭

美國決策當局當時認為蘇聯對中共威脅太大，中共應會在台灣問題上讓步，而且在1969年胡志明去世後，蘇聯與越南之關係更為接近，對中共是進一步的威脅，對解決越戰也不利，遂主動開拓管道與中共聯繫。中共則建議會談，1970年1月，雙方恢復華沙會談，其中雖然中共仍然強調台灣問題，指責美國意圖將台灣永遠自中國分離出來，美國卻發現中共態度微妙轉變；尼克森遂繼續於2月向國會作外交報告時公開強調不應孤立中共，以向中共示好；中共則歡迎美方派高級官員到北京舉行會談。同時，美國並藉外國領袖如法國總統戴高樂（Charles de Gaulle）、巴基斯坦總統葉海亞（Yahya Khan）、羅馬尼亞總統齊奧賽斯庫（Nicolae Ceausescu）向中共傳達信息，表示不會聯合蘇聯對付中共，袪除中共之疑慮，並開始放寬美國人民赴大陸旅行及與大陸從事貿易之限制。⑮

1970年初，美國另亦由羅吉斯國務卿出面，邀請我國行政院副院長蔣經國訪問美國。尼克森並親自向蔣經國說：「我可以向你保

---

⑬ 《1970年中共年報》，伍之7頁；H. Kissinger, *Years of Upheaval*, 第1173-74頁；另參考 *China and the United States: From Hostility to Engagement, 1960-1998* (Washington D.C.: The National Archives, 1999), Document 00072, 1969年7月3日。

⑭ S. Hersh, 前揭書，第353-58頁；另見蘇格，《美國對華政策與台灣問題》（北京：世界知識出版社，1998），第363-64頁；R. Ross, 前揭書，第23-29頁。中共改善對外關係之結果得以在1970年10月至1971年10月一年之間與14個國家建交，直接導致1971年10月聯合國大會投票對我不利之結果，見 Yu San Wang, "Foundation of the Republic of China's Foreign Policy," Y. S. Wang ed., *Foreign Policy of the Republic of China on Taiwan* (New York : Praeger Publishers, 1990), 第8頁。

⑮ 美國與中共之聯絡情形見《尼克松回憶錄》，中冊，第228-38頁；*China and the United States*, 前揭書，Documents 00085-00087 (Contact with Communist Chinese), 1969年12月4日，5日；00124 (Report of 135th meeting), 1970年1月24日；

證，美國將永遠信守條約義務，套句俗話說，我決不會出賣你們。」⑯ 在此行中，季辛吉卻曾試探我方對於美國與中共建交的態度，蔣經國雖對此強烈反對，但也深切體會了美方與中共改善關係之跡象，而此次尼克森對蔣經國的邀請，也可以說是向中華民國友人道別的一種方式。⑰

1971年春，中共周恩來總理先後經由羅馬尼亞和巴基斯坦管道，表示美方如有解決台灣問題的願望和方案，中共願接待美國特使。美方回覆後，中共於5月正式致函邀請季辛吉訪問北京，俾便安排尼克森訪問大陸事宜。⑱ 在這之前，尼克森總統於2月25日向國會所提世局咨文強調美國與中華民國之友誼不應成為美國與中華人民共和國進行關係正常化之障礙；羅吉斯國務卿亦於3月27日在國會發表外交政策報告，將對中華人民共和國政策與對中華民國政策並列；均顯示美國有意採行「兩個中國」政策，⑲ 於是毛澤東決定邀請美國乒乓球代表隊於4月前往大陸，開始所謂乒乓外交，而美國亦宣布取消對中共實施了二十年之久的貿易禁令，及其他措

00144（將第136次華沙會談情形向我國簡報），1970年2月24日；S. Hersh，前揭書，第358-62頁；John H. Holdridge, *Crossing the Divide* (New York : Rowman Littlefield Publishers, Inc., 1997)，第30-43頁；J. Mann，前揭書，第24-27頁；《中國外交概覽1987》，第328頁；另，1972年2月尼克森在北京與周恩來會談時，雙方曾稱許巴基斯坦之管道，見 " The White House Memorandum : Memorandum of Conversation , Feb. 23, 1972, Peking," *Record of Historic Richard Nixon-Zhou Enlai Talks in February 1972 Now Declassified*, (以下簡稱 *Nixon-Zhou Talks*), Document 3, 第7頁, website at http://www.seas.gwu.edu/nsarchive/nsa/publications/DOS_readers/Kissinger/Nixzhou/13-07.htm.

⑯ 沈劍虹，前揭書，第43-47頁。

⑰ 同上註，第43頁；J. Garver，前揭書，第268頁。

⑱ 《尼克松回憶錄》，中冊，第232-38頁；美國國務院早已於一年前計畫設計一關於台灣問題之方式（formula），包括台灣撤軍等，來與中共加強關係，見"U. S. Strategy in Current Sino-U.S. Talks," *China and the United States*, 前揭書，Document 120, 1970年1月21日（惟該文件仍有多處未解密）。至於周恩來傳給尼克森的信息則是手寫的便條，見尼克森白宮幕僚長的日記 H. R. Haldeman, *The Haldeman Diaries: Inside the Nixon White House* (New York: G. P. Putnam's Sons, 1994), 第281-82頁。

⑲ 尼氏咨文及評論，中華民國政府之強烈反應及羅吉斯報告相關部分全文中譯文見中華民國史事紀要編輯委員會主編，《中華民國史事紀要（初稿）-中華民國60年（1971）1月至6月份》（台北：中華民國史料研究中心，1973年10月），第369-94, 433-34, 541-45頁。

施，以對中共示惠。[⑳]季辛吉隨即在極秘密的安排下，經由巴基斯坦於7月9日至11日訪問中國大陸。[㉑]（在5月18日，我沈劍虹大使呈遞國書時，尼克森還親自重申信守中美共同防禦條約及支持我在聯合國之中國代表權。）[㉒]

　　季辛吉在北京初次與周恩來談話中，便作了下列重要承諾：1.美國承認台灣是中國的一部分，不支持台灣獨立、「兩個中國」或「一中一台」，但希望台灣問題和平解決；2.美國將在中南半島戰爭結束後，自台灣撤走2／3駐台美軍。隨著美中雙方關係改善而減少在台剩餘美軍；3.美與我共同防禦條約留待歷史解決；4.美國不再指責和孤立「中國」；在聯合國問題上，美國將支持中共席位，但不支持驅逐台灣代表。[㉓]季辛吉並且承諾在尼克森第二任期承認中共。[㉔]

⑳ 同上註，第568-82, 606-07頁；"Chinese Table Tennis Team in Nagoya," *Peking Review*, 14, no. 16 (April 16, 1971), 第11-12頁；*Nixon-Zhou Talks*, Document 1, 第8頁；*China : U.S. Policy Since 1945* (Washington, D.C. : Congressional Quarterly, Inc., 1980), 第8頁；李志綏，前揭書，第535頁；此時美國國家安全會議已在作對中共採取不同政策作為可能反應之研究，惟基本上仍不計畫改變對我之支持，見 *National Security Council Memorandum 124 , April 19, 1971*, "Next Steps toward the People's Republic of China," website at http://www.gwu.edu/(20 Feb, 2000)

㉑ 美國與中共幕後交涉及巴基斯坦總統擔任之角色。見 Henry Kissinger, *White House Years*, Chapter XVIII；S. Hersh, 前揭書，Ch. 27；《尼克松回憶錄》，中冊，第240頁；尼、季極保密，連國務卿羅吉斯都是在季辛吉7月上旬抵達巴基斯坦後才知道此事，更不要說參與了，無怪乎當羅氏在7月15日奉命通知沈大使，還要向我解釋，並向我保證美國將信守條約承諾時，語氣甚為激動。見沈劍虹，前揭書，第64頁；H. R. Haldeman, 前揭書，第316頁；當美方通知蘇聯駐北京大使時，他當然也是大吃一驚，見 A. Dobrynin, 前揭書，第229頁。又尼克森收到巴基斯坦總統轉來的中共邀訪函情形見回憶錄 Richard Nixon, *In the Arena*, 第16頁。

㉒ 沈劍虹，前揭書，第6, 50-51頁；美國務卿羅吉斯也在公開演說中強調要「盡全力維護中華民國在聯合國的會籍」，見 William Rogers, "Principles and Pragmatism in American Foreign Policy," Speech delivered on August 31, 1971, released by U.S. Department of State, September, 1971。尼克森宣布季辛吉訪問大陸後，我方即同時在台北及華府向美方提出強烈抗議。J. Garver, 前揭書，第269頁。

㉓ 蘇格，前揭書，第371頁；另參考 H. Kissinger, *White House Years*, 第748-55頁。

㉔ J. Mann, 前揭書，第33頁；P. Tyler, 前揭書，第99, 107頁。該項談話尚未完全解密。

季辛吉對華政策的大幅讓步立即得到周恩來的讚賞，同意開始與美進行談判，但季辛吉、尼克森在其回憶錄中均故意淡化此等讓步，至今未把談話內容完全公佈。㉕這次會談的主要結果是尼克森於7月15日正式對外宣佈季辛吉已經秘密訪問北京返美，渠本人業已接受中共邀請，將於1972年5月以前訪問大陸，而美國改善與中共的關係不會以老友為代價。另，在季辛吉此次訪問大陸之行中雖然談到越南問題，但未能獲得中共對解決越戰的清楚承諾；而且在他返美後不久，周恩來就到北越去，強調繼續對北越的支持。㉖

　　美國隨即根據季辛吉的承諾提供中蘇邊界蘇聯軍隊的情報給中共，開始了與中共在安全情報方面的合作，㉗同時華府也設法安撫日本、蘇聯、及我國。羅吉斯國務卿在尼克森於7月15日晚在電視上公開宣佈此項發展之前20分鐘打電話通知台北駐美大使沈劍虹，請他向中華民國政府轉達美國政府不會背棄友邦，並保證信守共同防禦條約。7月27日，季辛吉本人也向沈大使保證，沒有與周恩來達成任何秘密協定，他曾向周恩來強調美國無意背棄盟友中華民國。9月30日，季辛吉應邀在雙橡園晚餐時再強調尼克森不會出賣朋友。10月，尼克森還派加州州長雷根（Ronald Reagan）作他的私

---

㉕　季辛吉說"Taiwan was mentioned only briefly during the first session. " 見 Henry Kissinger, *White House Years*, 第 749 頁；J. Mann, 前揭書, 第 32-34 頁。

㉖　參考中華民國史事紀要編輯委員會編，《中華民國史事紀要（初稿）-民國60年（1971）7 至 9 月份》（台北：中華民國史料研究中心，1974 年 3 月），第179-93 頁；J. Mann, 同上註，第 33-34 頁，尼克森在作該項宣佈前後之作法，其心中之感慨及期望北越恢復談判等見 H. R. Haldeman, 前揭書，第 318-23 頁；季辛吉訪問大陸之敘述可參考 H. Kissinger, *White House Year*, Ch. XIX；J. Holdridge, 前揭書，Ch.3；另選擇 1972 年 5 月以前邀尼克森訪問北京，乃因美蘇計畫於該月舉行高峰會，討論限武條約，見卡特總統時代國務卿范錫之回憶錄，Cyrus Vance, *Hard Choice: Critical Years in America's Foreign Policy* (New York : Simon and Schuster, 1983), 第 23 頁；蘇聯方面之記載參考 A. Dobrynin, 前揭書，第 225-38 頁。

㉗　參考當年底季辛吉呈尼克森秘密備忘錄："My December 10 Meeting with the Chinese in New York," *China and the United States*, 前揭書，Document 00233, 1970 年 12 月 11 日。

人代表來台北參加我民國50年的國慶典禮。[28]

　　雖然美國向我一再保證政策未變，但它向中共的政策轉向立即對我聯合國會籍保衛戰造成十分不利的的結果。美國原來在1971年5月初派外交官墨裴（Robert Murphy）來台北提出「雙重會籍」案，就是保全我在聯大以及安理會的席位，但允中共在聯大獲有席位。當時蔣中正總統勉強同意，而且也提醒他甘迺迪總統曾保證美國將在必要時動用否決權以維護我在聯大會籍（詳見第一章）。但7月18日羅吉斯在會晤沈大使時，美方立場已變，乃是希望我方讓出安理會常任理事國的席位予中共，而僅僅保留聯大席位。[29]10月15日，季辛吉再赴大陸安排尼克森次年訪問大陸之行。在他啟程前一天，當面向沈大使表示他認為「雙重代表」案可以通過，中共不會在當年入會。季氏甚至表示他在中華民國有很多朋友，因此要去北京「感到十分痛苦」。[30]雖然他此次訪問大陸時，在磋商聯合公報文字時拒絕周恩來提出的要求美國與我斷交之議，[31]但就在他仍在大陸時，聯合國大會就中國代表權案加以投票，以致使美國若干友邦對華府中國政策之真正目的存疑，從而在投票上未能配合，便使美國所提的「將台灣排除於聯大會籍是一重要問題案」（即需要2／3多數才能通過）以59對55票，15票棄權，未獲通過。周書楷外長在阿爾巴尼亞所提2758號決議案（排我納中共案）交付表決

---

28　沈劍虹，前揭書，第63-69頁；雷根訪華之相關活動及在台北留美同學會餐會上演說大要見中華民國史事紀要編輯委員會編，《中華民國史事紀要（初稿)-民國60年（1971）10至12月份》（台北：中華民國史料研究中心，1974年4月），第109-26頁；雷根訪華照片見《外交風雲》，第200-01頁。

29　沈劍虹，前揭書，第7, 66-67頁；尼克森總統嗣後於9月16日對外宣布接受中共入聯合國並取得安理會席位，但反對將我排出聯合國之政策，見 *China: U.S. Policy Since 1945*，第13頁；《中華民國史事紀要（初稿)-民國60年7至9月份》，第730-31頁。

30　沈劍虹，前揭書，第70-72頁。但是季辛吉卻在赴大陸的飛機上不保留地嘲諷國務卿羅吉斯全力阻擋中共入聯合國之舉「像狗一樣奮戰」（fighting like a dog），乃為了破壞他此次大陸之行，參考 P. Tyler，前揭書，第113頁。

31　H. Kissinger, *White House Years*，第781-83頁；《尼克松回憶錄》，中冊，第242-44頁。

前，即代表政府發表演説，然後率團退出聯合國，美國所提雙重代表權案根本未獲表決之機會，[32]阿案隨即以76對35票，17票棄權，獲得通過。[33]次日，台北蔣中正總統發表告全國同胞書，期勉全國精誠團結；外交部亦發表公報，重申周書楷之聲明，而美國亦由國務卿羅吉斯發表聲明，對於聯合國剝奪中華民國代表權深表遺憾。[34]由於台北退出了聯合國，隨即陸續有比利時、祕魯、黎巴嫩、墨西哥、厄瓜多等20多國與其斷交，轉而承認中共，以致雖然在1971年時，台北與北京之邦交國數字約略相等，到1973年初，中華民國的

[32] Kissinger, 同上註，第784-85頁；K. Furuya, 前揭書，第948-51頁。聯合國大會第26屆常會審議中國代表權問題，其投票紀錄，各國代表發言內容，周書楷演説全文，美國所提雙重代表權案及阿爾巴尼亞所提排我納入中共案全文，以及相關分析見《中華民國史事紀要（初稿)-民國60年10月至12月份》，第214-74頁；芮正皋，〈透視聯合國問題〉，《國策雙週刊》（台北），146期，1996年9月，第2頁；另，1971年8月間筆者在聯合國開發計畫署（UNDP）實習，即親身感受聯合國對我不利之氣氛，曾當面向美國駐聯合國大使布希（George Bush）質疑。布希向筆者強調雙重代表權是美國最好的安排，美國正全力維護我國會籍。10月25日，周書楷外長率團退席時，日本首席代表（前外長）愛知揆一（Aichi Kiichi）自座位上跑出陪同周部長走出，美國布希大使見狀亦隨即趨前走在周部長另一邊陪同離開會場。根據我國資深外交官林金莖之回憶，鑒於日本佐藤首相為維護我會籍曾派人赴世界各國為我進言，蔣中正總統乃致電向日本政府及愛知首席代表致謝。

[33] 參考 J. Garver, *The Sino-American Alliance* (New York : M.E. Sharpe, 1997), Chapter 14；*China: U.S. Policy Since 1945*, 第13, 365-66頁；陶涵（Jay Taylor）著，林添貴譯，《台灣現代化的推手：蔣經國傳》（台北：時報文化，2000），第18章。季辛吉曾在其他場合明言，他故意在聯大投票時留在大陸，俾讓世界各國知道美國的立場，但另一方面，尼克森總統所派遣來台北參加我國慶的雷根州長甫奉命向我政府保證我聯大席位絕不會喪失，故當他返美後獲悉此聯大投票結果，不禁大發雷霆，其友人從未見此烈怒。見 Fredrick F. Chien, *Opportunity and Challenge* (Arizona : Arizona State University, 1995), 第91-94頁；尼克森及季辛吉忙於安撫雷根等人，羅吉斯和季辛吉在尼克森的早餐會上互相指控等情，見 H. R. Haldeman, 前揭書，第368-70頁。由於美國國內對我所受不公待遇甚多不平，紛表議論，頗令白宮官員緊張，見 H. Kissinger, *White House Years*, 第785-86頁；Bruce Oudes ed., *From: The President: Richard Nixon's Secret Files* (New York : Harper & Row Publishers, 1989), 第332-33頁。

[34] 參考《中華民國史事紀要-民國60年10至12月份》，第281-84頁；外交部10月26日公報，大要指出中華民國人民及政府對中共的堅決鬥爭，對內在保衛人民之人權自由，對外在保衛世界之安全和平。中共對內殘殺、迫害，對外侵略、「造反」，他在大陸的統治乃基於暴力，並非基於被統治者的同意。聯合國曾譴責中共侵略韓國罪行，現在排除中華民國合法地位以容納中共為會員，何異邀請

邦交國只剩39國，而中共則增至85國。㉟

中共進入聯合國後，美國在未與其建立直接固定的聯絡管道前，曾利用聯合國與中共代表黃華交換意見，而中共駐法大使黃鎮也是另一管道。㊱

美國並持續加強其盟邦對其新的對華政策之支持。例如尼克森便曾與法國總統龐畢杜（Georges Pompidou）密談，由季辛吉向其簡報兩次訪問大陸與周恩來分別作了20及35小時談話的情形。美方強調是中共主動邀請他們的，表示其少談及越南問題，對台灣也不會有立即影響。尼克森認為中共對蘇聯既恨又怕，對日本，現在不恨，將來會怕，但看不起印度，又不得不小心，因印度有蘇聯撐腰。㊲

值得注意的是，美國打開中共的門是為了希望中共協助美國撤離越南，但當國家安全事務副助理海格（Alexander Haig）以尼克森的先遣人員身分於1972年1月赴北京時，中共總理周恩來與其談話直到凌晨三時許，竟一再勸美國勿丟棄越南，勿撤離東南亞。㊳由是觀之，當時北越已更靠向蘇聯，更依賴蘇聯軍援，而且正積極準備對南越發動新一波重大攻勢。美國對於北越與中共關係實況及

---

殺人犯走進法庭奪佔法官之座席，今天聯合國憲章已被破壞，我國不得不退出。聲明並列舉中共十大罪行，包括屠殺了五千萬以上人民，摧毀家庭組織，殘害少數民族等，另見中華民國外交部編，《外交部聲明及公報彙編》（民國61年7月至62年6月）（台北：外交部，1973），第34-39頁。

㉟ Y. S. Wang, "Foundation of the Republic of China's Foreign Policy," Y. S. Wang, ed., 前揭書，第8頁；沈劍虹，前揭書，第8頁；黃剛，《世界相關各國與中華民國終斷使領關係之述論（1949年10月-1998年2月）》（台北：政治大學國研中心，1998），第40-60頁。但嚴格就法律觀點而論，聯合國2758號決議案全文未提「中華民國」或「台灣」字樣，僅使用「驅逐蔣介石代表」，所以其適用性仍待討論。

㊱ 季辛吉曾率員（包括布希大使）與黃華等舉行正式而秘密的會議，其記錄見 W. Burr, 前揭書，第48-59頁；中共方面提議其與美方之華沙會談在名義上未停止，但實際上停止，獲美方同意，見 China and the United States, 前揭書，Document 00215，1971年8月16日；另參考傅建中，《季辛吉秘錄》（台北：時報公司，1999年），第107頁。

㊲ W. Burr, 前揭書，第40-43頁。

㊳ A. Haig, Jr., Caveat (London : Weidenfeld and Nicolson, 1984)，第202頁。

中共對越南的影響力究竟如何？這兩個關鍵性的問題竟然未能作正確的研判，而逕自計畫犧牲與我國的關係來換取越南和平。[39]

1972年2月21日至28日，尼克森到大陸訪問，與毛澤東作了65分鐘的會談，並於28日與中共總理周恩來在上海發表聯合公報。雙方除主張進行關係正常化，反對任何國家在亞太地區尋求霸權外，諸多重要立場皆採各自表述方式，其中包括：

> 美國認識到，在台灣海峽兩邊的所有中國人都認為只有一個中國，台灣是中國的一部分，美國政府對這一立場不提出異議。它重申它對中國人自己和平解決台灣問題的關心。考慮到這一前景，它確認從台灣撤出全部美國武裝力量和軍事設施的最終目標。在此期間，它將隨著這個地區緊張局勢的緩和逐步減少它在台灣的武裝力量和軍事設施。[40]

這一段說明了美國尼克森政府對「一個中國」的看法，卻並未明文承諾美國要施行「一個中國」政策。惟尼克森在從美國飛往北京的路上，曾考慮如何與毛周會談，當把中共和美國各自的需要列出檢討時，就已經白紙黑字的寫出「用台灣換取越南」了（Taiwan＝Vietnam＝Trade off）。[41]（事實上，美國為與中共和解，不但犧牲了台灣的利益更犧牲了南越的生存）

尼克森在與周恩來會談時，曾承諾了對台政策五原則：1. 只有

---

[39] J. Mann, 前揭書，第 14-15 頁。

[40] 上海公報全文見本書附錄三；雙方討論情形見 Henry Kissinger, *White House Years*, 第 781-84 頁；尼克森對本段前述一句話的發明極為滿意，見 Richard Nixon, *In the Arena*, 第 13-14 頁；以及尼氏最後一本著作：Richard Nixon, *Beyond Peace* (New York : Random House, 1994), 第 133 頁；另，在尼克森出訪前美國對他在大陸期間之安全曾做過評估，甚至把我方及蘇聯之可能阻撓均計算在內，結論是安全應無問題，見 " Security Conditions in China," *Special National Intelligence Estimate*, February 10, 1972, SC 06305-72, 第 1, 7 頁，website at http://www.gwu.edu/(20 Feb. 2000)；毛澤東在與尼克森會談前後之健康情形及私下談話見李志綏，前揭書，第 540-44 頁。

[41] 原件在 Nixon Papers, National Archives, 見 J. Mann, 前揭書，第 14-15, 379 頁。

一個中國，台灣是中國的一部分，只要我控制我們的官僚體系，就不會再有類似「台灣地位未定」的聲明；2.我們不曾也不會支持台灣獨立運動；3.將在能力所及範圍內勸阻日本，使其不進入台灣，也不鼓勵日本支持台獨；4.支持任何能和平解決台灣問題的辦法。不支持台灣政府任何想藉軍事手段返回大陸的企圖；5.尋求與人民共和國的關係正常化。[42] 關於台獨問題，尼克森還同意「不鼓勵台獨的範圍不限於台灣本島，美國的台獨活動也在不鼓勵之列」。尼克森並強調：1.對中共多年來能保密並履行約定感到欽佩；2.公報所用的字眼不能讓反對勢力找到藉口而聲稱美國總統造訪北京出賣了台灣。換言之，不願意由於在大陸所說的一些話而回到美國後被記者或國會領袖逼迫而不得不作出強烈親台灣的聲明。而周恩來則曾表示：1.「美方說希望和平解放台灣，我們只能說爭取和平解放台灣」；2.台灣回歸大陸後，沒有必要在台灣建立核子基地，不會使用台灣來對付日本，日本可以放心；3.希望尼克森在第二任期內解決台灣問題，因為「蔣介石已經為時不多了」；4.肯定蔣介石「一個中國」的看法。而「我們」（毛周）才對蔣介石了解；5.韓戰時參戰是「杜魯門逼我們這樣做的，當杜魯門的軍力抵達鴨綠江邊，我們要請大家看到，我們是說到做到的，不過當時我們並不確定能夠勝利，因為蘇聯不願意派遣軍隊」；6.要解決越南問題當然是不可能的，不能經由會談就解決這個問題。[43]

---

[42] "Memorandum of Conversation, Feb. 22, 1972, Peking," *Nixon-Zhou Talks*, Document 2, 第 5 頁, 其中清楚顯示第三點關於日本部分有五行遮住未解密。

[43] Document 2, 同上註, 第 23 頁, "Memorandum of Conversation, Feb. 24, 1972," *Nixon-Zhou Talks*, Document 4, 第 5-15 頁；傅建中, 前揭書, 第 37-105 頁（尼克森「五原則」之英文照相版見第 44 頁）。另中共方面對尼克森第二原則多了一句「也不鼓勵日本支持台獨」, 見蘇格, 前揭書, 第 382 頁及該書所引資料。另可參考 W. Burr, 前揭書, 第 64-70 頁；尼克森自己對該次訪問之描述及感想見《尼克松回憶錄》, 中冊, 第 247-73 頁；以及 R. Nixon, *In the Arena*, 第 11-15 頁；尼克森率團訪問大陸之概要另可參考 H. R. Haldeman, 前揭書, 第 411-24 頁；中華民國史事紀要編輯委員會編,《中華民國史事紀要（初稿）-民國 61 年（1972）1 至 3 月份》（台北：中華民國史料研究中心, 1980 年 10 月）, 第 347-453, 486-527 頁；《1973 中共年報》（台北：中共研究雜誌社, 1973）, 二之 275 頁。

在尼克森與周恩來進行會談時，羅吉斯國務卿和中共姬鵬飛外長也舉行了五次會談。羅吉斯認為「正常化」的意思是在沒有外交關係的情況下改善關係；姬鵬飛則認為關係正常化就是指建立外交關係，但在沒有外交關係的情況下也可以改善關係。羅吉斯另稱大陸和台灣是兩個實體。[44]

在尼克森總統啟程訪大陸之前，中華民國政府曾由外交部於2月17日發表聲明，相信尼克森不致為中共所蠱惑，而必將履行其歷來所作之莊嚴保證。俟「上海公報」簽訂後，2月28日，台北外交部發言人再發表聲明，不承認該一協議，強調唯有我人民所選舉產生的合法的中華民國政府統一全國，才能解決我們本身的問題，我將繼續實踐莊敬自強，力求操之在我。[45]

在「上海公報」簽訂前後，美國亦與蘇聯進行溝通與和解，雖「與蘇聯舉行了首腦會議的道路坎坷重重」，尼克森政府卻得以於1972年5月與蘇聯簽訂限制戰略武器等條約，並與蘇共總書記布里茲涅夫建立私人友誼。[46] 不過，由於蘇聯將新式武器源源不絕運進北越，以致在尼克森離開大陸返回美國一個月後，北越就以12萬陸軍對南越發動猛烈攻擊，致使成千上萬平民蜂擁南逃，開始了南越淪亡的序曲。[47] 在這過程中，中共竟然未予（或未能）阻止。可

---

44 蘇格，同上註，第383-84頁；羅吉斯在訪問大陸期間力爭參與公報擬稿及因未能參與主要會談而與季辛吉甚至尼克森爭執情形見 H. R. Haldeman, 同上註，第418-21頁。

45 中華民國外交部編，《外交部聲明及公報彙編》（民國60年7月至61年6月）（台北：外交部，1972），第41-43頁；台灣各界的反應，包括行政院，立法院、國民大會，省、市議會，學生團體等之聲明見《中華民國史事紀要》，同上註，第311-12, 346, 448-53, 481-84, 521-24, 608-27, 657-58頁。

46 尼克松，《尼克松回憶錄》，中冊，第281頁；美蘇外交進展另見 A. Dobrynin, 前揭書，第244-69頁；R. Ross, 前揭書，第17-23頁；Chernow and George Vallasi ed., *The Columbia Encyclopedia*, Fifth edition (New York: Houghton Miffin Company, 1993), 第2836頁。

47 尼克松，同上註，第281-82頁；H. Kissinger, *White House Years*, 第1099-1108頁；台北外交部於4月5日發表聲明，嚴厲譴責，呼籲世界注意其嚴重性。見中華民國外交部編，《外交部聲明及公報彙編》（民國60年7月至61年6月），第44頁。

見，尼克森在與中共會談的過程中並未能為民主的南越爭取到利益，也完全未能達到建立中南半島和平之目的。[48] 他除了在強調民主制度的優越性上值得肯定[49] 外，在以台灣利益所做的私下讓步事後看來實在得不償失。

由於中美仍有正式外交關係，尤其美國國內仍有甚多對台北友好人士，季辛吉在從大陸返美途中就傳話給沈劍虹大使，強調美國對台灣的立場並未改變。傳話人海格強調季辛吉對新聞界曾表示，將繼續遵守與我共同防禦條約。尼克森也在返國演說中指出，此行達到了與中華人民共和國重建聯繫之目的，除了間接警告蘇聯勿在亞太地區建立霸權外，也指出「我們在北平也確實沒有進行秘密談判，……沒有背棄美國對任何國家所作的任何承諾」。[50]

季辛吉在返抵華府第二天就當面向沈大使表示：1. 美國沒有對中共作出具體讓步；2. 公報中只提「台灣」不提「中華民國」是疏忽；3. 毛、周可能在五年內病逝，中國大陸會有動亂，中共不會在1976年前用武力攻取台灣。3月2日，羅吉斯國務卿也向沈大使表示，美國會信守承諾。對於「美國對一個中國立場並無異議」一節可解釋為美國迄未接受此一立場。美國的目的是改善與中共的關係，而不是給予外交承認，此行沒有任何秘密協議，美國關心的是台灣問題和平解決。3月6日尼克森再親自向沈大使保證，表示：1. 美國決心遵守對我承諾。2. 「上海公報」不是條約。3. 特別稱台灣

---

[48] 建立中南半島和平是尼克森本人向周恩來一再強調的目標，周也表同感。見 *Nixon-Zhou Talks*, Document 2, 第 26-28 頁；另據當時阿爾巴尼亞駐北越大使透露，儘管中共不斷運送軍備補給品予北越，中共對於北越此一春季攻勢在事前竟然毫無所悉，可見中共與北越的關係已產生問題；但另外值得玩味的是，蘇聯方面似乎不悉北越的真正企圖。分見 S. Hersh, 前揭書，第 502 頁；及 A. Dobrynin, 前揭書，第 253。

[49] 《尼克松回憶錄》，中冊，第 232-73 頁；H. Kissinger, *White House Years*, Chapter XX.

[50] 沈劍虹，前揭書，第 81-84 頁；尼克森於 2 月 29 日在白宮向參眾兩院領袖作此行簡報時並明確保證美國對台灣的承諾仍將信守不渝，共同防禦條約仍充分有效。見《中華民國史事紀要-民國 61 年（1972）1 至 3 月份》，第 628 頁。

是「中國的一部分」以免説成「台灣是中國的一省」，而使台灣淪為「從屬於中華人民共和國」的地位。4.美國一貫立場是台灣問題應用和平手段解決。5.未與周恩來深入討論中共對台使用武力事宜。（雖然尼氏作以上懇談，當時在旁陪見的季辛吉卻另補充説，希望我方「不要攪局」"Don't rock the boat"）[51]。

美國在2月底也曾派國務院亞太事務助卿葛林（Marshall Green）訪問台北對我簡報，告稱中共並未要求美國斷絕與我國或日韓等國的友好關係，而且美方在公報中未提共同防禦條約是怕中共拒絕簽署公報。但葛林在台北時未能晉見到蔣中正總統，對此，尼克森還表示遺憾。[52]

從以上的事實及季辛吉第一次與周恩來談話時所作的讓步顯示，尼、季雖然信誓旦旦未改變政策，但實際上他們已將美國對華政策作了根本的改變。美國自此雖然達到了約制中共不再在亞洲擴張之目的，但也不再挑戰中共在大陸的統治，而且開始與中共聯合對東亞事務作安排。[53]美國沒能獲取中共對解決越戰的承諾，也沒能獲取中共「不對台使用武力」的承諾，但尼克森在其回憶錄中，及尼、季在對周恩來談話中，均作了在1976年前承認中共的承諾。尼、季走向「承認中共」的架構和形式，自此主導以後二十多年的美國對華政策。[54]

美國政策轉變的影響，除了打敗了其所提的聯合國中國代表權雙重代表案，迫使台北退出聯合國，也影響包括日本在内的其他國家與台灣的關係，使我國外交陷入逆境。日本在台北退出聯合國前，友我之佐藤榮作首相（Eisaku Sato，岸信介 Shingai Kishi 之

---

[51] 沈劍虹，同上註，第 85-100 頁。《中華民國史事紀要》，同上註，第 638, 663-64, 708-11 頁。

[52] 沈劍虹，同上註，第 88-89 頁；《中華民國史事紀要》，同上註，第 660-63 頁。

[53] 見季辛吉對尼季開展與中共關係之辯解，渠強調此恢復中共成為亞洲的穩定力量，且能制衡蘇聯之擴張（惟並未説明當初中共與蘇聯之矛盾並非美國造成），H. Kissinger, *White House Years*, 第 1090-93 頁。

[54] J. Mann, 前揭書，第 49-52 頁。

弟）與福田外相（Fukuda Takeo）甚至曾派特使至各國助我維護會籍。[55] 但1972年田中角榮（Kakuei Tanaka）擔任首相後就於同年9月訪問大陸，並於29日在北京與周恩來發表「日中關係正常化聯合聲明」，與中共建交，其中第二條為「日本承認中華人民共和國政權為中國唯一合法政府」，第三條為「中華人民共和國重申台灣是其領土不可分割的一部分，日本充分了解並尊重中國政府的立場，並且遵守波茨坦宣言第八條的規定」，[56] 日本外務大臣大平正芳（Ohira Masayoshi）同時聲言1952年中日和平條約及中日外交關係業已因此而中止，我國亦宣佈和日本斷交。[57] 其後，日本與台灣分別成立民間的「財團法人交流協會」與「亞東關係協會」來處理雙方事務，然而，日本在處理與我斷交的過程中，未向我方隱瞞其目標和行動，甚至還先派外相椎名悅三郎（Etsusaburo Shiina）來台北商談維持實質關係的方式。[58]

## 二、聯絡辦事處之設立

我國在面臨外交變局時，政府乃加強國內經濟建設，來厚植國

---

[55] 訪談前駐日本林金莖代表。

[56] 波茨坦宣言（Potsdam Proclamation）第八條為"The terms of the Cairo Declaration shall be carried out"（開羅宣言諸條款應予執行）按，開羅宣言明示日本將把竊據自中國的滿州、台灣及澎湖等土地還給中華民國。參考 H. Chiu, ed., 前揭書，第32, 148-149, 215 頁；馬樹禮，《使日十二年》（台北：聯經，1997），第 1-2 頁。田中首相訪問北京與中共舉行四次會談有關情形及雙方聯合聲明全文與分析見中華民國史事紀要編輯委員會編，《中華民國史事紀要（初稿）-中華民國61年（1972）7至9月份》（台北：中華民國史料研究中心，1983年6月），第743-49 頁；毛澤東接待田中首相情形，見李志綏，前揭書，第 544 頁。

[57] 台北外交部於29日聲明譴責日本背信忘義，宣布與日本斷絕外交關係，指出大陸陷於共黨實因日本軍閥侵華所造成之結果，惟表示仍願維持與日本反共民主人士之友誼。聲明全文及中華民國政府與民間各界之反應，對本案之分析等見中華民國外交部編，《外交部聲明及公報彙編》（民國61年7月至62年6月）（台北：外交部，1973），第4-5 頁；《中華民國史事紀要》，同上註，第 747-816 頁；黃剛，前揭書，第48-51 頁。

[58] 亞東關係協會組織章程、財團法人交流協會成立趣意書、捐贈行為章程，及亞東關係協會與財團法人交流協會互設駐外辦事處協議書全文均見馬樹禮，前揭書，附錄。日本與中華民國斷交詳情另見沈劍虹，前揭書，第六章；K. Furuya, 前揭書，第 951-53 頁；相關照片見《外交風雲》，第 204-09 頁。

力，以致1971、1972及1973年的國民生產毛額（GNP）分別成長13%、13.8%及12%，對外貿易總額分別增長29.9%、40.9%及50.4%，而社會貧富差距在1972年時僅為4.49：1，失業率在1971年僅為1.7%，1973年為1.3%，較美國、韓國均低。[59] 另外在政治上亦加強對國大和立、監院的增補選。[60] 在對美外交工作方面則開始有計畫地增加對美國會和地方政府、社團的工作，以補行政部門與我疏遠之不足。

　　至於美國與中共關係則是以建立尼、季與毛、周等人的個人關係來開始。他們的談話甚為投機，頗有互信。季辛吉覺得毛、周對世局之看法同他十分相近，中共與美國的關係甚至好到僅次於英國和美國的關係：在對抗蘇聯的共同基礎上，兩國幾乎是「暗中的盟邦」（tacit allies）。[61] 另一方面，毛澤東也認為兩國關係不再是仇人，而是友好的關係。[62] 儘管如此，雙方均認為國家間之關係不能僅建立在個人關係上，遂設法把彼此之交流予以制度化。

　　1973年2月，季辛吉第四度赴北京，雙方發表公報，同意互設聯絡辦事處。[63] 中共原先認為在我方有大使館的地方設官方的聯絡辦事處有違「一個中國」原則，但此次不但同意美國在北京設處，也要求互惠而在華府設處，而且希望具備外交特權。其重要背景係當時蘇聯對中共之軍事威脅嚴重，美國短期內不可能與台北斷交，故周恩來權衡輕重後，決定讓步。此出乎季辛吉等人意料之外，季

[59] Council for Economic Planning and Development, Republic of China, *Taiwan Statistical Data Book 1987*, Taipei, June 1987, 第 26, 35, 61-62, 94-95, 208 頁。

[60] 註見 T. Copper with G. Chen, *Taiwan's Elections: Political Development and Democratization in the Republic of China* (Maryland：University of Maryland, 1984), 第 51, 69, 102-103 頁。

[61] J. Mann, 前揭書，第 60-63 頁；季氏極為欣賞中共領袖們對權力均衡的重視，見 H. Kissinger, *White House Years*, 第 1087-88 頁。

[62] 蘇格，前揭書，第 387 頁。

[63] J. Mann, 前揭書，Chapter 3；Henry Kissinger, *Years of Upheaval*, 第 66 頁；台北外交部於 2 月 23 日發表聲明，重申 1972 年 2 月 17 日及 28 日之聲明中之立場，強調美國與中共所做之任何協議我政府一律不予承認，見《外交部聲明及公報彙編》（民國 61 年 7 月至 62 年 6 月），第 6 頁。

辛吉認為互相設處與建立事實上的外交關係無異；[64] 而美國建立聯絡辦事處的主因，則是毛、周年齡業已老邁，美國希望與中共關係之推展能經由適當之機構進行。

事實上，此次季辛吉訪問大陸，中共在與其談話中的確不斷以蘇聯威脅作主題，並對美蘇和解（detente）表示懷疑，認為此和解對中共不利。季辛吉則告知毛澤東，如蘇聯攻擊中共，美國將予反對。[65] 另周恩來告知季辛吉，中共無意使用武力解放台灣，季氏則對周重申美國不支持台獨及將自台撤軍的立場，甚至進一步表示美國將在1974年期中選舉後，要以日本模式之方式開始進行與中共建交。[66]

此一披露，可從季辛吉氏返美後於4月間對沈大使的談話中得到證實。當時他保證美國在1974年底之前不會改變對我政策。8月，季辛吉再見到沈大使時也作出同樣保證，同時，他對我國可能和蘇聯接觸的報導十分敏感，也向我求證。[67]

在1973年3月，季辛吉寫給尼克森報告2月之行的秘密備忘錄中，曾有如下一段：「中（共）方對台灣問題是有遠見且有耐心的，願意體諒我方的困難而在我們仍然與中華民國政府維持外交關係時，設立聯絡辦事處。另一方面，由於越戰已結束，我們用您在1976年前全面正常化的私下保證來換取他們在公開場合的理性態

[64] H. Kissinger, *Years of Upheaval*, 第 61 頁；沈劍虹，前揭書，第 20-21 頁。季辛吉及美方官員對周恩來的主動反應驚訝，見 W. Burr, 前揭書，第 83-85 頁；J. Holdridge, 前揭書，第 111-12 頁；P. Tyler, 前揭書，第 152-54 頁。

[65] H. Kissinger, *Years of Upheaval*, 第 47 頁。中共嗣於當年 10 月在聯合國公開抨擊美蘇簽訂「防止核武戰爭協定」，認為兩國的「平等安全利益」就是「爭奪世界霸權」；反對緩和（和解）的，不是中共，而是超級大國。見《喬冠華團長在聯合國大會第二十八屆會議全體會議上的發言》（北京：人民出版社，1973），第 4-10 頁。

[66] W. Burr, 前揭書，第 85, 99 頁。

[67] 沈劍虹，前揭書，第 116-18, 134-36 頁；在 1970 年代初期蘇聯在宣傳上減少對我方敵對以表示善意之相關情形與分析，參考胡為真著，《從莫斯科廣播看蘇俄對華政策》（台北：國際關係研究所，1978），第 4 章-第 8 章。

度。台灣是個困難，但我可以控制，而且繼續不斷的在國際、國內對各種聽眾作教育的工作。當然，我們最終的步驟將是痛苦的，因為很少人像我們在台灣的盟友們那麼好（decent）。」[68]

1973年5月，雙方分別在對方首都設立了有外交特權的聯絡辦事處，任命大使級人員為主任：中共是駐法大使黃鎮，美方是前駐英、法、德大使布魯斯（David Bruce）。季辛吉認為，聯絡辦事處根本就是有實無名的大使館。[69] 雖然有此發展，尼克森總統在5月3日對國會提出的外交政策報告中卻明白指出，「美國與中共的意識型態和對歷史的觀點，仍然是大相逕庭的」，美國雖與北平邁向關係正常化的目標，但與「在台灣的……中華民國」「保持外交關係，遵守1954年共同防禦條約下的承諾，及維持密切的經濟接觸。」[70] 尼克森的報告隨即引起數十位眾議員發言，強調美國應信守承諾，繼續支持中華民國。[71] 美政府在是年根據此項政策仍然繼續售我軍備，簽署了裝配350架F-5E戰機的協議，且交付3艘驅逐艦予我國。[72]

8月，羅吉斯國務卿與季辛吉之爭執終於攤牌，羅氏辭職，尼克森命季辛吉兼任國務卿一職。[73] 11月，季氏以身兼二職之身分再度訪問中共，周恩來即詢及美國以上軍售及允我增設總領事館之事，並表示希望提早與美國關係正常化，季辛吉則婉轉建議可否與中共建交；或未必得循日本模式，而「應更彈性化」與台北斷交，如循日模式，則必須等到1976年以後（季氏當時私下認為毛、周均

---

⑱ W. Burr, 前揭書，第 117 頁。
⑲ 美方在設處前後相關細節見 J. Holdridge, 前揭書，第 112-21 頁。
⑳ 中華民國史事紀要編輯委員會編，《中華民國史事紀要（初稿）-中華民國 62 年（1973）1 至 6 月份》（台北：中華民國史料研究中心，1984 年 4 月），第 644-45 頁。
㉑ 同上註，第 645-46 頁。
㉒ 蘇格，前揭書，第 389 頁。
㉓ 《尼克松回憶錄》，下冊，第 193 頁；季、羅二人爭執情形及季辛吉對羅吉斯在交接時所表現的風度及人格之欽佩參考 H. Kissinger, *Years of Upheaval*, 第 418-32 頁。

年邁體衰，已活不了多久）。[74] 毛澤東在接見季氏時則堅持要照日本模式，但認為台灣問題可以等上一百年，但他不相信台灣問題可以和平解決。對港澳問題也不急，他真正關心的是蘇聯威脅。季辛吉說明聯絡辦事處已可發揮技術上的功能，並詢問「中」美關係「在各方面來說都是正常的」，毛同意，認為中共與蘇聯，與印度也均有邦交，但關係反不如現在與美國的關係，所以設立使館不是很重要。在該次訪問中，季辛吉曾向中共簡報當年7月美蘇高峰會議情形，並建議華府與北京建立熱線，好讓中共在蘇聯發動攻擊前早點得到預警，周恩來對此提議有興趣，但中共方面並未正式答復，此事竟然直至廿五年後，即1998年方始實現。[75]

季辛吉此次與中共發表的公報中，把雙方反對任何國家或國家集團建立霸權的範圍，從「上海公報」中提及的亞太地區擴展到世界其他任何部分，而且中共加了一句話「中國方面重申，中國與美國的關係正常化，只有在確認一個中國的原則的基礎上才能實現。」為此，沈劍虹大使在請見季辛吉時請他注意，季答稱雙方並未就此交換意見，美國甚至尚未開始加以研究，但美國沒有必要與中共建立外交關係，現階段雙方關係已符合需要。季氏除了保證與台北關係不會有重大變化，並說即使在1974年底之後，美國也不會與中共建交。但也就在那次，季氏向沈大使承認，每次見他都很害怕。[76]

---

[74] W. Burr, 前揭書，第173-77頁；P. Tyler, 前揭書，第166-77頁；當時美方政策及對台立場可參考 *China and the United States*, 前揭書，Documents 000270, 1973 年 10 月；000272, 10 月 6 日；季辛吉與周恩來談話紀要見 Document 000278, 11 月 11 日。

[75] W. Burr, 同上註，第166-216頁；但當時蘇聯對美國與中共之軍事關係異常警惕，布里兹涅夫甚至在訪美時對尼克森明白表示擔心美國計畫與中共簽訂共同防禦條約，並估計中共在十年內可成為一等核子大國，見《尼克松回憶錄》，下冊，第161-62頁；傅建中，前揭書，第159-75頁。

[76] 沈劍虹，前揭書，第133-52頁；中華民國外交部對美國與中共之會報發表聲明，表示不予承認，見朱匯森主編，《中華民國史事紀要（初稿）-中華民國 62 年（1973）7 至 12 月份》（台北：國史館，1986 年 6 月），第 825-26 頁。

季辛吉這次對沈大使所說的大致是實話，因為他私下認為，美國對「一個中國」那一句話只要用一種「名義上的司法架構」（nominal juridical framework）加以敷衍（pay lip service）便可，美國應可一面維持與我政治與軍事關係，同時加深與中共的政治與經濟關係。但其他的發展顯示，中共在此事上將續有堅持。[77] 儘管如此，正如季辛吉在其回憶錄中所說，設立聯絡辦事處是建立一種事實上（de facto）的外交關係。[78] 所以在聯絡辦事處存續期間，1973年5月到1979年1月1日，中共與美國雙方均在實行某種形式的「兩個中國」或「一個中國兩個政府」政策。北京之所以讓步顯示在戰略及安全考慮上，蘇聯的威脅實是其中的最大原因。[79] 中共在1973年11月與季辛吉共同發佈的公報中，特別加上「確認一個中國原則」，應當是體認到設立聯絡辦事處後所隱含「兩個中國」或「一個中國兩個政府」的法律意義。

美國政府仍持續加強與海峽兩岸之關係。1974年2月21日，尼克森任命職業外交官安克志（Leoanrd Unger）為新任駐華大使，接替馬康衛大使，參院隨即通過，使其成為美國最後一任駐台北大使。[80] 中共對此頗為不滿，用文化、輿論、商務等方面向美國施加壓力，以加速「關係正常化」。[81] 4月間，中共毛澤東派中央政治局委員，副總理鄧小平率領副外長喬冠華、駐聯合國代表黃華等之代表團赴聯合國參加以研究原料和發展問題為主題之第六屆特別會議，發表演說，闡釋中共外交政策，明白表示反蘇，抨擊蘇聯霸權，指出世界是由三部分組成，第一世界是兩大超強，第二世界是

---

[77] W. Burr, 前揭書，第168頁。

[78] H. Kissinger, *Years of Upheaval*, 第61頁。

[79] 參考 R. Ross 之分析，前揭書，第53-54頁。

[80] *China: U.S. Policy Since 1945*, 第213頁。按，馬康衛大使係1966年6月28日向我政府呈遞到任國書，使華8年後於1974年4月5日離華返美。安克志大使則於次（5）月4日抵達台北履任。見朱匯森主編，《中華民國史事紀要（初稿）-中華民國63年（1974）1至6月份》（台北：國史館，1988年6月），第421，592-95頁。

[81] W. Burr, 前揭書，第267-68。

其他已開發國家，第三世界是廣大開發中國家，鄧表示中共可作第
三世界的領袖，以拉攏第三世界，爭取第二世界，反對第一世界作
為對外鬥爭基本方向。簡言之，中共已將其過去數年激烈對抗的外
交政策予以修正。[82] 中共代表團在紐約時，同行的中共副外長喬冠
華提醒季辛吉必須用日本模式與台北斷交，季辛吉對此有所辯解，
但鄧小平卻補充說，北京固然希望儘快解決此事，在這問題上卻也
不急。[83]

## 三、小　　結

　　美國多年來期望的中共與蘇聯分裂及敵對在尼克森擔任總統後
實現。此時中共政權已成立二十年，且正進行文化大革命，推動共
黨世界革命，而北越及越共在中共及俄共支持下，正與美軍在南越
作戰。尼克森開始致力與中共改善關係，一方面是實現其個人與中
共接觸的理念，且在戰略上拉攏中共以制衡美國的首要敵人蘇聯；
一方面尤希讓美國自越南戰場光榮脫離，俾能集中力量重整美國內
部因越戰而引起的政治、社會、經濟等問題。

　　中共在蘇聯的嚴重威脅下，亦決定改變政策與美改善關係。雙
方接觸的結果，促成了尼克森總統於1972年2月到大陸作史無前例
的訪問，並且簽訂了求同存異的上海公報。美國在此一公報中表示
了它對「一個中國」的立場，乃是「認識到」（acknowledges）台
海兩邊所有的中國人都認為只有一個中國，台灣是中國的一部分，
美國政府對這一立場不提出異議。它重申它對由中國人自己和平解

[82] *China: U.S. Policy Since 1945*, 第213頁；鄧小平原為副總理及中央政治局常委、
　　第八屆中央委員會總書記，在文化大革命時，以「劉鄧反黨集團」遭受整肅，
　　1973年4月獲「解放」後任副總理，8月「十大」時獲選為中央委員，1975年
　　1月又升為中央政治局常委，此次中共把代表團層級提高到副總理，是進入聯合
　　國後首次。會議起因及內容，以及中共盛大歡送鄧小平，並利用該會議進行對外
　　鬥爭之情形參考《1975中共年報》（台北：中共研究雜誌社，1975），六之75-
　　六之85頁；另喬冠華草擬該項三個世界觀點之演講及相關情形，見喬冠華、章
　　含之，《那隨風飄去的歲月》（上海：學林出版社，1997），第351-55頁。
[83] W. Burr, 前揭書，第268-89頁；傅建中，前揭書，第177-92頁。

決台灣問題的關心。

　　事實上，尼克森在訪問大陸期間曾秘密承諾將在其第二任期內與中共建交，與我斷交，但對重要的越南問題卻未能自中共方面得到具體的承諾及協助。

　　美國與中共為了鞏固彼此的關係，乃進一步在1973年分別在北京及華盛頓設立具有官方地位的聯絡辦事處。此一發展是在美國與我中華民國仍有外交關係時進行的，再加上尼克森仍在正式外交報告中強調與台灣維持外交關係，因此，這均顯示美國並不是在實行所謂「一個中國」的政策。

　　至於美國開展與中共關係之後對我國的影響，雖然美國政府自尼克森以降各級官員，均曾不斷向外界，包括向美國國會及我國保證將繼續維持與中華民國外交關係及條約承諾，但對台北的對外關係卻造成極大的損害。首當其衝的是聯合國會籍。1971年10月，美國儘管提出了「雙重代表權」案，但在「重要問題案」表決失利後，中華民國代表團不得不在周書楷部長發表聲明後，退出聯合國，以致結束了台北長達22年的聯合國會籍保衛戰。聯大隨即通過第2758號決議案，由「中華人民共和國」佔據「中國」在安理會及聯大的席位，而美國的「雙重代表權」案根本未獲表決的機會。自此台北的邦交國紛紛與中共建交，與我國斷交，包括重要邦交國日本。美國與中共改善關係中未能確立的結果便是我國的發展。我國雖然退出聯合國並在外交上蒙受挫折，卻能在經濟、政治各方面發展進步，並致力在可能範圍內加強與美國各界的關係，包括進行與國會及各州政府的連繫，以求鞏固與美邦交。

## 第三章

# 福特政府時代（1974－1977）

## ——華府續與台北維持邦交，未能與北京建交

　　福特總統（Gerald Ford）原係執業律師，1948年當選密西根州選出之共和黨眾議員。其後由於其性格平易合群，獲其他議員支持而逐漸負擔更大責任，最後升任眾院少數黨領袖。他曾向他人表示，一生最大的願望在擔任眾院議長，沒想到的是當尼克森總統的副手安格紐副總統（Spiro Agnew）在1973年10月因逃漏稅問題被揭發而辭職時，尼克森會敦請他出任副總統。① 更沒有想到的是，尼克森後來會辭職，使他成為未經選舉而就任的美國總統。

## 一、福特訪問大陸之前的重要發展

　　1974年，美國與中共均因內部的重大變化而影響了雙方的關係進展。在美國方面，1972年6月，美國民主黨在華盛頓水門（Watergate）之競選總部遭竊，五名闖入民主黨競選總部的人員中，竟有兩人是尼克森連選委員會的成員。此事顯示了共和黨甚至白宮的參與，便引發了「水門事件」。此事到1973年間醞釀擴大，白宮機密被揭發，民眾逐漸了解尼克森總統在此事件前是知情的，但卻對外說謊。在1974年2月，美國國會決議賦予司法委員會權力，調查尼克森總統之行為是否應予彈劾後，便開始了國會彈劾的過

---

① Hugh Sidney and Fred Ward, *Portrait of a President* (New York : Harper & Row, Publishers, 1975), 第 12、42、50-52 頁。

程。②水門事件成為美國全國注意並憂慮的事件後，影響增強，白宮權威蕩然，甚至逐漸解體，尼克森本人無法專心從事政務，包括處理複雜的外交事務。③8月9日，尼克森終於在各方巨大的壓力下辭職，由副總統福特繼任。④

福特在多年國會議員的生涯中，以擅於協調，折衝著稱，他的投票紀錄顯示他對既有的議案投贊成或反對票多，卻很少創設新的議案。⑤因此當他擔任美國總統後，他的主要任務是領導美國療傷止痛，增進團結，從水門事件的政治風暴中恢復過來。⑥

至於中共，自從1966年開始的文化大革命仍在繼續進行。文化

---

② *China: U.S. Policy Since 1945* (Washington, D.C. : Congressional Quarterly, 1980), 第213 頁；H. Kissinger, *Years of Upheaval* (Boston : Little, Brown and Company, 1982) Chap. IV；眾院司法委員會彈劾尼克森總統決議文中指明尼克森之行為違背了他憲法上的責任與誓言，故應離開總統一職，其主要內容見 Richard Heffner, *A Documentary History of the United States*, 6ᵗʰ ed. (New York : Penguin Putnam Inc., 1999), 第 456-60 頁。

③ Kissinger, 同上註，第 100, 122 頁。水門事件的過程參考 "A Watergate Chronology," *The Annals of America*, Vol. 19 (Chicago : Encyclopaedia Britannica, Inc., 1976), 第 XXXVI － XI 頁。其對白宮政務及人心之影響參閱白宮幕僚長日記 H. R. Haldeman Diaries (New York: G. P. Putman's Sons, 1994), 第 565-675 頁。但在水門事件最嚴重的 6 月間，美國駐華大使安克志曾在台北美僑商會代表美政府發表公開演說，坦承「上海公報」及「美國與中華人民共和國關係正常化的過程」已對中華民國形成一些困難，但「這最終將符合我們全體的最基本利益，包括中華民國的利益在內」…「我們將盡一切的努力來促進和平大業…並且在中華民國…將全盤信守我們的諾言，維持我們的承諾…」全文見朱匯森主編，《中華民國史事紀要（初稿)-中華民國 63 年（1974）1 至 6 月份》（台北：國史館，1988 年 6 月），第 824-30 頁。

④ *China: U.S. Policy Since 1945*, 第 214 頁；尼克森辭職之經過、心路歷程，在整個過程中，福特、季辛吉、布希等人之態度，及尼氏關切此事對美蘇及美國與中共關係之可能影響，見理查德．尼克松著，伍任譯，《尼克松回憶錄》，下冊（北京：商務印書館，1978），第 400-32 頁；H. Kissinger, *Years of Upheaval*, Chapter XXV.

⑤ H. Sidney and F. Ward, 前揭書，第 54 頁。

⑥ 同上註。福特在其就職演說中坦白表示水門事件對美國造成之內傷較之與外國戰爭更加痛苦。演說主要內容見 R. Heffner, 前揭書，第 460-62 頁。事實上，水門事件及越戰使得美國人民對政府之信任度大幅降低，見 Gary Orren, "Fall from Grace: The Public's Loss of Faith in Government," in Joseph S. Nye, Jr., Philip D. Zeli Kow and Navid C. King ed. *Why People Don't Trust Government* (Cambridge : Harvard University Press, 1998), 第 77-85 頁。

大革命是一個政治的、權力的鬥爭，也是文化的、思想的鬥爭。它
是「彭德懷事件」的延續，「社會主義教育運動」的提高，「文藝
整風運動」的擴張，以及「國共鬥爭的繼續」。[7]在文革前期，毛澤
東與「劉少奇反革命修正主義路線」鬥爭，1970至1971年又與「林
彪反黨集團鬥爭」，結果，彭、劉、林三人均在文革期間死亡。[8]

　　1973年8月，中共召開十全大會，肯定了「四人幫」（江青、
王洪文、張春橋、姚文元）的地位，王洪文並被升為中共中央副主
席，對內強調批林（彪）整風，堅持「無產階級專政下的繼續革
命」及「抓革命，促生產，促工作，促戰備」，對外強調反蘇，對
美國則是又妥協又鬥爭，呼籲「以世界農村來包圍世界城市」，以
便「埋葬美帝」、「埋葬蘇修」。[9]是年底毛澤東認為周恩來在11
月與季辛吉會談中犯了「右的錯誤」，對周表示不滿，聲稱「誰搞
修正主義，就要批誰」，於是在1974年初令江青、王洪文，在大陸
全面進行「批林批孔」運動，將矛頭指向周恩來，並令周不再參與
重要政事。而周恩來在1972年起本就患了癌症，此時也就住進醫
院。[10]當時雖然鄧小平已復出擔任副總理，但「四人幫」聲勢較
大，他們與周恩來、鄧小平之世界觀有異，對改善與美國關係持較
負面的態度。[11]

---

[7] 汪學文，《中共文化大革命史論》（台北：國立政治大學國際關係研究中心，
1989），第10頁。

[8] 同上註，第219-25, 255-73頁。

[9] 周恩來的政治報告中指出，對美國妥協並不等於放棄對美國鬥爭，美國是「資本
主義發展到最高階段的帝國主義國家」，仍舊是中共「世界革命」必須打倒的敵
人，目前這種「必要的妥協」，是「為了後來便於捕捉及槍斃強盜」，見1973
年的「中共黨務」，《1974中共年報》（台北：中共研究雜誌社，1974），二
之10-二之16頁。

[10] 同上註，二之10，六之76頁；蘇格，前揭書，第390頁；H. Kissinger, *Years of
Upheaval*, Chapter XV；H. Harding, *The Fragile Relationship* (Wash. D.C.：
Brookings Institution, 1992), 第63-66頁；R. Ross, 前揭書，第60-65頁；毛澤東
與鄧小平之關係及周恩來健康惡化情形見李志綏，《毛澤東私人醫生回憶錄》
（台北：時報文化，1994），第548-50, 558, 566-67頁。

[11] 《1974中共年報》，第二之10頁。福特之反共立場參考 Patrick Tyler, *A Great
Wall* (New York: The Century Foundation, 2000), 第183頁。

福特在1950年代曾經訪問台灣。1972年，他以眾院少數黨領袖身分訪問大陸後，對共黨的集體控制及思想訓練等可能造成對美國的威脅深表不安，⑫ 因此他對海峽兩岸均有基本的認識。

俟福特接任總統後，由於對外交事務不熟悉，乃立即請季辛吉留任國務卿兼國家安全事務顧問，並延續尼克森時代國安會的架構。⑬ 儘管如此，福特與季辛吉的關係究竟不如尼克森與季辛吉的關係。季氏亦不諱言水門事件的重大影響和他的失望。⑭

在尼克森8月9日離職的當天下午，福特除會見蘇聯駐華府大使之外，亦與中共聯絡辦事處主任黃鎮見面，請黃轉信給毛澤東，保證對華政策不變，強調與中共關係正常化享有最高優先；同時，季辛吉國務卿亦經由美國駐台北大使安克志，轉達他予中華民國沈昌煥外長的電報，重申美國在福特總統領導下，對各國之關係絕無改變，並保證堅決信守一切條約承諾。⑮ 當月福特向國會演講稱：「對我們亞洲的盟邦和朋友，我保證繼續支持其安全、獨立與經濟發展，對中華人民共和國，我保證繼續履行上海公報所訂的承諾。⑯ 10月，他再任命布希（George Bush）到北京擔任駐中國聯絡及辦事處主任，接替9月任滿的布魯斯（David Bruce）。⑰

---

⑫ 沈劍虹，《使美八年紀要》（台北：聯經公司，1982），第165頁；福特卸任後曾於1991年5月來台灣訪問。照片見《外交風雲》（台北：中央社，1999），第284頁。

⑬ H. Kissinger, *Years of Upheaval*, 第418頁，Chapter XXV；S. Cambone, *A New Structure for National Security Policy Planning* (Wash. D.C. : CSIS Press, 1998), 第152頁。

⑭ H. Kissinger, *Years of Upheaval*, 第71頁，Chapter IV；W. Burr, 前揭書，第267-68頁。

⑮ Anatoly Dobrynin, *In Confidence* (New York: Times Books, 1995), 第324頁；Patrick Tyler, 前揭書，第183-86頁；J. Mann, *About Face* (New York : Alfred Knopf, 1999), 第66頁；瞿韶華主編，《中華民國史事紀要（初稿）-中華民國63年（1974）7至12月份》（台北：國史館，1992年10月），第234頁。

⑯ *China: U.S. Policy Since 1945*, 第214頁。

⑰ J. Holdridge, *Crossing the Divide* (N.Y. : Rowman Littlefield Publishers, Inc., 1997), 第156頁。布希在啟程前曾晉見福特辭行，告以其前任布魯斯主任抱怨美與中共關係中的大問題——台灣——從未讓他參與討論，福特則答稱「那（台灣問題）是一個政治問題，必須在美國國內處理。」見 Memorandum of Conversation, The White House, Oct. 15, 1974, *Ford Administration Memorandum*, Gerald Ford Library, website at http://www.lbjlib.utexas.edu/ford/library/document/(20 Feb. 2000)

福特就任後兩個月，季辛吉即傳達總統指示，令國防部、副國務卿及中央情報首長，就美國對中華民國安全協助加以研究，指出今後三到五年，假定美國與中共將持續關係正常化的過程，而美國亦將繼續維持對中華民國的防禦承諾，則美國將在裝備移轉等方面作何選擇。[18]可見，當時福特政府仍有維持對海峽兩岸關係三到五年之內不變的計畫。

　　美國政府在對台關係的作為上有幾個趨勢：第一，繼續尼克森時代的作法，逐漸自台灣將美軍撤出，包括駐防之 F-4、C130、KC-135等型軍機，美軍總數也從1972年初的8,500人逐漸遞減；[19]第二，美方軍援（Grant Aid）至1974年6月起終止，自此由我方向美方採購軍品，而且在美國諾斯羅普公司（Northrop Corporation）之協助下自行生產 F-5E 戰機，首架於1974年10月出廠；[20]第三，美國政府為進行與中共關係正常化，自1971年起即推動廢除1955年艾森豪時代制定的防衛「台灣決議案」（Formosa Resolution），至1974年10月18日，福特透過國會投票宣布將之廢除；[21]第四，美國務院與我駐美大使館之關係日益疏遠，沈劍虹大使自1973年底起便未能與季辛吉親自晤談，（但中共駐美聯絡辦事處主任黃鎮卻居然曾在1973年間，蒙白宮提供總統座機飛至加州與尼克森會晤；）[22]第五，美國設法加強與台北之經濟關係，在尼克森訪問北京後兩個月內，美國進出口銀行總裁便奉命來台北，為我國經建計畫提供融資，迄1975年為止，美國進出口銀行予我貸款多達12億美元，美國公司在台投資達4億美元以上；在台美商亦自

⑱ "U.S. Security Assistance to the Republic of China," *National Security Study Memorandum 212*, Oct. 8, 1974, Box 2, Gerald Ford Library, http://www.lbjlib.utexas.edu/ford/library/document/nsdmnssm/nssm212a.htm.

⑲ *China: U.S. Policy Since 1945*，第 212 頁；R. Clough, *Island China* (Cambridge：Harvard University Press, 1978)，第 26-27 頁。

⑳ Clough, 同上註；《中華民國史事紀要（初稿）-中華民國 63 年（1974）7 至 12 月份》，第 505, 559-61 頁。

㉑ *China: U.S. Policy Since 1945*，第 215, 311 頁。

㉒ 沈劍虹，前揭書，第 135, 145 頁。

1972年之60家增至200家。㉓

簡言之，在1970年代中期，美國對我國的政策是：外交、政治上減低關係，經濟上加強關係，軍事上則助我建立相當的自衛能力。

至於改善對中共關係正常化的進展，礙於內外情勢，進展頗為有限：第一，北越與美國雖於1973年1月27日簽署停戰協定，美軍隨即於3月底完全退出越南，但越戰越南化的政策不成功，北越在四個國際監督委員會成員國中的波蘭和匈牙利兩個共黨國家協助之下，運送大批軍備進入南越，致越南情勢逐漸逆轉；㉔第二，蘇聯在非洲，尤其中東的擴張，使美國外交注意力放在解決緊迫的中東問題上，而自1973年10月中東戰爭及其後的能源危機後，美國更積極介入當地事務。季辛吉的穿梭外交（Shuttle Diplomacy）在埃及總統沙達特（Anwar Sadat）的合作下，曾經多次穿梭於埃及、大馬士革和以色列之間，設法削弱蘇聯影響力，擴張美國影響力，俾能達成地區和平；㉕第三是美國與蘇聯關係經過在1974年中的限武談判膠著後，通過經濟、外交手段加強聯繫後，得以成功的安排了福特與俄共領導人布里茲涅夫（Leonid Brezhnev）在1974年11月的海參威會談，達成了「關於攻擊性戰略武器聯合聲明」；㉖第四是美國

---

㉓ R. Clough, 前揭書，第 27 頁；《中華民國史事紀要（初稿）-中華民國 63 年（1974）7 至 12 月份》，第 689-90 頁。

㉔ H. Kissinger, "Indochina: The Beginning of the End," *Years of Upheaval*, Chapter VIII；*China: U.S. Policy Since 1945*, 第 209 頁；1973 年 1 月 23 日尼克森總統宣佈結束越戰達成協定，強調該協定將帶來持久和平，亦盼各方抑制行動的樂觀聲明全文中譯文見中華民國史事紀要編輯委員會編，《中華民國史事紀要（初稿）-中華民國 62 年（1973）1 至 6 月份》（台北：中華民國史料研究中心，1984 年 4 月），第 148-58 頁。

㉕ 穿梭外交之目標第一階段首在將蘇伊士運河附近以色列與埃及部隊隔離，第二階段則把重心置於以色列與敘利亞之關係，H. Kissinger, *Years of Upheaval*, Chapters XVIII, XXIII.

㉖ 同上註，Chapter XXII；相關相片及說明見 H. Sidney and F. Ward, 前揭書，第 112-16 頁；福特對與布里茲涅夫會談的重要性的看法，可參考其 1975 年 1 月 15 日國情咨文，George J. Landerich ed., *Gerald R. Ford 1913-: Chronology-Documents-Bibliographical Aids* (New York : Oceana Publication, Inc., 1997), 第 126-31 頁。蘇聯方面之看法，可參考 A. Dobrynin, 前揭書，第 324-28, 332-39 頁。

國內經濟情勢不良，而福特總統希望在1976年時能競選連任，是以必須考慮到國內各界之支持，不能不顧及主張維持與台北外交關係的各方面的力量。所以基於上述各因素，與中共關係正常化的急迫性也相對降低。㉗

1974年8月間，季辛吉接受其同僚建議，堅持要中共保證和平解決台灣問題必須包括在關係正常化的安排之中。㉘11月，季辛吉在海參威美蘇高峰會談後，於11日再訪北京，向中共簡報美蘇高峰會的情形，與新任外長喬冠華及鄧小平會談；周恩來僅與季禮貌談話。㉙在此次訪問中，季氏提議：第一，除按照日本模式之外，也要將在北京的聯絡辦事處和在台北的駐華大使館位置互換；第二，要中共在美國撤出在台駐軍之時，能聲明不以武力解決台灣問題。季氏並表示，他正在一步一步的擺平（neutralize）美國的親台勢力；而美國與中共關係的進展亦已削弱了（undermined）台灣的地位。㉚

但鄧小平等人強調：第一、「互換」的想法是「一中一台」的變形，不能接受；第二、兩國關係正常化之後，如遵守「上海公報」，美國和台灣的共同防禦條約就得廢掉。

鄧小平問道：「看來好像你們還需要台灣嘛？」（It still looks as if you need Taiwan?）季辛吉回答說：「不，我們不需要台灣，那不是問題所在。」（No, we do not need Taiwan. That is not the

㉗ J. Mann, 前揭書，第68-71頁；當時美國國內一般人對中共觀點仍是負面印象居多，例如1972年時正面與負面印象者是23%與71%之比，到了1976年仍是20%與73%之比，見 H. Harding, 前揭書，第64, 363頁。

㉘ 原因是因四人幫在國內之勢力較大，以致中共外交部對美方談話時表示將「不用和平手段解決台灣問題」參考 P. Tyler, 前揭書，第186-91頁。另見 W. Burr, *The Kissinger Transcripts* (N.Y.: The New Press, 1999)，第268頁。

㉙ *China: U.S. Policy Since 1945*, 第216頁；季辛吉自1973年11月以後迄1976年周毛逝世，每次訪問時，大陸官員均絕口不再提周恩來，顯示中共內部鬥爭激烈，見 H. Kissinger, *Years of Upheaval*, 第697頁。

㉚ W. Burr, 前揭書，第299-321頁；*China and the United States: From Hostility to Engagement 1960-1998* (Washington, D.C.: The National Security Archives, 1999), Documents 00368, 1975年10月22日；00370, 10月21日。

issue.），鄧小平便再説：「你們與台灣斷交之後，台灣問題就由我們中國人自行解決。」[31]

由於話不投機，因此，季辛吉此行結束時所發表的公報甚為簡短，除重申遵守「上海公報」外，沒有提「一個中國」字句，僅聲明福特總統將於次年訪問大陸。[32]

一個月後，台北決定調回沈大使，任命周書楷為駐美大使，徵求華盛頓同意，但美國根本不接受我方信函，表示現在不是更換大使的時候。[33]

當時我國正面臨1973年中東戰爭後石油輸出國家組織為報復美國支持以色列而禁運石油，致引起世界性石油危機。油價高漲所帶動的原料上漲影響經濟發展；1974年之物價上漲達40.6%，而1975年之貿易更一反常態出現10.7%之負成長。[34] 行政院遂於1974年開展「十大建設」項目，大量投資於基本設施如南北高速公路、北迴鐵路、桃園國際機場、台中港、蘇澳港等，不但增加就業機會，彌補了外銷的減少，穩定了物價，也奠定了1980年代經濟持續增長的基礎。[35] 在鞏固經濟實力，強化對外經濟聯繫的同時，由於日本與中共在1974年4月簽訂「民航協定」，破壞了台灣與日本航線之現狀，日本外相並發言否定我國之國旗，傷害我國尊嚴及權益，中華民國政府乃宣佈與日本斷航。日本對台北之決定出乎意料，但亦對

[31] W. Burr, 同上註，第268-315頁；*China and the United States*, 同上註，Document 00373, 1975年10月22日；傅建中，前揭書，第177-203頁；中共相關態度之分析見H. Harding, 前揭書，第50-53頁。

[32] *China and the United States*, 同上註，Documents 00375, 1975年10月23日；00377, 10月31日；沈劍虹，前揭書，第153-55頁；P. Tyler, 前揭書，第193-201頁。

[33] 沈劍虹，同上註，第159-60頁。

[34] *Taiwan Statistical Data Book 1987*, 第208頁；China External Trade Development Council, *Handy Economic and Trade Indicators 1986*, Taipei, Table 2.8.

[35] 葉萬安，〈台灣的經濟計畫〉，高希均，李誠主編，《台灣經濟四十年（1949-1989）》（台北：天下文化，1991），第52-56頁。我國利用外在不利環境加強自身實力的政策、作法及結果作者未出版之博士論文曾詳予析述：Wei-jen Hu, *The Strategic Significance of the Republic of China on Taiwan*, Unpublished Doctorate Dissertation, University of Pretoria, South Africa, 1988, Chapter III.

我國刮目相看，於兩年後由日方讓步始重行復航。此事提升了外人對台北政府之觀感，[36] 中華民國執政黨更於當年11月十屆三中全會時，通過「政治革新政治建設之檢討與策進」、「心理建設之檢討與策進」等議題以強化內部力量。[37]

　　1975年4月，我國蔣中正總統逝世，副總統嚴家淦繼任。在美國華府的追思會中，魏德邁將軍（Gen. Albert Wedemeyer）致悼詞，眾院議長亞伯特（Carl Albert）等出席。[38] 福特總統除發表聲明，並分別向嚴家淦總統、蔣中正夫人、蔣經國院長致唁電外，另在高華德參議員（Barry Goldwater）等人的建議下，派洛克斐勒副總統（Nelson Rockefeller）率領一包括高華德參議員、鄺友良參議員（Hiram Fong）、馬康衛前大使及周以德前眾議員（Walter Judd）等人之代表團來台參加在台北的喪禮，洛克斐勒在台北發表聲明代表福特總統及美國人民表示對蔣先生的敬意，強調美方對我國之友誼，渠返回美國後表示在台所見所聞甚為感動。[39]

　　4月底，中南半島高棉、越南、寮國陷共，美國狼狽地撤離，

────────────────

㊱ 斷航之考慮、準備及決策經過見《中華民國史事紀要（初稿）-中華民國63年（1974）1至6月份》，第488-89, 494-95, 511, 518-33, 544-47頁。斷航約兩年後，日本宮澤外相在國會答詢澄清關於我國旗之談話後始乃復航。此一事件產生提升亞東關係協會地位等具體收獲。另詳見馬樹禮，《使日十二年》（台北：聯經公司，1997），第9-91頁。

㊲ 總統蔣公哀思錄編纂委員會，《總統蔣公哀思錄》，第三編（台北，1975），第346頁。

㊳ 葛理翰牧師（Rev. Billy Graham）證道詞全文中譯文及相關情形、美方人士追念文見中華民國史事紀要編輯委員會編，《中華民國史事紀要（初稿）-民國64年（1975）1至4月份》（台北：中華民國史料研究中心，1976年4月），第1341-70頁。

㊴ 沈劍虹，前揭書，第162-63頁；美國特使團名錄及美國福特總統，艾森豪夫人（Mrs. Mamie Eisenhower）等美各界友人之唁電見《總統蔣公哀思錄》，第一編，第187-88頁；第二編，第630-48頁；《中華民國史事紀要（初稿）-民國64年（1975）1至4月份》，第891-94, 953-95頁；福特總統在唁電中特別強調在中國歷史的關鍵時期，蔣中正總統代表著中國民族主義之精神。我民眾在蔣中正總統逝世後自動前往祭悼者達250萬人，照片及說明見哀思錄，第一編，第553-87頁；第三編，第751頁；及《台灣：戰後50年》（台北：中國時報，1995），第276-77頁。

顯示出越戰越南化的徹底失敗。[40] 福特總統為防止骨牌效應產生，並安定盟邦對美信心，於是自 5 月初起一個月內，連續與美國的亞洲和歐洲盟邦舉行會議，向彼等重行保證美國的支持不變；而且在 4 月 16 日及 5 月 6 日分別在公開場合強調美國與中華民國的關係對美國而言很重要，美國重申對台灣的承諾。[41] 其後，季辛吉在 7 月間的一次內部會議中，即告知兩位主張加強對中共關係、甚至建立外交關係的同僚羅德（Winston Lord）及索樂文（Richard Solomon）稱，由於國內政治因素，在 1976 年前建立外交關係會對福特總統不利，因此對中共關係之推展頂多得採取逐步改善之法。[42] 6 月初，鄧小平對赴訪的美國新聞界代表團表示，美國如要與中共建交，便必須遵守斷交、廢約、撤軍三條件，並且採取「日本模式」與台北僅維持商貿文化關係。[43] 此項施壓似乎未能生效，季辛吉於 9 月間在紐約告知中共外長喬冠華，表示福特在 11 月訪問大陸時不能完成關係正常化。中共領袖聞後至為憤怒。[44] 10 月，季辛吉訪問北京，準備福特赴訪一事[45]時，與鄧小平、喬冠華會談，鄧小平立

---

[40] 美國在越南戰場共損失近 5 萬 7 千人，受傷 15 萬餘人，消耗戰費共計 1 千 1 百餘億美元，詳見 *China: U.S. Policy Since 1945*, 第 217 頁；季辛吉對最後情勢之說明見 1975 年 4 月 29 日記者會記錄, *The Annals of America*, Vol. 20, 第 164-67 頁；南越高級軍政官員對越戰失敗之事後檢討參考 Stephen T. Hosmer, Konrad Kellen, and Brian M. Jenkins, *The Fall of South Vietnam: Statements by Vietnamese Military and Civilian Leaders, A Report Prepared for Historian, Office of the Security of Defense* (Santa Monica : RAND Corp., 1978). 越戰簡史及南越總統阮文紹、總理陳善謙流亡來台相關情形見中華民國史事紀要編輯委員會編，《中華民國史事紀要（初稿）-民國 64 年（1975）5 至 8 月份》（台北：中華民國史料研究中心，1976 年 4 月），第 18-20, 39-56 頁。

[41] George Landerich, 前揭書，第 38 頁；《中華民國史事紀要》，同上註，第 57-58 頁。

[42] W. Burr, 前揭書，第 377-81 頁，但中共趁越南統一之後，東南亞國家對北越勢力擴張忌憚之際，分別於 6 月 9 日及 7 月 1 日與菲律賓及泰國建交（前一年 5 月 31 日已與馬來西亞建交），致使其在東南亞地區形勢改善，見 R. Ross, 前揭書，第 70-71 頁；*China: U.S. Policy Since 1945*, 第 214, 219 頁。

[43] China, 同上註，第 219 頁。

[44] J. Mann, 前揭書，第 70-71 頁。

[45] 季辛吉於行前曾與福特總統商議後者訪問大陸後，可能與中共共同發表的公報形式、福特訪問大陸可能行程安排，如何與尼克森往訪時有所不同，及日本之可能

場便變得十分僵硬。此時，毛澤東業已病重，但仍與季辛吉談了一百分鐘，其中曾再強調台灣問題可以拖一百年。[46]

11月底，福特總統啟程訪問北京，受到基本上友好的接待。毛澤東仍與渠談話，主題多是國際大問題如蘇聯霸權等；在會見鄧小平時，福特表示美國願用日本模式與中共建交，日期將在1976年大選之後，在建交之前希加強與中共各項交流，並盼中共和平解決台灣問題，因美國不能在確信台灣問題可以和平解決之前拋棄老朋友；但鄧小平的反應態度強硬，強調美國必須接受斷交、廢約、撤軍三條件，認為台灣問題不可能和平解決，而且這純粹是中國人內部的事。由於雙方未能達成關係正常化，此行未發表任何聯合公報。[47]美方為了安撫中共，福特及季辛吉遂解除北約及日本關於高科技輸往共黨國家的限制，同意2億美元軍售英國勞斯萊斯（Rolls-Royce）飛機引擎案及高速電腦予中共。這是中共首次獲准購買西方軍事科技裝備。[48]

福特在返回美國後，對國會共和黨領袖簡報此行的一次內部會

態度等。見 *Memorandum of Conversation, The White House, China, Middle East, Sadat Visit*, Oct. 17, 1975, Box A1, Gerald Ford Library, website at http://www.lbjlib.utexas.edu/ford/library/document/memcons/751017a.htm.

[46] W. Burr, 前揭書，第 400-01 頁；毛澤東在此數年間健康情形急遽衰退，可參考尼克森及李志綏之形容，見 Richard Nixon, *Beyond Peace*, 第 3-4 頁；李志綏，前揭書，第 556-82 頁；另，季辛吉返美後，就此行對福特簡報，分析毛澤東的情況，並研究福特往訪行程。季氏稱與中共討論公報稿時，頗有挫折感，幾乎覺得福特應該取消該一訪問，而聯絡辦事處的布希主任亦持同一看法；同時他認為與蘇聯維持好關係才能確保與中共維持好關係，反之亦然。見 *Memorandum of Conversation, The White House, (no subject)*, Oct. 25, 1975, Box A1, Gerald Ford Library, website at http://www.lbjlib.utexas.edu/ford/library/document/nsdmnssm/nssm212a.htm

[47] 福特訪問大陸的經過，一般反應及評論參考中華民國史事紀要編輯委員會編，《中華民國史事紀要（初稿）-中華民國 64 年（1975）9 至 12 月份》（台北：中華民國史料研究中心，1976 年 4 月），第 817-80、891-98 頁；George Landerich ed., 前揭書，第 60 頁；H. Chiu, "Taiwan in Sino-American Relations," in H. Chiu, ed. *China and the Taiwan Issue*, 第 182 頁；傅建中，《季辛吉秘錄》，第 283-300頁。

[48] W. Burr, 前揭書，第 402-05 頁；P. Tyler, 前揭書，第 216-19 頁；J. Mann, 前揭書，第 76 頁；傅建中，第 301-304 頁；福特一行與中共談話之分析另見 R. Ross, 前揭書，第 83-87 頁。

議中，表示此行印象深刻的是中共的反蘇態度，他覺得與毛澤東談話甚為值得，而對鄧小平能力頗為肯定。季辛吉則補充稱，美國與中共的關係是權宜婚姻（a marriage of convenience），中共等於是美國最好的北約（抗蘇）盟邦，但美國與中共關係中主要問題是世界情勢，台灣並不是重要問題，季氏透露在此行中，中共竟然無人提及周恩來，以及美國將繼續減少在台灣的駐軍等。[49]

12月9日，美國派國務院亞太事務助卿哈比（Philip Habib）赴台北，簡報福特北平之行。哈比是1972年3月以來訪問台北的最高級美國官員，他表示美國政策與中共的關係自從上海公報以來並未改變，但如福特在1976年大選中獲勝，則會在1978年底與中共關係正常化。[50]換言之，哈比對於福特對中共的秘密承諾作了「點到為止」的透露。

## 二、福特訪問大陸之後的重要發展

周恩來於1976年1月死亡，但中共並未任命鄧小平升任總理，反而以「反擊右傾翻案風」對鄧小平攻擊。俟4月5日「天安門事件」發生後，毛澤東更提議由中央政治局撤銷鄧小平黨內外一切職務，並任命代總理華國鋒接任總理及中共第一副主席，接替王洪文。[51]另在2月間，中共即以代總理華國鋒為名，邀請已卸任

[49] "The President's Trip to China, Indochina and the Philippines," *Memorandum of Conversation, The White House*, Dec. 10, 1975, 第 1-4, Box A1, Gerald Ford Library, website at http://www.lbjlib.utexas.edu/ford/library/document/memcons/751210a.htm.

[50] 《中華民國史事紀要（初稿）-民國 64 年（1975）9 至 12 月份》，第 900-09 頁；沈劍虹，前揭書，第 170-72 頁；*China: U.S. Policy Since 1945*, 第 221 頁；又，當時筆者尚在我外交部北美司任職，曾參與外交部關於美國政府各項對我保證「不改變與中華民國外交關係」之計算工作。至 1975 年，美方自總統以下已對我提出了七十多次保證。

[51] 朱匯森主編，《中華民國史事紀要（初稿）-中華民國 65 年（1976）1 至 6 月份》（台北：國史館，1988 年 5 月），第 75-85, 638-45, 796-97 頁；汪學文，前揭書，第 290-95 頁；*China: U.S. Policy Since 1945*, 第 222-23 頁；該次「天安門事件」係周恩來及鄧小平之支持者為悼念周恩來，而受到四人幫的支持者鎮壓，死傷人數甚多。悼念花圈中亦有對我蔣中正總統表示懷念者。

的尼克森往訪，表示華國鋒政府並未改變對美政策。[52] 是年是美國大選年，福特在共和黨內之對手雷根（Ronald Reagan）曾指責福特將「犧牲台灣」，但福特特予辯解，強調華府與台北的關係極佳，而與中共的關係正常化乃是一遠程計畫，並無確定日程表，至於民主黨的卡特（Jimmy Carter）在競選時還強調中共如不保證台灣免於軍事控制（free of military persuasion or domination）的話，正常化便不可能。[53] 當時美國國內政治氣氛反對背棄我國，還促使福特支持我國參與加拿大世運會。而中共在四人幫影響下其對台及對美立場均甚強硬。[54]

8月，中共駐華府聯絡辦事處主任黃鎮再向季辛吉表示，美方必須完成斷交、廢約、撤軍三條件與中共建交；至於解放台灣的時間及方式，則純粹是中國內部事務，不得予以討論。季辛吉則保證美方將遵行「上海公報」。[55] 中共副總理耿飈另亦宣佈，當前首要問題是面對蘇聯這一大敵，其他問題均屬次要，而中共亦願暫時讓美國「防衛」台灣。[56]

毛澤東於9月9日死亡，「四人幫」——江青、張春橋、王洪文、姚文元——失去靠山。中共中央儘管有所謂毛澤東的「臨終囑咐」：「照過去方針辦」，黨政軍老幹部控制的中央政治局仍於10月6日藉第一副主席華國鋒之名，發動政變，粉碎了「江青反革命集團」，逮捕了「四人幫」，然後在全國各地把「四人幫」奪權過的中央及地方權力再奪回來，在輿論上對彼等行徑大加揭露並批判。[57] 後來在1981年6月中共十一屆六中全會通過「關於建國以來

[52] *China: U.S. Policy Since 1945*, 第 222 頁；W. Burr, 前揭書，第 407 頁；周恩來死亡及毛澤東選擇華國鋒繼任之有關情形，見李志綏，前揭書，第 583-84 頁。

[53] Burr, 同上註；《中華民國史事紀要（初稿）-中華民國 65 年（1976）1 至 6 月份》，第 510-11, 926-27 頁。

[54] Burr, 同上註，第 407-408 頁。

[55] 同上註。

[56] *China: U.S. Policy Since 1945*, 第 226 頁。

[57] 詳見《1977 中共年報》（台北：中共研究雜誌社，1977），三之 60-三之 88, 四之 1-四之 95 頁；陳永發，前揭書，第 843-48 頁；李志綏，前揭書，第 588-609 頁。

黨的若干歷史問題的決議」，將中共文化大革命的起訖時間定為1966年5月至1976年10月，並明確指出，「對於文化大革命這一全局性的，長時間的左傾嚴重錯誤，毛澤東負有主要責任」。[58]

文革結束，四人幫失敗，但華國鋒與鄧小平的鬥爭仍在繼續，[59]因此致力穩定內部而非致力開展對美關係是中共領導階層必須優先注意的事。

美國國務院在內部檢討中共局勢的機密會議中認為中共當時尚無攻台武力，只能襲擊外島，而台灣如果獨立，將會被完全孤立，對美國最理想的方案將是台灣加入北京，雙方自行解決，只是可能性不大。[60]是年美國國防部在評估台海軍力情勢時，也認為中共在1980年前仍不會具有對台進行非核子武力進攻的能力，但為了維護台北的信心及台海軍力質的平衡，在不妨礙美國與中共關係正常化的進程下，美方仍宜出售適當軍事裝備予我國，蓋在「中美共同防禦條約」仍然存在的情勢下，如中華民國防衛能力受到重大限制，則定會轉嫁更多責任到美軍身上，因此決意出售海叢樹（Sea Chaparral）飛彈、高速巡邏艇、改良鷹式飛彈等及合作生產更多F-5E戰機；但福特政府對於我在1976年洽商申購 F-16高性能戰機一事則為恐在大選年中引起國內爭議而予擱置。[61]

另一方面，美方對於中華民國是否發展核子武器極為注意，1974年9月中央情報局即有情報指出台北將在1979年前製造核彈；至1976年8月，美方指稱台灣正建設一鈽再處理工廠，從而對我方

---

[58] 汪學文，前揭書，第14-16頁（引自《紅旗》，1981年第13期，第3-27）。

[59] 華國鋒在9月18日追悼毛澤東在大會上仍強調要深入批判鄧小平，而鄧小平在10月10日四人幫被捕後卻寫信「歡呼」支持華國鋒，顯示當時華國鋒之勢力佔上風。同上註，第298-99頁。

[60] W. Burr, 前揭書，第410-425頁；傅建中，前揭書，第十七章。

[61] The Secretary of Defense, "U.S. Security Assistance to the Republic of China：NSSM212(c), April 12, 1976," *Memorandum for the Assistant to the President for National Security Affairs*, website at http://www.gwu.edu/sarchiv/NSAEBB/NSAEBB19/07-01.htm；《1981-1983中美關係報告》（台北：中央研究院美國文化研究所，1984），第2頁。

施壓，至9月14日，蔣經國院長告知美國安克志大使，稱我國已停止將核燃料再處理之一切工作。[62]

11月，民主黨的卡特當選總統，中共駐華府聯絡辦事處主任黃鎮立即請見季辛吉，要季辛吉保證中共與美國所有關於中共的文件及關於台灣問題的諒解不得洩漏於外。[63]季辛吉另在離職前特介紹黃鎮與將擔任卡特政府國務卿的范錫（Cyrus Vance）餐敘，席間季辛吉強調「台海兩岸的中國人都認為只有一個中國，美國不挑戰這個立場」是他的傑作，美國不會支持「兩個中國」或「一中一台」的政策；黃鎮則一再強調建交三條件：斷交、廢約、撤軍。范錫當時即保證卡特必以上海公報作為兩國關係的指導文件，而他本人亦將完全接受「一個中國」的原則。[64]

另外值得一提的是，在福特政府即將結束的1976年，美國國會制定並經簽署通過了乙項外國主權豁免法（Foreign Sovereign Immunity Act of 1976）。該法將涉及外國得以豁免及不得豁免的事項作了完備的規定，把外國（foreign state）及外國機構（agency or instrumentality）的定義明確界定，並把決定屬於外國豁免的責任從美國國務院轉到司法系統手中。[65]由於此法之制定，其後在中美斷絕外交關係之後，美國法院便對涉及我國之訴訟案件對我國地位有所認定，具有特別之意義。

[62] *China: U.S. Policy Since 1945*, 第 214, 226 頁。

[63] J. Mann, 前揭書, 第 76-77 頁。

[64] W. Burr, 前揭書, 第 478-81 頁；*China and the United States*, 前揭書, Documents 00436, 1976 年 11 月 1 日；00439, 1977 年 1 月 6 日；傅建中, 前揭書, 第 323-26 頁；范錫在其回憶錄中亦提及此事，見 Cyrus Vance, *Hard Choice: Critical Years in America's Foreign Policy* (New York : Simon and Schuster, 1983), 第 75 頁。

[65] Gary B. Born, *International Civil Litigation in United States Courts*, Third edition (The Hague : Kluwer Law International, 1996), 第 199-285 頁，該法全文見第 1083-1087 頁。

# 三、小　結

　　福特總統在任時間僅兩年餘，是本文所敘述六任總統中在白宮時間最短者；但這兩年多卻發生諸多重要事件，影響美對華政策。首先，中共文化大革命雖進入結束階段，其主政者之間的權力鬥爭卻仍在繼續，而以毛與周、鄧之鬥爭，逮捕四人幫之鬥爭及華鄧鬥爭為主軸。加以1976年周恩來、毛澤東相繼死亡，使得中共內部未能整合一貫其對美政策。在美國方面，水門事件後的復原是福特接任後的急務，他一方面特赦尼克森，[66]一方面盡力促進國內團結，尤其越南在1975年淪亡，印支三邦陷共後，美國又必須優先恢復盟邦對其信心。[67]因此國內外政治上的因素使美國不能在與中共關係正常化一事上作太大之進展，反而在中華民國蔣中正總統逝世之相關追悼事務中及在對台之經貿、軍售等事務中表現若干美國對我國之傳統友誼與支持。

　　但尼克森總統於1972年對中共所作在第二任期中與其建交之秘密承諾亦為福特繼承。他也在訪問大陸時私下承諾將在連選後完成此一工作。不過事與願違，福特的總統生涯因選舉失利而告終。

---

⑯ *China: U.S. Policy Since 1945*, 第 214 頁；福特總統向國會宣佈其特赦尼克森之全文見 *The Annals of America* (Chicago : Encyclopaedia Britannica, Inc., 1977), Vol. 20, 第 36-38 頁。

⑰ 1975 年 4 月 30 日，北越軍隊攻陷西貢佔據總統府升起旗幟，美國電視台向國內轉播，當時主持人並問南越駐美大使之感想，該大使只講了一句話便推開鏡頭。那句話是：「作美國盟邦是致命的」（It is fatal to be an ally of the United States.）

# 第四章

# 卡特政府時代 (1977-1981)

## ——美國與中共完成關係正常化並制定台灣關係法規範對台關係

美國由於中東石油危機導致通貨膨脹,為二次大戰以來僅見,在政治方面,福特總統特赦尼克森,亦影響其聲譽,而國會為民主黨控制,尤使執政之共和黨難以展現政績,凡此均導致1976年大選中福特敗給了民主黨候選人,喬治亞州州長卡特(James E. Carter, Jr.)。卡特出身農家,曾任海軍軍官,1962年在喬治亞州從政,1970年當選喬州州長。卡特勝選後,為了表示他是「平民百姓」的代言人,甚至選擇在全世界注目之下於國會步行1.2哩到白宮宣誓就職。[1]

卡特在競選期間對外交表示了濃厚的興趣,在他入主白宮後即任命了一批新人主導外交事務,除任命曾任國防部副部長的律師范錫擔任國務卿外,另派哥倫比亞大學教授,蘇聯問題專家,波蘭裔的布里辛斯基(Zbigniew Brzezinski)擔任國家安全事務顧問。卡特簡化了國家安全會議的組織,卻將該會議下之特別協調委員會(Special Coordinating Committee,掌管危機處理、限武及秘密行

---

[1] 參考 Jimmy Carter, *Keeping Faith* (New York : Bartam Books, 1982), 第 17-35 頁, website at http://www.whitehouse.gov(20 Feb. 2000) 卡特在就職演說中即強調對自由及人權等美國價值之重視, 全文見 *The Annals of America*, Vol. 21 (Chicago : Encyclopaedia Britannica, Inc., 1987), 第 14-17 頁。

動），提升至部會階層，由布里辛斯基主導，自然使渠與范錫在外交事務上抗衡。[2] 當時國務院中亞太事務助卿是曾任《外交政策》期刊（*Foreign Policy*）主編之郝爾布魯克（Richard Holbrook），副助卿是蘇理文（Roger Sullivan），國安會中國問題專家是密西根大學教授奧森伯格（Michel Oksenberg），美國駐北京聯絡辦事處主任是美國社會黨（American Socialist Party）成員，同情中國共產主義運動的前汽車工人協會會長伍考克（Leonard Woodcock），這些人在卡特與中共建交的過程中都扮演了重要角色。[3]

卡特雖對季辛吉在與中共交往過程中之態度及許多私下談話不滿，而且季辛吉已經離職，但季氏所帶出來的一批人後來卻繼續在美國對華政策上效力，包括後來擔任國務卿的海格（Alexander Haig）、伊戈柏格（Lawrence Eagleburger），後來擔任國安會國家安全事務顧問的史考克羅夫特（Brent Scowcroft）、麥克法蘭（Robert McFarlane）、雷克（Anthony Lake）、後來擔任美駐北京大使的羅德（Winston Lord），及後來擔任國務院亞太事務助卿的何志立（John Holdridge）、索樂文（Richard Soloman）等，由於季辛吉隨時可與他們交換意見，表示態度，所以直到90年代，季辛吉的影響力仍然存在。[4]

---

[2] Zbigniew Brzezinski, *Power and Principle: Memoirs of the National Security Adviser 1977-1981* (New York : Farrar Straus Giroux, 1983), 第 198 頁；S. Cambone, *A New Structure for National Security Policy Planning* (Washington, D.C. : CSIS Press, 1998), 第 152-53 頁；布里辛斯基在個人風格上和每日對卡特簡報的機會上較范錫取得與卡特更接近的關係情形參考 Patrick Tyler, *A Great Wall* (New York: The Century Foundation, 2000), 第 238 頁。

[3] 卡特的外交事務專家簡述，見范錫回憶錄 C. Vance, *Hard Choice* (N.Y. : Simon and Schuster, 1983), 第 13-44 頁，其中亦明確敘述范錫與布里辛斯基對國務院及國安會在外交事務角色上的歧異看法；以及 P. Tyler, 同上註，第 230-40 頁。

[4] J. Mann, *About Face* (New York : Alfred Knopf, 1999), 第 79-80 頁；P. Tyler, 同上註，第 237 頁。

# 一、美國與中共建交與我斷交

雖然范錫國務卿在對卡特的外交政策建議中，強調應以對蘇聯關係為重，對北京及台北之關係均不宜改變，[5] 但自從1977年起，卡特便以與中共關係正常化作為其政府的重要戰略目標，並把對中共政策交由布里辛斯基主管，卡特在進行該案時的最大考慮是如何保障台灣的安全；應付當時美國國內，尤其國會中，支持台灣的力量。[6]

1977年春，布里辛斯基建議卡特遵行尼克森五項保證俾推動與中共建交：

1. 美國認定只有一個中國，台灣是其中一部分；

2. 美國將不支持台灣獨立運動；

3. 美國離開台灣時將保證不讓日本進來代替美國；

4. 美國將支持任何和平解決台灣情勢的方法，並反對台灣任何對中華人民共和國的軍事行動；

5. 美國將尋求關係正常化並設法達到目的。

此一建議獲卡特同意。范錫國務卿則認為時機不夠成熟，他於4月間致送備忘錄與卡特，建議不要急著與中共建交，亦不應危害到台灣人民的福祉和安全。[7]

卡特曾經指示布里辛斯基，不要像尼克森與季辛吉般對中共卑躬屈膝；但1977年5月他在聖母大學（University of Notre Dame）演講時卻強調美國與中共關係是美國全球政策的中心部分，而中國（共）是世界和平的主要力量（key force），頗為引發各界注

---

⑤ 見其 " Overviews of Foreign Policy Issues and Positions," C. Vance, 前揭書，第441-49頁。

⑥ 見卡特的日記，收錄於其回憶錄中，Carter, 前揭書，第 186-87 頁；以及 Z. Brzezinski, 前揭書，第 196 頁；另范錫在其回憶錄中表示他在 1976 年底曾組一小組研究正常化問題，成員包括 Holbrook, Lake, Gleysteen 及 Oksenberg 等，見 C. Vance, 前揭書，第 76 頁。

⑦ Z. Brzezinski, 前揭書，第 198-99 頁；C. Vance, 前揭書，第 76 頁。

意。⑧當時美國對外政策中仍以對蘇關係為重,而范錫在與蘇聯的限武談判亦有進展,使卡特對戰略情勢感到樂觀,強調應加強緩和(detente)政策,而不應只靠各非共產的盟邦加強對蘇聯的圍堵,此點看法與布里辛斯基有異,布氏的基本構想是以遏制蘇聯作為美國戰略的最主要目標。⑨另一方面,中共在言詞和作為中所展現的反蘇態度,卻也使卡特印象深刻。⑩

在美國政府內部關於與中共關係正常化的討論中,范錫起先反對美國廢除與我之防禦條約;繼而主張如條約必須廢止,則必須照其條文於通知一年後失效,美國必須強調台灣問題的和平解決,而中共必須放棄用武力解放台灣的說法(the rhetoric)。⑪是年5月,卡特差范錫赴莫斯科繼續限武談判,6月,關於與中共關係正常化的「總統審議24號備忘錄」(Presidential Review Memorandum 24, PRM-24)在國務院亞太事務助卿郝爾布魯克指導下終於定稿,認為與中共建交,可改善亞洲安全環境,並達到美國在南韓及東南亞的目標。故建議接受中共斷交、廢約、撤軍三條件,在不損害台灣的安全下,在近期內(in the near future)完成關係正常化。⑫

卡特隨即派范錫於8月訪問北京,告訴中共,美國準備接受三

⑧ Z. Brzezinski, 前揭書,第 199-200 頁,講詞全文見 *China: U.S. Poliy Since 1945* (Washington, D.C : Congressional Quarterly, Inc., 1980), 第 328-30 頁。

⑨ Z. Brzezinski, 前揭書,第 200 頁;R. Ross, *Negotiation Cooperation* (Stanford : Stanford University Press, 1995), 第 94-97 頁。卡特政府對蘇聯升高對抗,批評其人權狀況,以及蘇聯政府對卡特政府愈益不滿之情形參考 A. Dobrynin, *In Confidence* (New York: Times Books, 1995), 第 380-99 頁;P. Tyler, 前揭書,第 240-43 頁。范錫國務卿認為美國與中共固然有若干相同的利益,卻不能彼此視為盟友;美國尤其不應以「打中國牌」來對抗蘇聯,因美國是要解決與中共及與蘇聯間的問題,卻不能介入中蘇共之間的矛盾緊張。見 C. Vance, 前揭書,第 427-28 頁。

⑩ J. Carter, 前揭書,第 189 頁。

⑪ C. Vance, 前揭書,第 76-77 頁;Z. Brzezinski, 前揭書,第 200 頁。

⑫ Brzezinski, 同上註;H. Harding, *A Fragile Relationship* (Washington, D.C. : Brookings Institution, 1992), 第 77 頁;另范錫亦在擬定過程中強調要繼續維持對我軍售。見 J. Holdridge, *Crossing the Divide: An Insider's Account of Normalization of U.S.-China Relations* (N.Y. : Rowman Littlefield Publisher, Inc., 1997), 第 170-71 頁;C. Vance, 前揭書,第 75-78 頁。

條件的立場，當時巴拿馬運河條約（巴拿馬於公元2000年收回運河主權，但維持運河中立地位）正在美國參院討論，由於該案甚為複雜，涉及美國與拉丁美洲的關係，及其他重大美國利益，[13] 副總統孟岱爾（Walter Mondale）遂以內政考慮為由，力勸此行謹慎，以免國會友我議員在運河案上不與卡特合作，卡特依從，便令范錫在訪問大陸時表示美方雖已同意與中共完成正常化，但美國政府人員將在一「非正式安排下」留在台灣，且希中共明示或暗示不對台動武。[14] 中共外長黃華對美方主張表示憤怒，已逐漸取得大權的鄧小平亦堅持原則不容討論，立場不能退卻，美國必須乾脆的接受建交三條件，[15] 以致范錫雖然帶有建交草案，此行中卻未能與中共達成協議。卡特對中共反應頗感意外，在公開演講時也說「我們不能再倉促行動」。[16]

中共隨即邀請共和黨的布希、貝克（James Backer III）以及李潔明（James Lilley）訪問大陸，以對卡特施加壓力。[17] 另一方面，亞太事務助理國務卿郝爾布魯克隨范錫在返美中短暫在台北停留，向中華民國政府表示卡特與中共關係正常化雖是目標，但步調與方式尚未決定；另沈大使在歷經努力之後也終於見到了國務卿范錫。

---

[13] C. Vance, 同上註，第 140-51 頁。

[14] 參考 Finlay Lewis, *Mondale: Protrait of An American Politician* (New York : Harper & Row, Publishers, 1984), Chapter17；當時的國務院計畫助卿雷克（Anthony Lake）曾建議斷交後在台灣設一領事館。見 J. Mann, 前揭書，第 38 頁；范錫此行詳情及談判情形見 C. Vance, 同上註，第 79-83 頁；J. Carter, 前揭書，第 189-92 頁；Z. Brzezinski, 前揭書，第 201-02 頁；謝希德、倪世雄，《曲折的歷程：中美建交廿年》（上海：復旦大學出版社，1999），第 175-76 頁；蘇格，《美國對華政策與台灣問題》（北京：世界知識出版社，1998），第 409-11 頁；另，范錫出訪前曾有 192 位議員在我國聯繫下向卡特表達對中美關係之關切。見「行政院孫院長在立法院報告『美匪建交』經過及我們所採措施與今後努力重點」，中華民國 67 年 12 月 19 日，《1979-1980 中美關係報告》（台北：中央研究院美國文化研究所，1980），第 94 頁。

[15] J. Carter, 前揭書，第 189-92 頁。

[16] 沈劍虹，《使美八年紀要》（台北：聯經公司，1982），第 184-85 頁；另參考 P. Tyler, 前揭書，第 240-46 頁。

[17] J. Mann, 前揭書，第 83-84 頁。

范錫態度禮貌，強調他曾向鄧小平表示，為使關係正常化，雙方均應作一些讓步。⑱

　　1978年初，美國重量級國會參議員甘迺迪（Edward Kennedy, D-Mass.）及克藍斯頓（Alan Cranston, D-CA.）均鼓吹美國應與台灣斷交，與中共建交，顯示美國內部主張犧牲與台北關係以與中共建交者已愈多。⑲ 當時蘇聯藉古巴在非洲的勢力擴張以及在中東影響力的進展使美國十分掛慮。布里辛斯基遂積極努力，與政府其他要員聯繫，他藉由強化對中共關係以對蘇聯行戰略反制之看法遂逐漸獲得了孟岱爾副總統以及布朗（Harold Brown）國防部長的支持。⑳

　　當年春季，中共與越南之衝突日益明顯，而越南在蘇聯支持下積極進行在中南半島擴充勢力，同時，阿富汗發生政變，親蘇勢力掌權，美蘇勢力消長變化迅速。㉑ 4月間，參院批准了巴拿馬運河條約，使卡特政府減少了對內部顧忌，范錫國務卿遂於5月初撰呈備忘錄與卡特，主張在當年（1978）年底前完成關係正常化，接受三條件。他認為台灣的政經實力應能承受斷交打擊，惟主張仍對台作選擇性軍售，並建議布里辛斯基赴北京進行談判。㉒ 范錫雖曾反對與我斷交，但他基本上仍係主張與中共建交者，所以在情勢轉變下，也不得不同意接受中共之條件。㉓ 卡特在權衡輕重後，認為若即時推動與中共關係正常化，在政治上及對蘇關係上均屬有利，遂派布里辛斯基於1978年5月20日訪問北京。㉔ 當時，在蘇聯繼續沿

⑱ 沈劍虹，前揭書，第185-87頁。
⑲ 同上註，第187-97頁。
⑳ Z. Brzezinski, 前揭書，第204-05頁。
㉑ *China: U.S. Policy Since 1945*, 第235-37頁。
㉒ C. Vance, 前揭書，第115頁；J. Holdridge, 前揭書，第131頁；J. Carter, 前揭書，第152-53頁。
㉓ 范錫強調從一開始，完成與中共關係正常化就是他的目標，見C. Vance, 前揭書，第75頁。
㉔ J. Carter, 前揭書，第193-95頁；R. Ross, 前揭書，第5章；Z. Brzezinski, 前揭書，第202-078頁。

大陸邊界部署精銳部隊，並在中南半島擴展勢力之際，美國與中共確均感到需彼此妥協，俾獲取更大之合作以抗蘇。[25]

布里辛斯基於啟程赴北京之前，卡特對渠有明確的指示，表示該行有兩項目的：一是繼續上海公報的商談，強調與中共關係是美國全球政策的中心部分，雙方有共同利益及平行而長程的戰略考慮，美國決心與蘇聯進行有效競爭，這種競爭關係是長期的，而蘇聯的威脅是多面的；二是此行強調美國決心進行關係正常化，接受中共三條件，並重申美方尼克森、福特及布里辛斯基再度建議的五原則，表示美國已下定決心（made up its mind）。美國將片面聲明希望中國人自己和平解決台灣問題，盼中共不要做出與之矛盾的聲明，而美國亦將持續供應台灣防禦性的軍事裝備。此外，在非正式的場合，願與中共探討一項維持與台灣非外交關係的「美國模式」（American Formula），因美國亦需在東亞表現出美國是個可靠的盟友。[26]

在布里辛斯基抵達北京後，中共給予熱烈的歡迎，以致使他日後成為「中國的堅定支持者」（卡特語）。[27] 事實上，當中共發現布里辛斯基此行負有談判正常化的任務，亦證實他有相當之決定權後，便立即由鄧小平副總理與布氏作實質會談。鄧小平再次要布氏澄清何謂「下定決心」，並舉例指出美國對蘇聯太過軟弱，每次與蘇聯達成協議都是美國讓步的結果；關於正常化及台灣問題則主張中共與美國各自表達立場。布氏警告稱，一個不安全的台灣可能會倒向蘇聯。但鄧小平說，由於美國與台灣的經濟關係，此項可能性不大。相對於鄧小平的急切，布里辛斯基感到中共領導人華國鋒反而對建交不感急迫。最後，布氏發現美國可能必須在「獲得中共承諾不對台用武，但須停止對台軍售」及「可對台軍售，但中共不承

---

25　R. Ross, 前揭書，第 121-28 頁。

26　其全文見 Z. Brzezinski, 前揭書，Annex I；另見第 208-11 頁。

27　J. Carter, 前揭書，第 196 頁。

美國對華「一個中國」政策之演變

諾和平解決台灣問題」二者之中作一選擇。㉘

在布氏訪問大陸期間，美方不再堅持在台維持一個領事館之意見，不但如此，布氏並告知，美方可售予中共若干蘇聯未能獲得的軍事科技及軍備，如 Landsat 紅外線掃瞄裝備，自此，美方以間接方式開始秘密支助中共軍力。㉙

卡特認為與中共建交不但可獲得一個抗蘇的伙伴，更可以把中共自第三世界各反美的國家中拉出來，以免提供該等國家武器。㉚當時，美國政府之作為顯示，它雖然標榜人權外交，卻實行雙重標準：僅攻擊蘇聯東歐等國的人權狀況，卻對中國大陸的人權不置一詞。

布氏返美後，卡特於6月20日召開絕密會議，決定開始與中共進行機密建交談判，由伍考克在北京與黃華外長談判（黃華生病住院時由副外長韓念龍代表），在華府則由奧森伯格與郝爾布魯克進行準備，使用白宮通訊設備，由卡特直接透過布里辛斯基指揮。另布里辛斯基在華府亦與中共聯絡辦事處柴澤民主任及韓敘副主任持續接觸。㉛

在台北的中華民國政府對於美國與中共關係之進展，密切注意，並協調一切可能的力量予以防阻，包括促請32個州議會通過友好決議案，對各民間團體、新聞界、工商團體等不斷聯繫，尤其努力協助國會議員、助理等瞭解美國與台北維持外交關係之重要性。

㉘ 同上註，第 209-19 頁；隨同布氏訪問之美方官員專長職責，見 J. Holdridge, 前揭書，第 174 頁。

㉙ J. Mann, 前揭書，第 85-90 頁。另，隨同布氏訪問大陸的國防部副助理部長 Morton Abramowitz 曾向中共簡報蘇聯在中蘇邊界軍事佈屬情形及出示衛星影像，見 *China and the United States: From Hostility to Engagement 1960-1998* (Washington, D.C.: The National Security Archives, 1999), 第 21 頁。

㉚ Carter, 前揭書，第 194-95 頁。

㉛ 同上註，第 197-99 頁；J. Holdridge, 前揭書，第 173-77 頁；C. Vance, 前揭書，第 116-17 頁；Z. Brzezinski, 前揭書，第 222-30 頁；蘇格，前揭書，第 418-23 頁。另布里辛斯基與范錫之矛盾，表現在奧森柏格與郝爾布魯克為了布氏訪問北京後之相關文件而在機場當眾扭打，互不相讓，見 P. Tyler, 前揭書，第 255-56 頁。

㉜ 7 月間，美國參議員杜爾（Bob Dole, R-Kansas）及史東（Richard Stone, D-Fla.）在參議院提出一修正案，聲明「在任何擬議改變將影響到中美共同防禦條約效力的持續時，國會有獲得事先諮商之權」；這修正案經兩院通過（參院投票結果是 94-0），成為 1978 年國際安全援助法的一部分，經卡特簽署後具有拘束力。在修正案討論過程中，杜爾參議員強調該項修正案有兩個目的：一是美政府中三權分立的精神要維持；二是西太平洋未來的安全要確保，而中美共同防禦條約是美國與日本、韓國間在北亞洲安全安排中不可或缺的一部分。惟若干民主黨重要參議員如葛倫（John Glenn, D-Ohio），甘迺迪（Edward Kennedy, D-Mass.）等雖對我持續而忠實地履行條約下之義務加以讚許，卻也不願讓該條約無限期繼續下去。對於杜爾、史東等人之努力及國會的一般友好動作，我外交部發言人隨即表示肯定。㉝ 儘管如此，卡特在後來與中共建交前三小時，才召請數名參眾議員前往白宮，告知將採取行動，但這實在不能稱為事前磋商。㉞ 當時筆者擔任外交部沈昌煥部長的機要秘書，沈部長曾與筆者當面研究美國與我斷交時對條約可能的處理方式，其後並口述乙份中美關係發生變化時之因應計畫，包括政府應採取之各項行動，例如總統發佈緊急命令、我政府在美財產之處理原則、三軍進入備戰狀況等，最後一項為外交部長辭職以負責，囑筆者登錄後即鎖於保險櫃內。10 月間，情勢對台北華府外交關係愈顯不利，美國駐華大使安克志在華府甚至私下告知沈劍虹大使，美方已體認堅持中共保證對台不動武是沒有用的。此一透露對兩國邦

㉜ 詳見行政院孫運璿院長報告，《1979-1980 中美關係報告》，第 94-95 頁。

㉝ *Congressional Record*, July 25, 1978 (Washington, D.C. : Government Printing Office)，第 22558-22589 頁；沈劍虹，前揭書，第 198-99 頁；《外交部聲明及公報彙編》（67 年 7 月至 68 年 6 月）（台北：外交部，1979），第 10-11 頁。

㉞ 卡特在 12 月 13 日召集秘密會議作最後討論時，范錫曾表示應尊重該決議，將斷交決定先行告知國會，副國務卿克里斯多福及亞太事務助卿郝爾布魯克亦支持該看法；但國安會的布里辛斯基及奧森伯格反對，最後卡特支持國安會立場。見 C. Vance, 前揭書，第 118 頁。

交能否維持，當是一個重要的警訊。㉟

　　事實上，美國在與中共談判的過程中，一再希望中共能保證不對台用武，但中共不予同意；美國就堅持台灣前途宜和平解決，卡特亦曾就此點親自向中共駐華府連絡辦事處柴澤民主任強調，並獲取中共同意不在聯合公報中向此點挑戰，反之，美國亦要求保留向台灣出售武器的權利，但中共表示反對，堅持其解放台灣是中國的內政，不容美國干涉。美國隨後於10月間向中共提出了建交草案。㊱

　　中共與美國在1978年底達成建交協議有其國內外的因素。其一，鄧小平掌權：是年11月，中共主席華國鋒召集長達一個多月的中央工作會議討論經濟計畫，但在元老派成功運作下，其權力被架空，鄧小平在該次會議及12月18日至22日舉行的十一屆三中全會中戰勝華國鋒派，取得黨、政、軍實質大權，可在政治、經濟政策上做重大決定；其二，吸納美國經濟：中共當時已決定在十一屆三中全會中結束文化大革命，將正式開始實施「社會主義現代化建設」，㊲需要吸納美國的經濟和技術；其三，平衡蘇聯和越南之夾攻形勢：自從越南在7月份加入蘇聯主導的經濟互助理事會（Council for Economic Mutual Assistance）後，11月4日，更與蘇聯簽訂友誼及合作條約，其後蘇聯進駐南越金蘭灣，越南入侵高棉。中共為避免在南北均被蘇聯勢力包圍，遂準備進攻越南，而在戰略上有進一步發展對美關係的需要。㊳

　　建交談判中最困難的售台武器問題到了12月13日才正式提

㉟ 沈劍虹，前揭書，第 193 頁。

㊱ 雙方談判情形參考 Z. Brzezinski, 前揭書，第 228-31 頁；J. Holdridge, 前揭書，第 174-78 頁；及蘇格，前揭書，引用韓念龍主編《當代中國外交》，第 419-21 頁。

㊲ 中共十一屆三中全會的政治背景、概況及重要決議，包括為 1976 年的「天安門事件」平反，正式為鄧小平及彭德懷、陶鑄、薄一波、楊尚昆平反，及改變經濟管理體制，加快發展農業等事項，見《1979 中共年報》（台北：中共研究雜誌社，1979），三之 1-三之 14 頁；陳永發，《中國共產革命七十年》，下冊（台北：聯經出版社，1998），第 871-72 頁；李大維，《台灣關係法立法過程—美國總統與國會間之制衡》（台北：洞察出版社，1988），第 19-21 頁。

㊳ J. Holdridge, 前揭書，第 182-85 頁；P. Tyler, 前揭書，第 255-67 頁。

出，中共方面由鄧小平親自參與。鄧在12月14日和15日會見伍考克；雖表示在兩國建交後，如美國續售台武器，將會對中國以和平方式解決台灣回歸祖國的問題設置障礙，但仍主張「按原計畫進行」建交。這也就是說，中共讓步，願先建交，雙方先擱置售武問題，以後再解決。同時，鄧小平亦接受卡特邀請願意訪美，於是雙方達成了協議。㉟

華府時間12月15日上午9時，美國與中共發表建交公報，㊵宣佈：

1. 兩國將在1979年1月1日起建交；

2. 美國承認中華人民共和國政府為中國唯一合法的政府，在此範圍內，美國人民將同台灣人民保持文化、商務和其他非官方關係；

3. 美國政府「承認」（acknowledged）（按，台灣版譯作「認知」，惟公報作準文字則譯成「承認」）中國的立場，即只有一個中國，台灣是中國的一部分；

4. 雙方認為中美關係正常化不僅符合中國人民和美國人民的利益，而且有助於亞洲和世界的和平事業。

美國與中共並分別發表聲明。美國宣佈將終止與我締結之共同

---

㉟ 謝希德，倪世雄，《曲折的歷程：中美建交廿年》（上海：復旦大學出版社，1999），第2-3頁；J. Carter, 前揭書，第197-98頁；Z. Brzezinski, 前揭書，第229-31頁；Richard Bush, "Helping the Republic of China to Defend Itself," in Ramon Myers ed., *A Unique Relationship: The United States and the Republic of China under the Taiwan Relations Act* (Stanford：Hoover Institution Press, 1989), 第80-83頁。當時范錫正在中東訪問，卡特電話告知將於15日提前宣佈，而並非照范錫在是年春所建議於年底再宣佈時，范錫至為震驚，乃趕回華府，對布里辛斯基之作風頗有微詞。見 C. Vance, 前揭書，第118-19頁；另參考 P. Tyler, 同上註，第267-71頁。

㊵ 公報及聲明全文見本書附錄四。聯合公報文件本身並未宣示何種文字為正本，何為譯本，美國與中共雖均以英文發表內容相同之聯合公報，但美國並未正式發表中文公報，似藉此方式表達對「台灣地位」問題之立場。參考黃剛，《文獻析述：中華民國／台灣與美國間關係運作之建制（1979-1999）》（台北：政治大學國研中心，2000），第5-8頁。

防禦條約，依條約規定於通知一年後失效；保證繼續關心台灣問題的和平解決，並特別注意確保美國與中華人民共和國的關係正常化不損害台灣人民的福祉。中共則重申「解決台灣回歸祖國，完成國家統一」的方式，完全是中國的內政。

美國與中共的建交公報較諸上海公報更進一步。在上海公報中，美國對「台海兩邊都認為只有一個中國，台灣是中國一部分」不提出異議；在建交公報中，不僅承認中共是唯一合法政府，並「承認」中共的立場，即「只有一個中國，台灣是中國一部分」。關於反霸原則，上海公報僅將之適用於亞太地區，建交公報則擴大到全球範圍。

美「中」關係正常化對蘇聯是一大衝擊，因此，當布里辛斯基召見蘇聯駐美大使杜布里寧（Anatoly Dobrynin），告知美國與中共將於數小時後建交時，杜氏極為驚愕，臉色立刻發白，一時之間說不出話來，[41] 由於美國原計畫由范錫領隊即將赴蘇與蘇聯進行限武談判，及安排蘇聯元首布里茲涅夫與卡特於一個月後舉行高峰會，華府突然與北京建交，顯示有意暫不會與蘇聯之談判達成協議，也使美蘇高峰會因鄧小平行將訪美而延期。布里茲涅夫隨即致函卡特，請他制止西方國家出售武器予中共。[42]

卡特對待我國這個友邦當事國竟也是在7小時前才令駐華大使安克志，經由新聞局宋楚瑜副局長在半夜兩點半通知蔣經國總統。蔣總統告知安克志，美國此舉大錯，我政府才真正代表中國，有朝一日仍要統治大陸。[43] 稍後卡特專電致蔣經國，重申美國為維持台灣居民之和平、繁榮及福祉而建立一個新的安排，並隨時準備作充分之合作。[44] 當夜，蔣經國總統即在官邸召集行政院孫運璿院長、

---

[41] Z. Brzezinski, 前揭書，第 232 頁。但杜氏之回憶錄中對此事並無記載。

[42] J. Mann, 前揭書，第 92 頁；J. Carter, 前揭書，第 201 頁；C. Vance, 前揭書，第 120 頁。

[43] J. Mann, 同上註，第 94 頁；J. Holdridge, 前揭書，第 191 頁。

[44] 《外交部聲明及公報彙編》（67 年 7 月至 68 年 6 月），第 33-34 頁。

外交部沈昌煥部長、次長錢復、中央黨部張寶樹秘書長、參謀總長宋長志上將等舉行會議，討論項目即根據筆者數月前奉命所登錄的因應計畫，逐項徵詢與會人士意見；另決定發佈緊急命令，停止次週的立委選舉，外交部沈昌煥部長隨即辭職以示負責。孫運璿院長亦激動表示願辭職，為蔣經國慰留。[45]

16日，蔣經國總統發表聲明，嚴厲譴責美國政府數年來一再重申其對我維持外交關係並遵守條約承諾之保證，而今竟背信毀約，今後將難以取信於任何自由國家。美國與中共進行關係正常化，非但未能保障亞洲自由國家之安全，反而鼓勵共黨侵略活動，加速中南半島之赤化，故政府將盡其在我，盼全國同胞與政府通力合作，團結奮鬥，共度此一難關，中華民國不與共產主義妥協之立場絕不變更。[46]

我國人立即自動自發捐獻救國，後來政府利用所有的獻金購買了 F-5E 戰機，成立一個中隊，稱為自強中隊。[47]

卡特不但無愧疚之情（季辛吉都曾說這將是一痛苦之決定），反自認為此舉業已獲得國內外喝采，並把功勞歸之於布里辛斯基，[48]但因其國內對於美國對台北背信忘義有甚多反應，美國會亦極表不滿，他遂派副國務卿克里斯多福（Warren Christopher）率團來華談判今後與台關係的安排，以應付國內聲浪。該團在松山機場即聽到外交部錢復次長的強烈聲明，強調我將為全中國人民之自由、民

---

[45] 筆者隨同沈昌煥部長赴七海官邸，在會議期間坐於附近聽到整個過程，同時在座者有宋楚瑜和周應龍兩位先生，清晨會議結束，見到蔣總統神態安靜，並無任何激動、憤怒、緊張的表情。

[46] 我方聲明及英譯文見本書附錄。相關情形參考陶涵（Jay Taylor）著，林添貴譯，《蔣經國傳》（台北：時報文化，2000），第 368-73 頁。

[47] 自中（共）美建交後，我海內外同胞熱烈捐輸，捐助國防基金達 20 餘億元，政府為使全國同胞所捐基金能作最有效用途，特由辜振甫先生等人擔任董事，組成「國防工業發展基金會」。相關報導見《中央日報》，民國 68 年 2 月 13 日，10 版。蔣經國總統於 1979 年 10 月 10 日接受獻機致謝，英譯文見 Chiang Ching-Kuo, *Perspectives: Selected Statements of President Chiang Ching-Kuo, 1978-1983* (Taipei : Government Information Office, 1984), 第 80-81 頁。

[48] J. Carter, 前揭書，第 200-01 頁；Z. Brzezinski, 前揭書，第 232-33 頁。

美國對華「一個中國」政策之演變

主、繁榮而奮鬥不懈，而美國如何確保西太平洋之安定與和平，必須澄清。⁴⁹ 在駛往圓山飯店路上，示威人潮洶湧，小有意外。⁵⁰ 其後該團兩度晉謁蔣總統，並會晤行政院院長孫運璿，另與外交部部長蔣彥士及相關官員作三次會談。⁵¹ 蔣經國對克氏等人指出，兩國未來關係應以五項原則：持續不斷、事實基礎、安全保障、妥訂法律及以政府關係為依據，⁵² 我方乃據此向美方力爭。中美談判之美方團員尚有太平洋美軍司令魏斯納上將（General Maurice Weisner）、國務院法律部主任韓瑟（Herbert Hansell）、副助卿蘇理文（Roger Sullivan）、國防部副助理部長阿馬柯斯特（Michael Armacost）、美駐華大使安克志及其他官員共16人，我方官員則除蔣彥士部長外，另有參謀總長宋長志、外交部次長錢復、顧問蔡維屏、經濟部次長汪彝定、研考會主委魏鏞、新聞局副局長宋楚瑜、國防部次長葛敦華、交通部次長朱登皋、外交部北美司長王孟顯、情報司長金樹基、條約司長錢愛虔、專門委員章孝嚴、專門委員王愷及筆者（時任外交部簡任秘書）等共15人。會議中蔣彥士提出我對本地區安全和平之貢獻，兩國間59種協定之安排等基本立場，美方則一再強調要成立一非官方機構處理兩國民間事宜，但對我方義正嚴辭的詰問多無法自圓其說。⁵³ 後來卡特認為此次會談並無成果（unproductive）。⁵⁴

---

⁴⁹ 全文見外交部中華民國67年12月27日新聞稿，《外交部聲明及公報彙編》（67年7月至68年6月），第36-38頁。

⁵⁰ 相關照片見《外交風雲》，第234-39頁及《台灣：戰後50年》，第300-01頁；北市警察局局長胡務熙事後告知筆者，渠全力動員警察保護外賓，但仍免不了發生安克志禮車車窗破裂，克里斯多福受割傷事情，胡局長自身亦遭番茄擊中。另Mann氏於1990年代訪問克里斯多福曾面談此事。見J. Mann, 前揭書，第95頁；何志立對有關情形亦有記載，並誣指該項示威是我政府策動，且將該團抵達日期亦誤植為1979年1月1日以後，見J. Holdridge, 前揭書，第191-92頁。

⁵¹ 《外交部聲明及公報彙編》（67年7月至68年6月），第39-40頁。

⁵² 詳見沈劍虹，前揭書，第225-26頁。

⁵³ 我團中章孝嚴、王愷及作者三人負責會議的記錄，雙方代表全名及蔣部長致詞全文，見外交部相關新聞稿，《外交部聲明及公報彙編》（67年7月至68年6月），第38-40頁。

⁵⁴ J. Carter, 前揭書，第201頁。

但我國迅速把在美資產如雙橡園及使館館產移轉，開放民股，改「中國國際銀行」為「中國國際商業銀行」，俾免讓中共染指，我政府另派外交部政務次長楊西崑以總統私人代表名義前往華府協助辦理過渡時期事務，並與美方折衝，希望能保留中美關係的若干官方形式，美方的主談人則為副助理國務卿蘇理文（Roger Sullivan）。[55]

## 二、制定「台灣關係法」並全面加強對中共關係

美國與中共的建交公報及卡特政府的聲明表明美國政府已事實上接受了斷交、廢約、撤軍三條件，因此，自1979年元旦起，對美國政府而言，由於與中華民國已無外交關係，美國只與「台灣人民」在「非官方」基礎上維持商業、文化及其他關係。為此，卡特除於1978年12月30日致美政府各部門一「與台灣人民關係」（Relations with the People on Taiwan）備忘錄，指定維持與我方之文化經濟關係之原則外，美行政部門並於元月26日向國會提出一項綜合法案，表示在外交情勢已變動的情況下，美國國內法仍適用於「台灣人民」，並且規定美國與「台灣人民」之間各項法案與來往將繼續有效，而另外成立一民間組織來維持上述關係。[56]

---

[55] 參考美方談判官員費浩偉（Harvey Feldman）之回憶，Harvey Feldman, "A New Kind of Relationship: Ten Years of the Taiwan Relations Act," in Ramon H. Myers, ed., 前揭書，第32頁；沈劍虹，前揭書，第216-17頁；楊西崑次長於12月31日在華府雙橡園舉行降旗儀式，致詞全文見外交部新聞稿，《外交部聲明及公報彙編》（67年7月至68年6月），第40-42頁。

[56] 卡特致政府各部門之備忘錄全文見 *The Department of State Bulletin*, Vol. 79, No. 2023, February, 1979, 第 24 頁；另參考參議員甘迺迪（Edward Kennedy, D-Mass.）、克蘭斯頓（Alan Cranston, D-Calif.）及眾議員扎布羅奇（Clement Zablocki, D-Wisconsin）在介紹台灣關係法時之聲明，Lester Wolff and David Simon ed., *A Legislative History of the Taiwan Relations Act with Supplement: An Analytic Compilation with Documents on Subsequent Developments* (New York : Touro College, 1998), 第 1-8 頁；美國行政部門致送國會之綜合性法案原稿（S. 245）（英文）見李大維，前揭書，第 281-88 頁；另參考 C. Vance, 前揭書，第 77-79 頁。

由於該項草案過於草率，加以美國會對卡特政府在與中共建交過程中過份秘密行事，且獨斷廢除與台灣條約未如國會法案要求先與國會磋商，大為不滿，又因卡特版法案未就台灣的安全加以考慮，因此參院於1979年初復會後，便在參議院外委會主席邱池（Frank Church, D-Idaho）領導下，經由委員會的聽證、協商、修正、草擬了一份修正案：S-245，以規範與台灣關係之處理；於3月1日在外委會隨同1979年96屆國會第一會期第96-7號（96-7, 96th Cong., lst Sess. 1979）參院報告提出；眾院在外委會主席札布羅奇（Clement Zablocki D-Ill）領導下，亦歷經聽證、修正等程序，草擬一項對台關係之2479號法案（House Bill H. R. 2479），在3月3日自眾院外委會，隨同1979年96屆國會第一會期第96-26號（96-26, 96th Cong., lst Sess. 1979）眾院報告提出，兩案分別於3月13日及14日在院會通過後，再組成兩院聯席會議，將法案合併，成為1979年96屆國會第一會期眾院聯合會議報告96-71（House Conf. Report No. 96-71, 96 th Cong., lst Sess. 1979）。本法案主要參與人在眾議院是以下諸眾議員：札布羅齊（Zablocki）、法賽爾（Fascell）、伍爾夫（Wolff）、麥卡（Mica）、何爾（Hall）、布魯斐德（Broomfield）、德文斯基（Derwinski）、及芬利（Findley）；在參議院是以下諸參議員：邱池（Church）、培爾（Pell）、葛倫（Glenn）、拜登（Biden）、史東（Stone）、賈維茲（Javits）、斐西（Percy）及赫姆斯（Helms）；在彼等之推動下法案分別經由眾、參兩院於3月28及29日通過。⑤ 卡特在該法案在國會辯論時，曾特別致函范錫，指示不得抵觸渠對中共的承諾，否則將予以否決，⑧ 其後終於在4月10日簽署使該法成為「台灣關係法」

---

⑤ 台灣關係法的制法歷史，尤其各議員的辯論意見，可參考當時眾院外委會亞太小組主席伍爾夫（Lester Wolff, D-N.Y.）所參與編著的書 L. Wolff and D. Simon, 前揭書，第1-286頁；以及李大維，前揭書，第五章至第十章。

⑧ J. Carter, 前揭書，第210-11頁。卡特在其回憶錄中並不隱瞞渠對友我人士之對立心態。

（Taiwan Relations Act）。[59]

「台灣關係法」共十八條，其中最重要的是：第二條第四款「任何以非和平方式包括抵制或禁運來決定台灣前途的任何努力是對西太平洋地區的和平和安全的威脅，並為美國嚴重關切之事」；第五款「以防衛性武器供應台灣」；第三條甲款美國「將供應台灣必要數量之防禦軍資（defense articles）與服務（defense services），俾使台灣維持足夠的自衛能力」；乙款總統與國會應依照法定程序，並完全根據其對台灣之需要所作之判斷，決定此種防衛軍資與服務之性質及數量」；丙款規定「總統與國會應依照憲法程序，決定美國對付任何此類危險，而採取之適當行動」。第四條「凡當美國法律提及或涉及外國的其他民族，國家政府或類似實體時，上述詞語含意中應包括台灣，此類法律亦應適用於台灣。」及第六條設立美國在台協會以執行雙方關係事項。[60]

6月22日，卡特總統下令執行台灣關係法以維持美國與台灣人民間的商業文化及其他關係。[61]

在國會討論台灣關係法時，我政府由楊西崑次長率領之談判官員也於12月底至1979年2月在華府與美官員會談。我方重視實質問題如簽證、銀行業務等之處理，以及形式安排，希能將雙方關係賦予官方涵義，因此曾提出設立官方性質之聯絡辦事處等，但美方只注重實質問題之討論，對形式安排只接受較「日本模式」稍作改良。在談判過程中，若干我方提議而美方不接受之論點，竟因國會

[59] Public Law 96-8, 93 Stat.14, the Taiwan Relations Act, 全文及中譯文見本書附錄五。

[60] 安全條款中關於美國可能行動之字句是有意地模糊，但也與卡特政府對關係正常化的作法相合。其分析參考 Richard Bush, "Helping the Republic of China Defend Itself," in Ramon Myers ed., 前揭書，第 83-86 頁。另台灣關係法對待我國為一國家及我統治機構為一政府的法律分析參考 Steven Kuan-tsyh Yu, "Republic of China's International Legal Status as Exemplified by the Taiwan Relations Act," in Yu San Wang ed., *The China Question* (New York : Praeger Special Studies, 1985), 第 53-71 頁。

[61] Presidential Executive Order 12143: "Maintaining Unofficial Relations with the People on Taiwan." 全文見 L. Wolff and D. Simon, 前揭書，第 356-63 頁。

友人列入台灣關係法中而獲得解決（例如我駐美人員外交特權問題）。雙方經周折談判之後，達成四項協議：1. 美國將繼續售我防禦性武器；2. 雙方同意建立新的機構，協調各項關係，我方成立的是北美事務協調委員會（Coordination Council for North American Affairs, CCNAA，於1979年2月23日成立），美方成立的是美國在台協會（American Institute in Taiwan, AIT, 於1979年元月15日在哥倫比亞特區登記成立）；3. 雙方業已存在的條約和協議，除了共同防禦條約外，全部有效；4. 雙方新機構及其人員將被賦予行使職能的必要特權與豁免權。[62]

關於我駐美各館，在斷交前除了大使館外共有11個總領事館，分別在紐約、波士頓、亞特蘭大、休士頓、芝加哥、堪薩斯、西雅圖、舊金山、洛杉磯、加里西哥及檀香山；另有3個領事館分別在波特蘭、關島及美屬薩摩亞，在1979年元月至2月，美國國務院在與我方楊西崑次長談判時，堅持台北除華盛頓外，只能設立8個辦事處，結果不得不關閉了波士頓、加里西哥、堪薩斯的總領事館及3個領事館。但依據「台灣關係法」，我方可以恢復設館。[63]

儘管范錫國務卿在其回憶錄中表示美國不能再視我為一「另一個中國」，[64]但亦有國際法學者認為，美國雖然撤銷對中華民國之承認，並且廢除與其共同防禦條約，但依台灣關係法第四條(a)(b)規定，使得美國仍然視台灣的統治機構為一事實上政府。[65]

美國雖然制定了台灣關係法，但1979年時其行政部門在處理與

[62] 見外交部編，《外交報告書：外交關係與外交行政》（台北：外交部，1992年12月），第173-74頁；Yu-ming Shaw ed., *ROC-US Relations: A Decade after the "Shanghai Communique"*, (Taipei: Asian and World Institute, 1983)，第11-31頁；「北美事務協調委員會」及「美國在台協會」之成立及地位、功能以及1996年以前之負責人姓名、任期等，見劉達人，《劉達人先生訪談錄》（台北：國史館，1997），第471-83頁，及前述費浩偉之詳細說明，R. Myers, 前揭書，第32-42頁。

[63] 沈劍虹，前揭書，第236-37頁。

[64] C. Vance, 前揭書，第427頁。

[65] Gerhard von Glahn, *Law among Nations*, 7th ed. (Boston : Allyn and Bacon , 1996), 第85頁。

台灣有關事項時，卻只強調「非官方」性質，對每一案均個案處理，而無一貫的政策，致使中美實質關係的推展受到相當妨礙。我駐美大使館改為北美事務協調委員會駐美代表處，遷到馬利蘭州一舊建築物中，且我駐美人員在卡特任期內均只能與國會及民間聯繫。

但中共對於「台灣關係法」的產生卻至感不滿，在國會審議及卡特簽署前後均一再警告，認為美國在台灣問題上倒退了。外長黃華向美方表示，該法「在某種程度上保持了美蔣共同防禦條約，繼續干涉中國內政」；鄧小平更指出「這個法案損害了中美關係正常化的政治基礎」，「嚴重違背中美建交原則」，希望美國能正視這個問題。⑯

儘管如此，美國與中共建交之後，隨即積極擴展雙方各項關係。1979年元月28日至2月5日，鄧小平率領副總理方毅、外長黃華等正式訪美，除華府外並參觀了亞特蘭大、休士頓和西雅圖三個城市，進行廣泛的接觸，並與美方簽署了科技合作協定、文化協定及教育、農業、空間方面合作諒解的換文，以及在高能物理方面合作的協議和建立領事關係，設立總領事館的協議。由於鄧氏在1978年底中共十一屆三中全會上政治鬥爭勝利，完全架空了黨主席、軍委主席和國務院總理華國鋒，在實質上而非名份上成為中共最高負責人，所以他儼然以領導人姿態往訪。⑰鄧在華府與卡特會談時，表達與美國的共同利益，認為蘇聯最終會發動戰爭，故願與美國及印度聯合圍堵蘇聯。又表示中共不會向北韓施壓，卻希望同沙烏地改善關係；明告美國行將懲罰越南；並希望美日兩國能促使台灣與

⑯ 謝希德、倪世雄，前揭書，第 177-78, 193 頁；Ralph Clough, "The People's Republic of China and the Taiwan Relations Act," in R. Myers ed., 前揭書，第 124-25 頁。

⑰ 《1980 中共年報》（台北：中共研究雜誌社，1980），二之 270 頁；陳永發，前揭書，第 871-72 頁；竇暉，《中華人民共和國對外關係概述》，第 110-11 頁；China and the United States, 前揭書，Documents 00451, 00452, 00453, 00454, 00455, 00456, 1979 年 1 月 31 日；J. Holdridge, 前揭書，第 175-77 頁。

中共談判，指稱只有當台灣長期拒絕談判或蘇聯勢力進入台灣時，中共才會不用和平方式解決台灣問題。[68] 在國會演説中，鄧小平不再説「解放台灣」，惟盼在尊重台灣的現實下，加快台灣回歸祖國的速度。[69]

由於卡特等人未對中共侵越事表示強烈反應，鄧小平返國後即於2月17日起，對越南採取懲罰性軍事行動，美國當時除警告蘇聯勿要介入外，基本認為若河內政權發生生存危機時，蘇聯才會出兵援越。布里辛斯基並於每天晚上提供蘇聯軍事情報予中共大使柴澤民，直至三週後中共撤軍為止。[70] 中共懲越一事蘇聯懷疑完全是美國在背後支持的結果，布里茲涅夫並為此用熱線向卡特提不滿，結果一方面影響了美國與蘇聯的關係，一方面迫使越南更加與蘇聯合作，使蘇聯首次獲准使用金蘭灣基地，租借期25年，並得以在該基地附近構建一電偵情報基地，能偵測到南海、華南及西太平洋各地活動。[71] 所以該項軍事行動反而在戰略態勢上為中共南邊帶來更大的威脅。

1979年8月，卡特派其副總統孟岱爾訪問北京以增進與中共關係，中共為示友好，邀請孟氏向北京大學師生演講時，竟破例以電視和收音機向全國轉播，令美方至感欣喜。[72] 當年12月，蘇聯派軍進入阿富汗以支持阿國親蘇之人民民主黨（People's Democratic Par-

---

[68] 見卡特1月30日之日記，載於 J. Carter, 前揭書，第202-11頁。

[69] 蘇格，前揭書，第430頁；J. Holdridge, 前揭書，第185-87頁。當鄧小平訪問亞特蘭大時，前國務卿魯斯克問他：「中國到底想從美國取得什麼？」鄧乾脆地答稱：「你們的科技」。見 D. Rusk, 前揭書，第291頁。

[70] Z. Brzezinski, 前揭書，第408-14頁；C. Vance , 前揭書，第120頁；另見中央情報局局長蓋茲之回憶錄：Robert Gates, *From the Shadows* (New York：Simon D Schuster, 1997), 第119-22頁。

[71] Gates, 同上註，第122頁；A. Dobrynin, 前揭書，第423-24頁；P. Tyler, 前揭書，第279-82頁。

[72] F. Lewis, 前揭書，第229頁；另參考 Z. Brzezinski, "Preparations for Vice President Mondate's Visit to the People's Republic of China," *China and the United States*, 前揭書，Document 00466, 1979年7月21日。

ty of Afghanistan）政府，對抗美國支持之阿富汗反抗軍；中共除與美國合作介入協助阿富汗反抗軍外，[73]亦與美方開始加強戰略合作，雙方軍事首長互訪，兩國軍方開始了醫療、後勤、軍事院校間校際交流，互派武官，美方售予北京軍品包括防空雷達，電子抗干擾裝備等。另值得注意的是兩國進一步加強軍事情報交流：美國在新疆奇台和庫爾勒建立了監測蘇聯核武器和導彈試驗的監測站，以替代原本設在伊朗的監測站，由美方提供設備，中共技術人員操作，情報則由雙方共享；這是美方在1978和1979年提出但遭擱置的具體計畫，中共反在1980年主動提出，鄧小平認為這是一個重大決定。[74]

美國專家在國防部次長（undersecretary）裴利（William Perry）領導下，在中共劉華清等人陪同參觀戈壁灘的飛彈發射站及激光工廠等設備後，認為此等裝備甚為落伍，而中共官員亦表示不要擔心該等裝備會威脅到台灣，於是美方建議提升援助。[75]換言之，卡特政府在布里辛斯基的推動下，確實在戰略合作中傾向支持中共。[76]

在商務關係方面，卡特為加強雙方經貿財物關係，特別與中共設立了經濟及財政兩個聯合委員會，發揮了大功效。[77]美國與中共貿易關係，從在1972年尼克森解除貿易禁令後那一年起，貿易額為1,228萬美元，以後逐年增長，1978年中共開始改革開放，及至與

---

[73] Gates, 前揭書，第 146, 174 頁；蘇聯入侵阿富汗之背景見 A. Dobrynin, 前揭書，第 439-54 頁；美蘇在阿富汗鬥爭背景經過相關文件參考 *Afghanistan: The Making of U.S. Policy, 1973-1990*, Digital National Security Archive, website at http://38.202.78.21/afintro.htm.

[74] Gates, 同上註，第 123 頁；另參考美國防部長 Harold Brown 於 1980 年 1 月訪問北京各項相關文件，*China and the United States: From Hostility to Engagement*, 前揭書，Documents 00477 至 00494, 1980 年 1 月。

[75] J. Mann, 前揭書，第 112-13 頁；Ashton B. Carter and William J. Perry, *Preventive Defense : A New Security Strategy for America* (Wash. D.C. : Brookings Institution Press, 1999), 第 93 頁。

[76] Z. Brzezinski, 前揭書，第 419-25 頁；美方對中蘇共發生戰爭之可能、是否需要向中共提供軍備及中共核武十年內發展之評估見 *China and the United States*, 前揭書，Documents 00532, 1980 年 6 月 15 日；00533, 1980 年 8 月 27 日；00538, 1980 年 12 月 12 日；00541, 1981 年 2 月 10 日。

[77] J. Holdridge, 前揭書，第 195-96 頁。

美國建交後，在雙方努力下，貿易額迅速上升，到1981年卡特下台止，短短三年，即從9億9千萬美元升至58億8千萬美元，當時美國與中共貿易增長之迅速，乃中共所有貿易伙伴國中速度最快者。[78]1980年2月「中」美貿易關係協定生效，雙方互相給予對方最惠國待遇，對貿易增進發展提供了很大助力。[79]

此外，中共與美國陸續在科技文化，教育方面簽訂協定，合作範圍進展甚廣，包括教育、農業、空間技術、科技情報，高能物理、計量、工業科技管理、海洋、衛星地震、大氣、水電、環保、城市規劃、核物理、核安全、核聚變、交通運輸、石化、電信、航空、鐵路、空間技術、測繪等部門，而且大陸的學人學生也開始大量湧入美國。[80]

由於美國與中共關係之增進，當卡特敗選後，還在1981年初與雷根（Ronald Reagan）交接之前特別向雷根強調中共之重要性，俾免雷根改採對我更重視之對華政策，卡特之幕僚亦向雷根的副總統布希（George Bush）以降作同樣的勸說工作。[81]

## 三、中華民國政府對美工作的困難

在美國對中華民國台灣的政策方面，美國會雖已制定了台灣關係法，但其執行仍靠行政單位，而在卡特政府乏前例可循而又忙於加強與中共關係之情形下，對與我國「非官方」（unofficial）關係常作最嚴格的解釋，以致造成我方不少困難。中美之間重要議題，包括美國對我軍售之繼續及我駐美代表與美方政治中心重建聯繫等，均處在不確定之狀況下。我方所派首任駐美代表夏功權於1979年

---

[78] 胡涵鈞，〈中美貿易（1972-1995）〉，陶文釗、梁碧瑩，《美國與近現代中國》（北京：中國社會科學出版社，1996），第 261-71 頁。

[79] 參考"U.S.-China Agreements, Remarks by Rresident Carter and Vice Premier Bo Yibo," *China and the United States*, 前揭書，Document 00536, 1980 年 9 月 17 日；蘇格，前揭書，第 434-40 頁。

[80] 蘇格，同上註，第 441-42 頁。

[81] J. Carter, 前揭書，第 577, 588 頁。

5月抵任後，連見國務院助理國務卿郝爾布魯克（John Holbrook）都是經由友我參議員施壓，費時四週後方才能夠如願。[82] 為了確定我駐美單位之定位，代表處乃設法與美簽訂「北美事務協調委員會及美國在台協會特權及豁免權協定」，以確保我國在美權益，其中給予雙方人員之特權與豁免權略遜於各國大使館與外交人員，但比國際機構為優；另為繼續與美之間的航線，乃續簽航空協定，俾接替1946年所簽包括了上海和廣州的中美航空協定。[83]

在軍售方面，1980年1月1日，中美協防條約正式廢止，美國乃依據「台灣關係法」恢復武器供售，並在元月3日宣佈一筆值2億8千萬美元的軍售，包括改良式鷹式防空飛彈，但我所期望美國提供的主要項目包括反潛設備及影響我制空權的新型戰機如F-16等，儘管有美國參議員聯名致函卡特總統，美政府仍予拖延；其中關於戰機方面，卡特曾考慮售我較F-16次一級之FX戰機（experimental fighter），但後來仍決定在1980至1983年之間繼續讓台北與諾斯羅普（Nonthrop）公司合作生產F-5E戰機。[84]

卡特政府在與中華民國斷交之後的兩年間（1979-1980）實質上可說是採取一種臨時性的、特別的政策（ad hoc policy），[85] 除強調「非官方」外，並無一定的作法與目標，使我對美工作不得不在斷交的震驚後逐漸摸索加強。我駐美人員心理壓力頗重，其電話亦多遭美方監聽。[86]

---

[82] 夏功權，《夏功權先生訪談錄》（台北：國史館，1995），第135-38頁。

[83] 同上註，第138-41頁；《1980-1981中美關係報告》（台北：中央研究院美國文化研究所，1981），第1-3頁。

[84] 參考《1979-1980 中美關係報告》（台北：中央研究院美國文化研究所，1980），第1-10頁；《1981-1983中美關係報告》，第2頁。

[85] 卡特政府對台灣之安全政策相關文件見China and the United States，前揭書，Document 00459, 1979年3月30日，惟其中主要內容仍未解密。另參考Ho, Szu-yin, "The Republic of China's Policy Toward the United States, 1979-1989," in Y. S. Wang ed., Foreign Policy of the Republic of China on Taiwan, (以下簡寫為 F. P. of ROC) 第30-31頁。

[86] 夏功權，前揭書，第157頁。

第二任代表蔡維屏於1980年抵任前,雙方來往稍為制度化,但直到錢復代表於1983年元月5日抵任後,兩國關係才開始成長。[87]

由於美國對中共開展關係的過程中常損及我方利益,而我方在經濟成長及軍品取得上過度依靠美方,以致在對美交涉中甚少籌碼;再加我自從退出聯合國後,亦退出其他主要政府間之國際組織,使我在對美工作開展之基本形勢上受到限制。此等劣勢在卡特改變對華政策後尤其明顯。[88]

## 四、小　結

卡特總統在職時期,蘇聯勢力持續成長,而東南亞越南勢力上昇,主導印支三邦,亦顯示蘇聯影響力之擴大。卡特本人及布里辛斯基領導的國安會逐漸認定,加強對蘇聯關係及增進美蘇瞭解固然是根本之道,但為減低蘇聯在歐洲、中亞、阿富汗及世界其他地區之影響,在亞洲地區聯絡中共,以中共制蘇當可收事半功倍之效。卡特及其主要外交決策者除范錫外,與我關係均較淺,對我了解不足,故當文化大革命結束,四人幫被捕,中共決定改變對外政策,加強對美關係之後,卡特乃決定完成福特政府未能完成之工作,接受中共所提之建交、廢約、撤軍三條件,進行與中共關係之正常化;對於雙方意見最相左的售台武器議題則同意建交後再談。

卡特在進行與中共建交談判之過程中,由於嚴格採取秘密手段而未遇到太大的障礙,此一作法本身卻激起國會之反彈。一方面國會人士對我國瞭解者較多,對卡特背信忘義,負我之舉甚感歉疚,一方面,國會人士也要爭取在外交政策制定中之地位,於是乃大幅修正了行政單位所提出史無前例的台灣關係法。

在卡特政府的前一半任期中,依據國際法,美國政府承認的

---

[87] 北美事務協調委員會駐美代表處工作的實務困難,參考 H. Feldman 所言,Y. S. Wang ed., *Foreign Policy of the Republic of China*, 第 33-40 頁。

[88] S. Y. Ho, 同上註,第 34-39 頁。

「一個中國」首都在台北。在渠與台北斷交後，雖然「中國」不再指我國，而指北京政府，但由於台灣關係法的成立，美國在對台事務的處理上仍如同對一外國政府，而根據該法所設立的北美事務協調委員會駐華府代表處和美國在台協會駐台北辦事處實質上亦繼續執行大使館的功能。中共對於此一台灣關係法十分不滿，但因它開始「四個現代化」建設，需要外來資金技術，而在外在形勢上亦受到蘇聯、越南勢力之壓迫，而需要美國聲援，故而未能就本案持續加強對美鬥爭。

卡特政府在與中共建交後之兩年內致力全面加強與中共之關係，但在對與我關係之處理上，在執行「台灣關係法」的過程中，限於對所謂「非官方」關係作最嚴格的解釋，致造成我駐外人員工作上之不少困難。

## 第五章

# 雷根政府時代（1981－1989）

## ——美國與中共簽訂八一七公報並加強與兩岸關係

在卡特政府後期，伊朗的柯梅尼（Ayatollah Ali Khomeni）推翻王室，逐出美國勢力，美國駐德黑蘭大使館人員復成為人質長達十四個月方才解決，使美國威望大損。在蘇聯出兵阿富汗後，美國停止批准第二階段的限武條約，致對蘇關係亦復倒退；至於美國內則通貨膨脹，經濟停滯不前。此等國內外的不順遂，均係卡特敗選之原因。[1] 1981年，雷根入主白宮後，便以強化軍事力量、增進盟邦信心、重振國威為目標，致力於以實力求和平；對內以減少政府開支，推行三階段減稅措施等提振經濟，對外是俟經濟實力增強後，不僅對蘇聯進行圍堵，而且以更積極的作為，強化星際戰爭之能力，俾誘使蘇聯增加軍費作軍備競賽，以拖垮蘇聯經濟，「擴大其制度的裂縫，促進敗亡程序」，同時，對社會主義國家，尤其東歐，加強和平演變戰略。[2] 由於雷根在1984年獲連任，渠國內外之

---

[1] website 同第四章註 1，及 rr40.html；美國在伊朗人質案經過及雷根政府之立場見 *The Annals of America*, Vol. 21 (Chicago : Encyclopaedia Britannica, Inc., 1987), 第 173-200, 291-92 頁；雷根在 1981 年就職演說中曾形容美國當時長期經濟困難情形，見 Richard D. Heffner, *A Documentary History of the United States*, 6th ed. (New York : Penguin Putnam Inc., 1999), 第 479-82 頁。

[2] 雷根的理念及施政成果可參考 Edwin J. Feulner, Jr., *The March of Freedom: Modern Classics in Conservative Thought* (Dallas : Spence Publishing Company, 1998), 第 347-59 頁；以及國防部長溫柏格（Caspar Weinberger）之回憶錄，溫柏格著，鄒念組等譯，《為和平而戰：五角大廈關鍵性的七年》（台北：政治大學國研中心，1991），第 20, 250 頁；雷根政府之戰略防衛作為指導綱要及中情局對蘇俄

政策得以持續並更發揮作用。

雷根曾從影二十年，1966年起擔任加州州長兩屆，是保守主義代言人之一，渠勝選後，政府中參與對外政策人士除副總統布希外，還有國務卿海格（Alexander Haig）、國防部長溫柏格（Caspar Weinberger）、國家安全事務顧問艾倫（Richard Allen），及白宮顧問米斯（Edwin Meese）。[③] 海格及溫柏格均為強烈反蘇人士。其中海格不但反蘇，而且親中共，他不像季辛吉，後者主張與中共建立關係乃是由於世界局勢的需要，是手段，而非目的，但海格卻把與中共建立緊密關係視作目的，自稱這是他的信念，而且認為中共所實行的已非傳統的共產主義。因此他接受中共的許多看法，而且當北京對美國與中共關係「改進」不如預期時，較傾向於同情中共。[④]

雷根是70年代中美國政界對我最友好的人士之一，他強烈反共，反對美國與中共建交。本書第二章亦曾述及他於1971年擔任尼克森總統之代表來台參加雙十國慶，返美後聽說聯合國竟然通過排我納中共案，不禁大發雷霆。1980年7月的共和黨黨綱譴責卡特政府對我不夠道義，8月間，雷根強調，他如果當選，要恢復與「中華民國」的「官方關係」（official relations），其後亦說要在台灣

星戰及核武能力之檢討及可能反應評估見 The White House, National Security Decision Directive Number 119, "Strategic Defense Initiative," January 6, 1984, website at http://www.fas.org/spp/starwars/offdocs/(20 Feb. 2000)；CIA Report, "Possible Soviet Responses to the US Strategic Defense Initiative," NICM83-10017, 12 September 1983, 第 v-16, website at http://www.fas.org/spp/starwars/offdocs/m8310017.htm；對於雷根當選，我方由外交部發言人劉達人在 1980 年 11 月 5 日表示，「相信兩國在互利與維護東北亞和平與安定基礎上，雙方實質關係將能加強」，見劉達人，《劉達人先生訪談錄》（台北：國史館，1997），第 257 頁；及《1980-1981 中美關係報告》（台北：中共研究院，美國文化研究所，1981），第 111 頁。

③ 雷根及艾倫均認為外交政策應由國務卿主導，國家安全事務顧問僅扮演一協助性的角色，但 1982 年後在雷根主導下，國安會組織和功能又歷經數次修正，見 S. Cambone, *A New Structure for National Security Policy Planning* (Wash., D. C.: CSIS Press, 1998), 第 153-55 頁；另參考註 1 之 website.

④ A. Haig, *Caveat* (London : Weidenfeld and Nicolson, 1984), 第 194-203, 208, 215 頁；J. Mann, *About Face* (New York : Alfred Knopf, 1999), 第 119 頁。

建立一官方的聯絡辦事處。為此北京至為緊張，一再警告。⑤在他就職初期，對華政策成為共和黨內溫和派和保守派爭執的焦點，也是白宮與國務院爭執的焦點，最後更是雷根與海格國務卿意見不合的焦點。雷根在其回憶錄中明白指出他與海格在對中華民國台灣的看法上有甚大不同，他視我國為忠誠友人，海格卻強迫他從對台北承諾上退縮。儘管如此，沒料到的是，在其執政中期，卻是美國與中共關係最密切的一段時期。⑥

# 一、「八一七公報」之訂定

卡特在與中共建交時接受斷交、廢約、撤軍三條件，未取得中共承諾不用武，但在對台售武一事上沒有讓步，而中共不願影響到與美國好不容易才建立的脆弱關係，對售武及「台灣關係法」的制訂均未激烈反對，俟1980年時，中共便設法遊說美國接受另外三項條件：1.廢除「台灣關係法」；2.停止軍售台灣；3.促使台北與北京進行統一談判。⑦其中在壓迫停止軍售予我一事上，最後終於與美國簽訂了八一七公報，為該公報雙方前後共談判十個月，粗略

---

⑤ 雷根在當選前曾派其搭檔布希副總統先訪問大陸，保證遵守上海公報及「一個中國」。但在布希正與鄧小平談話時，雷根在美發言友我，使布希至為窘困，見 George Bush and Brent Scowcroft, *A World Transformed* (N.Y. : A. Knopf, 1998), 第 93-94 頁；另參考《1980-1981中美關係報告》，第6-10, 126 頁，雷根在 1980 年 8 月 25 日之演說見第 126-28 頁；及 S. Gilbert and W. Carpenter eds., *America and Island China: A Documentary History* (Lanham : University Press of America, 1989), 第 272-75 頁；雷根若干友好言論之背景因素見 P. Tyler, *A Great Wall* (New York: The Century Foundation, 2000), 第 289-97 頁；雷根曾有意邀請我政府派官方代表正式參加其就職典禮，惟為美國務院打消事，亦見 J. Holdridge, *Crossing the Divide* (N.Y. : Rowman Littlefield Publishers, Inc., 1997), 第 197-98 頁。

⑥ Ronald Reagan, *An American Life* (N.Y. : Simon and Schuster, 1990), 第 361 頁；《1980-1981中美關係報告》，第8頁；J. Mann, *About Face* (New York : A. Knopf, 1999), 第 116-18, 134 頁；Jaw-ling Joanne Chang, "Negotiation of the August 17, 1982 US-PRC Arms Communique' Beijing's : Negotiating Tactics," in Jaw-Ling Joanne Chang ed., *ROC-USA Relations, 1979-1989* (Taipei : Institute of American Culture, Academia Sinica, 1991), 第 69-70 頁。

⑦ J. L. J. Chang, 同上註，第 65 頁；另參考沈呂巡，《軍售問題與中共對台政策之研究》（台北：文友公司，1986），第二章。

來分，可謂歷經四個階段。[8]

　　當時我最需要的軍備是高性能戰機。前章已敘，在卡特政府時代，便已允許諾斯羅普（Northrop）公司為台北設計 F-5G（即 FX）戰機，以替代我方所要求的 F-16；[9] 雷根政府的國防部長溫伯格及國家安全事務顧問艾倫亦均贊成本案。即使如此，中共仍抗議並威脅此事若實現，將有嚴重後果。1981 年 6 月，國務卿海格（Alexander Haig）應邀訪問中共，攜有將中共列為「友好非盟國」貿易地位的美國新政策，以作為禮物，雷根並指示他與中共商討對我售武一事的「臨時協定」（modus vivendi）。[10] 根據「該友好非盟國」的貿易地位，中共便可獲得較先進技術，也可獲准購買防禦性武器。[11] 而美國則希望藉此換取中共同意其對台灣的戰機軍售。對此想法中共堅決反對，表示「不會拿原則作交換」，[12] 7 月，中共進一步通知美國，若對台出售新型戰機，將迫使中共強烈反

---

[8] R. Ross, *Negotiating Cooperation* (Stanford : Stanfard University Press, 1995), 第 177-200 頁。另見中共外交部關於八一一七公報的聲明，載於 L. Wolff and D. Simon, *A Legislative History of The Taiwan Relations Act with Supplement* (New York : Touro College, 1998), 第 321 頁。

[9] R. Ross, 同上註，第 178 頁；FX 在引擎推力、航電系統及武器能力上均遠勝於 F-5E，惟其航程有限，飛到大陸上空只能停留 15 分鐘，是以將無法進行對大陸攻擊。見 J. Holdridge, 第 196-97 頁；至於 FX 與 F-16 在性能上的差別見 Martin Lasater, *The Security of Taiwan: Unraveling the Dilemma* (Washington, D.C. : Georgetown University, CSIS Significant Issues Series, 1982), 第 69-75 頁。

[10] 臨時協定乃是臨時處理有關事項作準備而締結的條約，透過簡單手續達成的國際協議的一種形式。例如，1926 年瑞士與國際聯盟秘書長簽訂的「關於國際聯盟職員在瑞士的外交特權與豁免臨時協定」。值得注意的是，在國務院為海格所製談話要點中，關於「臨時協定」之擬議背景中提及中共柴澤尼大使曾向雷根總統承諾以和平手段解決台灣問題，見 *China and the United States*, 前揭書，Document 00561, 1981 年 6 月 4 日。

[11] *China and the United States*, 同上註，Document 00562, 1981 年 6 月 4 日；另見 H. Harding, *A Fragile Relationship* (Wash. D.C. : The Brookings Institution, 1992), 第 147-48 頁。

[12] 海格訪問北京過程可參考 J. Holdridge, 前揭書，第 203-06 頁。另根據海格在當時亦曾向北京許諾，華府在向台北出售戰機之前，將徵詢中共之意見。見唐耐心，《不確定的友情》（台北：新新聞，1995），第 278 頁；惟 *China and the United States*, 前揭書，Document 00592 相關部分未解密。

應，將有影響戰略形勢的後果，海格遂延擱售我戰機案及另一批無直接關聯之武器零附件售我案。⑬

9月底，中共人大常會委員長葉劍英發表對台政策九條，呼籲國共兩黨對等談判統一，為雙方為通航、探親、通郵等提供方便，統一後台灣作為特別行政區，享有高度自治，可保留軍隊，中共政府不干預台灣地方事務、台灣現行之社會、經濟制度不變、生活方式不變、私人財產、企業所有權和外國投資不受侵犯等。⑭葉劍英之提議實際上是鄧小平於1978年12月為解決台灣問題而提出的「一國兩制」構想的具體化，不啻要台北放棄多年來堅守的原則和努力的目標，中華民國政府乃由政府發言人宋楚瑜予以拒絕，強調台澎金馬與大陸分開的原因在於制度，不在黨與黨之間的問題，中國應當統一在自由民主和能造福人民的制度之下。⑮

美國與中共第二階段談判起自當年10月，雷根與趙紫陽總理在墨西哥坎肯（Cancun）南北高層會議時晤面，當時中共黃華外長向美方表示盼售台武器應逐漸停止，並設定期限；黃華續在華府再要求美國保證對台軍售在未來一特定日期會終止；12月，美國大使恆安石並與中共副部長章文晉在北京進一步磋商，美方堅持不定出停售之確期。⑯

台北方面知道美國正在考慮是否出售戰機事，也知道中共與美國頻頻接觸，但蔣經國總統仍三次對外公開表示，信任雷根總統對我國之友誼與善意。⑰然而雷根在國防部及其幕僚建議下，於

⑬ A. Haig, *Caveat* (London：Weidenfeld and Nicolson, 1984)，第 208 頁。

⑭ 中華人民共和國外交部外交史編輯室，《中國外交概覽 1988》（北京：世界知識出版社，1988），第 32-33 頁。

⑮ 中央研究院美國文化研究所主編，《1981-1983 中美關係報告》（台北：中央研究院美國文化研究所，1984），附錄 I，中文文件七，第 106-07 頁。

⑯ 同上註，第 8-9 頁；由於黃華提出要求定期限一節類似最後通牒，連海格都覺不悅，見 A. Haig, 前揭書，第 249-52 頁。

⑰ 沈劍虹，《使美八年紀要》（台北：聯經公司，1982），第 249-52 頁；Chiang, Ching-kuo, *Perspectives: Selected Statements of President Chiang Ching-kuo 1978-1983* (Taipei：Government Information Office, 1984), 第 210-12 頁；另參考美

1982年元月，仍認為根據中共對台威脅評估，顯示台灣的防衛實不需獲得精密戰機，因此作出不售我FX戰機的決定，而只提供F-104及 F-5E ／ F 戰機，因該二種戰機皆為攔截機，不具攻擊能力。此項決定或亦有避免「促使中共倒向蘇聯」之意，但台北對美方之作法自不表同意，並由外交部作出聲明。⑱ 美國政府隨即派助卿何志立赴北京告知此一決定，同時開始關於售武之第三階段談判，將美方對與中共簽訂公報的原則通知北京，認為這些原則可以徹底解決台灣問題（ settling the Taiwan question once and for all ）。⑲ 雙方雖交換約稿，但未能獲致結論，因中共拒絕將減少對台售武與和平解決台灣問題相連結。⑳

　　4 月間，雷根一方面派美中經濟協會主席甘迺迪（ David Kennedy ）來台轉達雷根總統口信，重申信守台灣關係法，並保證不會迫我與中共和談，一面在4、5月間致函三封分別予鄧小平、趙紫陽及胡耀邦，表示：

　　1. 美國堅決遵守建交公報之立場，即只有一個中國，不會允許美國人民和台灣人民間非官方關係削弱我們這項原則所承擔的義務；

　　2. 對葉劍英九條建議所開創的新局面表示讚賞；

　　3. 願與中共創造一個合作，持久的雙邊與戰略關係，並派布希

　　在台協會關於我外交部在 1981 年 6 月 18 日所作關於信任雷根政府聲明報回美國務院之電文，*China and the United States*, 前揭書，Document 00604, 1981 年 6 月 18 日。
⑱ A. Haig, 前揭書，第 212 頁；海格在訪問大陸時關於售台武器及戰機之談話見 *China and the United States*, 前揭書，Document 00592, 1981 年 6 月 17 日；我政府對美拒售先進戰機之聲明見中華民國外交部編，《外交部聲明及公報彙編》（民國 71 年元月至 12 月），台北，第 16-17 頁；我對外購武之艱辛可參考郝柏村，《八年參謀總長日記》（台北：天下文化，2000），第 34, 508 頁；溫哈熊，《溫哈熊先生訪問記錄》（台北：中央研究院近代史研究所，1994），第 166-72 頁。
⑲ 海格語，見 A. Haig, 前揭書，第 212 頁。
⑳ 何志立訪問北京及中共接待情形，談話論點，均見 J. Holdridge, 前揭書，第 215-21 頁。

副總統以渠之特使身分訪問中共。㉑

　　此事不久，美國卻通知國會決定售我值6千萬美元與軍事有關的零配件。雷根在作決策時便已決定不管中共反應如何，結果中共自亦提出抗議。㉒

　　第四階段是5月間布希訪問大陸，討論軍售問題，但未準備新的想法。中共卻咄咄逼人，指控美國遂行「兩個中國」政策，且提出新建議。美方延遲數週未予回答，蓋因一方面美國會內我方友人頻向雷根施壓，一方面海格國務卿因行事風格及與雷根理念不同，突然辭職，由曾任尼克森政府勞工部長及財政部長之舒茲（George Shultz）繼任。㉓ 海格離職前仍上書雷根，力主美國承諾停止對台軍售，而我蔣經國總統亦於7月14日致函雷根總統，希望美國勿與中共簽署聯合公報。㉔ 事實上，當時美政府亦在認真考慮停止對我軍售，並派美國在台協會駐台北辦事處長李潔明勸我同意，當李潔明表示無法完成任務時，布希副總統甚表不悅，坦白告稱「你應當知道那方面重要，台灣是不能與中國相比的。」㉕

　　由於較能認同中共意志的海格辭職，中共在美國再提出對案時就迅速同意。「八一七公報」共九條，除重申「建交公報」中關於唯一合法政府，一個中國，台灣是中國一部分等原則外，並指出：

　　1.美國政府無意侵犯中國主權和領土完整，無意干涉中國內政，也無意執行兩個中國或一中一台的政策。美方理解並欣賞

㉑ 郝柏村，前揭書，第83-84頁；蘇格，《美國對華政策與台灣問題》（北京：世界知識出版社，1998），第519頁；三函全文見《1981-1983中美關係報告》，附錄II，英文文件21，第170-72頁。

㉒ A. Haig, 前揭書，第213頁；蘇格，同上註，第519-20頁。

㉓ 海格與雷根之衝突及辭職之情形見二人之回憶錄：雷根認為海格自行決定外交政策，甚至不容雷根插手；海格則表示雷根之外交政策已偏離原來的理念，見 R. Reagan, 前揭書，第360-63頁；A. Haig, 前揭書，第303-16頁。雷根請舒茲接任之經過見舒茲回憶錄，George Shultz, *Turmoil and Triumph : My Years as Secretary of State* (New York : Charles Saibner's Sons, 1993)，第3-15頁。

㉔ J. Mann, 前揭書，第125-26頁；郝柏村，《八年參謀總長日記》（台北：天下文化，2000），第148頁。

㉕ J. Mann, 前揭書，第126頁。

1979年1月1日中國發表的告台灣同胞書和1981年9月30日中國提出的九點方針中所表明的中國爭取和平解決台灣問題的政策。

2.考慮到雙方的上述聲明,美國政府聲明,它不尋求執行一項長期的台灣出售武器的政策,它向台灣出售的武器在性能和數量上將不超過中美建交後近幾年供應的水準,它準備逐步減少它對台灣的武器出售,並經過一段時間導致最後的解決,在作這樣的聲明時,美國承認中共關於徹底解決這一問題的一貫立場。㉖

以上第一點美方所保證無意侵犯中國主權及無意執行特定政策較之建交公報仍然讓步,對我進一步損害,值得特別注意。在公報發佈同時,雷根總統亦作一正式聲明,指出美政策合乎台灣關係法,美國限制對台軍售是期待中共繼續以和平方式解決台灣問題,和平解決是基本立場,絕不動搖;㉗次日亞太事務助卿何志立在參院外委會作證時亦強調:

1.「八一七公報」必須整體來看(must be read as a whole)。

2.該公報中中共聲明其基本政策是尋求以和平手段解決台灣問題。

3.美國關於未來軍售台灣的聲明是根據中共以上的聲明,而且是根據該等聲明所產生的新情勢(new situation)而定。

4.美方並未同意設一停售期限,公報亦未提時間表。

5.美國不會強迫台灣與中共談判。㉘

中共方面則由外交部正式聲明指出:1.由於歷史的原因,軍售台灣問題不得不一步一步解決。但美方承諾最終停售,經過一段時

㉖ 公報全文見本文附錄。
㉗ 全文見《1981-1983中美關係報告》,附錄II,英文文件2,第127-28頁。
㉘ 何志立證詞全文見 L. Wolff and D. Simon, 前揭書,第316-20頁。美參院司法委員會分權小組就何志立作證及其他相關問題函詢舒茲國務卿及國務院之答覆見《1981-1983中美關係報告》,附錄II,英文文件11,第144-59頁。何志立認為該「八一七公報」可說是自從1955年美國與中共開始大使級談判27年來終於就最具爭議性的議題達成了一臨時協定(modus vivendi),見 J. Holdridge, 前揭書,第241頁;但雷根政府所簽署的這項公報在精神上是違背台灣關係法的。

間必須完全停止。只有徹底解決台灣問題才能袪除兩國關係的障礙。2.中共基本政策固然是和平解決台灣問題，但台灣問題是內政，不容外人干涉。3.中共堅決反對台灣關係法。4.此公報僅代表解決問題的起步，希望美國認真執行。㉙同時鄧小平也在北京召見美國大使恆安石，除表達相同看法外，還要求美方每年減少售武20%，五年之後完全停售。㉚

雷根基本上是對我友好的，在政治上他也需要黨內外保守派的支持，在國內外注意及國會關於本項公報舉行種種聽證會的發言及信函的壓力下，㉛雷根政府同時向我亦提出了六項保證。台北外交部繼於8月18日發佈聲明，譴責美國與中共，強調該公報所達成涉及我國政府及人民權益之協議，一律無效；指出中共的目的是武力犯台，美國此舉違背台灣關係法等，並公佈該六項保證內容為：

1. 美方不會同意設定期限停止對台的武器出售。

2. 美方不會同意就對台武器銷售問題和中共進行事先磋商。

3. 美國不會同意在北京和台北之間扮演調人角色。

4. 美國不會重新修訂「台灣關係法」。

5. 美國並未改變其對台灣主權問題的立場。

6. 美國不會對台施壓力，迫使其與中共進行談判。㉜

另值得注意的是，雷根隨後口述了一份長僅一頁的備忘錄（memorandum）指出：「任何軍售的減少，將視台灣海峽的和平以及中國所宣稱的繼續尋求和平解決台灣問題的大政方針而定。

---

㉙ 英文全文見 J. Holdridge, 同上註，第 321-22 頁；中文全文見蘇格，前揭書，第 526-27 頁。

㉚ R. Ross, 前揭書，第 215 頁；蘇格，前揭書，第 524-27 頁。

㉛ 國會的行動見《1981-1983 中美關係報告》，第 13-17, 144-59 頁；何志立所感受之壓力見 J. Holdridge, 前揭書，第 229 頁。

㉜ 我外交部聲明全文見本書附錄七；及外交部編，《外交部聲明及公報彙編》（中華民國 71 年），第 34 頁；我方準備該稿之作業情形見劉達人，前揭書，第 252-54 頁；另，「八一七公報」發佈後，蔣經國總統即召集高級決策人員協商，決定除繼續發展對美關係外，將全力自行發展武器。見郝柏村，《八年參謀總長日記》，第 162-63 頁。

簡而言之，美國減少對台軍售的意願，絕對是以中國繼續承諾和平解決台灣與（中華）人民共和國之間的岐見為條件的。此外，提供給台灣軍售的質量，必須完全以中華人民共和國的威脅為條件，這一點至關緊要，就質與量而言，台灣的防衛能力一定要保持在中華人民共和國能力的相互關係上。」這是雷根對「八一七公報」的解釋（qualifiers）。這項文件經由舒茲國務卿和温柏格國防部長的副署簽字後，鎖在國安會的保險箱中。㉝

在「八一七公報」談判過程中，中共代表外長黃華等，運用以下各種談判策略，值得參考：

1. 發動宣傳攻勢，反對「台灣關係法」；

2. 藉降低與荷蘭關係抗議其售我潛艇案來收殺雞儆猴之效，對美國施壓。

3. 不為了短期的利益而忽略了長遠的不利：拒絕美國對其售武以換取其在美國對我售武一事上之讓步。

4. 拉攏美國其他政客，如邀訪前總統福特、卡特、前副總統孟岱爾（Walter Mondale）及各層官員，俾在心理上對雷根施壓。

5. 運用美國白宮（國安會）與行政單位（國務院）的矛盾（如此次利用海格打擊艾倫）並充分運用同情中共的海格。

6. 運用美國「無意長期對台售武」的承諾來打開缺口，談判出「逐漸減少售武以迄停止」的承諾。

7. 設法與蘇聯改善關係，進行邊界談判，以「蘇聯牌」來對美國施壓。

8. 在最後一刻讓步，似頗靈活。㉞

---

㉝ J. Mann, 前揭書, 第 127-28 頁；譯文係引自李潔明（James Lilley）回憶錄，傅建中，〈八一七公報與六點保證的由來〉，《中國時報》，民國 89 年 3 月 11 日，14 版。儘管如此，雷根在「八一七公報」中對中共的讓步雖可謂他做事講求「實際」的實例，但亦印證了舒茲國務卿所言雷根最大的弱點在於他過於依賴幕僚的建議──即使是不負責任甚至外行的建議。見 G. Schultz, 前揭書, 第 263, 1136 頁。

㉞ A. Haig, 前揭書, 第 205-15 頁；R. Ross, 前揭書, 第 198-200 頁；H. Harding, 前揭書, 第 116-19 頁；Joanne Chang, ed., 前揭書, 第 76-88 頁。

至於美國在談判中的技巧，則可歸納為：

1. 接受北京之原則，但作彈性解釋，（如強調經濟上通貨膨脹和技術因素）；

2. 對若干原則絕不退讓（如不設停止售武之時間表）；

3. 運用美國國會的反對作不退讓之藉口；

4. 設定期限，以迫中共接受提案。[35]

當然，雷根政府希望在8月下旬前解決此一問題，而不願曠日持久之另一因素是1982年為期中選舉年，共和黨不願意中國問題變成議題。[36]

## 二、美國與中共關係之增進

美國新任國務卿舒茲上任後，便改變美國對中共政策的思想基礎。他認為，美國在過去年代裏過份重視中共地緣戰略上的重要性，而且過分遷就中共；[37]其次，當時美國和蘇聯關係惡劣，彼此幾乎互不交流，而蘇聯雖是一個「腐敗且經濟上失敗」的政權，但其戰略核武「可以在30分鐘之內摧毀美國」，所以整個世界的穩定繫於美蘇關係；[38]其三，美國得先加強和西歐及日本盟國的關係，而且更要注意全球經濟利益，中共固然重要，但到底與美國的社會制度不同。[39]

以上美國對蘇聯關係中特別值得注意的是軍事方面，美國為了取得戰略武器上的優勢，積極發展MX導彈、三叉戟—II式潛艦、隱形轟炸機等，1983年更提出以發展反衛星武器等的「戰略防禦計畫」（即星戰計畫），以與蘇聯進行軍備競賽，爭奪在太空的優

---

[35] 參考 Harry Harding 在研討會中之評論, 見 Chang ed., 同上註，第 94-95 頁。

[36] J. Holdridge, 前揭書，第 239 頁；雷根政府決策經過另參考 P. Tyler, 前揭書，第 300-27 頁；當時美蘇關係不佳之描述見 A. Dobrynin, *In Confidence* (New York: Times Books, 1995), 第 483-548 頁。

[37] 參考舒茲本人之回憶：George Schultz, 前揭書，第 382 頁。

[38] 同上註，第 6 頁。

[39] 同上註，第 381-90 頁。

勢。[40]

　　舒茲的亞太事務助卿是伍弗維茲（Paul Wolfowitz），他與舒茲理念一致，除此之外，雷根的涉外官員之中，國家安全事務顧問克拉克（William Clark），國安會亞洲部主任席格爾（Gaston Sigur），國防部長溫柏格（Caspar Weinberger），助理部長阿米培奇（Richard Armitage），美國駐台北代表李潔明（James Lilley）等都是從亞洲整體看兩岸問題，比較持平，相對而言也比較瞭解而重視我方之重要性。[41] 但另一方面，海格、何志立、中共事務科長羅普（William Rope）及美駐北京副館長傅立民（Charles Freeman）則總是過於重視北京，遷就北京，接受北京論點，從而較忽視台北之重要性。何志立在擔任亞太助卿時還說過「如果有一道颶風把台灣淹沒了那該多好！」[42]

　　當時中共在鄧小平主政下，正積極修正毛澤東時代統治留下的遺毒。中國大陸在中共統治三十年後，由於側重重工業發展，犧牲了農業和輕工業，使其平均個人國民所得到1980年仍僅256美元，是世界最窮的國家之一；[43] 而其農業穀類生產到1978年每人僅318公斤，比戰前國民政府時代1936年時的330公斤還低。鄧小平在1978年12月18至22日之十一屆三中全會上決定實行改革開放政策：其一，在農村逐漸廢除人民公社，實行包產到戶，解放農民生產力；其二，在城市允許個體戶的產生；其三，將更大權力賦予國

⑩ 參考中華人民共和國外交部外交史編輯室主編，《中國外交概覽1987》（北京：世界知識出版社，1987），第2-3頁。
㊶ 1983年初至1986年中筆者在華府我代表處擔任國會組組長一職，亦常與該等官員交換意見，彼等一般而言態度誠懇持平。
㊷ J. Mann, 前揭書，第132頁；另見傅建中，〈親中派和泛亞派的對決〉，前揭書，第336-37頁。
㊸ Chu-Yuan Cheng, *Behind the Tiananmen Massacre: Social, Political, and Economic Ferment in China* (S.F. : Westview Press, 1990), 第2, 14頁；毛澤東亦承認中共是世界上最窮的國家之一。見 W. Burr ed., *The Kissinger Transcripts* (New York : The New Press, 1999), 第396頁。

營企業；其四，進行價格制度改革。[44] 其結果是農業生產迅速增加，經濟情勢得到改善，但在國營企業方面及價格改革方面則並不成功，腐敗增加，通貨膨脹。當時決定的農業、工業、國防和科技所謂四個現代化政策的推行需要更多國外資金，於是中共也仿照台灣設立加工出口區的作法，先在廣東、福建設立四個經濟特區，一方面吸引外資，一方面作為試點，等到了1984年，鄧小平親自前往深圳，看到其成功後，便又進一步開放沿海14個城市及海南島作為經濟特區，給予當地政府許多自主的權力，到1985年更開放三個沿海區域，包括長江三角洲，珠江三角洲及廈門、泉州、漳州三角地帶，作為「黃金海岸」，以吸引外資。[45] 到了1987年，中共十三大確立「建設有中國特色的社會主義」，所謂「一個中心，兩個基本點」後，更確立經濟建設及改革開放等基本方針。[46]

在以上的背景下，中共需要一個和平穩定的周遭環境。而蘇聯恰因國內農工業發展遲滯，又須與美國作軍備競賽，為避免兩面為敵，遂亦設法改善與中共關係。中共乃於1982年的黨十二大時決定三大目標：「加緊社會主義現代化建設，爭取實現祖國統一，反對霸權（美蘇）」，並揭櫫其所謂「獨立自主的和平外交政策」。[47] 所謂獨立自主的和平外交政策，據1986年趙紫陽總理在六屆全國人大會議上的報告，原則有十個方面，包括「絕不依附於任何一個超級大國，也絕不同他們任何一方結盟或建立戰略關係」、「反對軍備競賽，反對把這種競賽擴展到外層空間」、且其「開放政策面向全世界，既對資本主義國家開放，也對社會主義國家開放」，[48] 儘

[44] 參考《1979 中共年報》（台北：中共研究雜誌社，1979），三之 9-三之 30 頁。

[45] Chu-Yuan Cheng, 前揭書，第 4-22 頁。

[46] 鄧小平，《建設有中國特色的社會主義》，增訂本（香港：三聯書店，1987），第 141-43 頁；蘇格，前揭書，第 546-48 頁。

[47] 《中國外交概覽 1987》，第 18 頁；中共與蘇聯改善關係情形，可參考美軍太平洋總部情報中心之分析，*China and the United States*, 前揭書，Document 00780, 1986 年 3 月 15 日；H. Harding, 前揭書，第 174-80 頁。

[48] 《中國外交概覽 1987》，第 15-18 頁。

管如此，中共仍需加強與美國合作，才能吸收更多的資金、技術、人才，[49]而美國則一方面希望促成中共內部演變，一方面在亞太地區亦需中共合作，故亦致力於加強與中共各方面的關係。

從1980年起，美「中」兩國情報單位便已建立合作管道，以蘇聯為主要目標，[50]當蘇聯在阿富汗投入更多軍力時，中情局便向中共購買大量軍備以支援、裝備阿富汗反抗軍；有一段時期，一年達一億美元。其前後所提供各項武器總共約值20億美元之鉅。[51]

1983年，美國在支持中共現代化計畫的考慮之下，決定放鬆對中共輸出高科技物品之管制，尤其對具有（軍用及民用）雙重用途的七種項目，在美商務部長巴瑞克（Malcolm Baldridge）訪問北京以後宣布，[52]其後美國國防工業輸往中共之高科技、雙用途物品一年達數10億美元，雷根政府在1984年且允中共參與美對外軍售系統，俾直接購買軍品，並得到美政府補助，甚至考慮售予中共F-16戰機，而以售我F-20做平衡；美官員還在內部評估時認為，售北京軍品不致對台北造成威脅。[53]

雙方國防部長溫柏格及張愛萍在1983-1984年之間互訪之後，簽署了一份兩國間第一個軍事技術合作協議，一份對外和平利用空間技術協議，確定了飛機、航空、電子設備現代化，生產反坦克飛彈及大口徑砲兵彈藥等三個特別合作計畫。中共向美國出售殲七

---

[49] 例如，1983年5月章文晉大使與舒茲國務卿的談話，詳見G. Shultz, 前揭書，第394頁。

[50] 中央情報局局長特納（Adm. Stansfield Turner）為建立此一合作管道，特於1980年底化裝訪問北京。見蓋茲局長回憶錄，R. Gates, *From the Shadows* (New York : Simon D. Schuster, 1997), 第123頁。

[51] E. Feulner, 前揭書，第355頁；J. Mann, 前揭書，第136-37頁。

[52] G. Schultz, 前揭書，第394頁；*China and the United States*, 前揭書，Documents 00646至00650, 1983年5月11日, 13日；00651, 1983年8月10日；00652, 1983年11月18日。

[53] 見溫柏格，前揭書，第251頁；J. Mann, 前揭書，第140-42頁；郝柏村，《八年參謀總長日記》，第632, 710-11, 776-77頁；裘兆琳主編，《1985-1987中美關係報告》（台北：中央研究院美國文化研究所, 1989），第17-18頁；美方若干考慮見G. Schultz, 前揭書，第393-94頁。

飛機以供美軍研究米格廿一使用，美國則同意訓練中共飛行員，改善中共旅大級軍艦性能，並售予S-70C直升機、聲納、魚雷、柴油引擎、艦載反導彈火炮、合作生產鷹式防空飛彈、反潛魚雷等。但美方在以下六個項目中則避免出售先進裝備以免危及其盟邦：核武及飛彈、反潛、情報監偵、電戰、兵力投射、空優。雙方軍備合作中最突出的一項是美方以5億5千萬美元出售55套航電設備給中共以提升殲八戰機性能，後因殲八的陳舊，使此項計畫窒礙難行；[54]但美國與中共雙方軍事領導人繼續保持友好往來，專業性交流也不斷發展。[55]

80年代雷根政府時期，美國各界在文化、新聞、商業交往下產生所謂中國熱，大陸人民也因有機會與美國接觸而產生了美國熱，鄧小平有感於自己已屆八十，亦全面推動與美關係。[56]1983年舒茲訪問北京，1984年元月中共總理趙紫陽訪美，4月雷根訪問大陸之後，文化交流項目更見增加，每年互訪人數達千人以上，從1978年至1991年初，大陸到美國留學人員達7萬人，其中公派4萬人，自費3萬人，美國到大陸學習人員在1979到1988年也達7千人之多；新聞交流方面，到1988年，美國有25家媒體派了40名記者駐大陸，大陸則有10家新聞單位向美國派駐記者；[57]經濟方面，雙方貿

[54] *China and the United States*, 前揭書，Documents 00810, 1986 年 7 月 18 日；00812, 1986 年 7 月 30 日；J. Mann, 前揭書，第 143 頁；郝柏村，《八年參謀總長日記》，第 876-77 頁；雙方國防部長互訪情形，見溫柏格，前揭書，第 259-81 頁；及東方鶴，〈張愛萍訪美紀實〉，《人民日報》（海外版），北京，2000 年 1 月 18 日，第 7 版；另參考蘇格，前揭書，第 544-46 頁。

[55] *China and the United States*, 同上註，Document 00769, 1986 年 1 月 2 日；中華人民共和國外交部外交史編輯室主編，《中國外交概覽 1989》（北京：世界知識出版社，1989），第 356-57 頁；中共與美國之軍備合作情形與統計參考《1985-1987 中美關係報告》，第 17-21 頁。

[56] 例如，1981 年有 3 萬美國人赴大陸旅遊參訪，到 1988 年時增至全年 30 萬人赴大陸，見 H. Harding, 前揭書，第 367 頁。另參考美政府秘密情報分析，*China and the United States*, 同上註，Document 00675, 1984 年 6 月 14 日。

[57] H. Harding, 同上註；《中國外交概覽 1988》，第 337 頁；蘇格，前揭書，第 546-48 頁。另參考美國務院對於與中共關係發展之大要，*China and the United States*, 前揭書，Document 00680, 1984 年 9 月。

易自1981年的54億美元（美方出超17億美元）增長到1989年的178億美元（美方入超61億美元）美方對大陸投資額從1981年的1億多美元增至1989年的45億美元。⑱在80年代組成兩國商務貿易聯合委員會，定期召開，加強合作；雙方經貿首長經常互訪，相關之工業、貿易和經濟發展研討會亦陸續舉行。⑲

「中」美雙方自1979年開始，即學習中華民國增進與美關係的作法，開展建立友好城市工作，加強友好省州市關係（即姊妹省，姊妹市）之建立，到1988年為止，建立了39對友好城市，25對友好省州關係。⑳根據1979年1月鄧小平訪美時與卡特總統簽署的科技合作協定，陸續召開中美科技聯合委員會會議，在農業、大氣、海洋、環保、水電、航空、鐵路、空間技術、醫學、地震研究等方面進行合作，頗有成就，至1988年，共商定了500多個合作項目。㉑

1988年，中共外長吳學謙訪美，雷根總統向其表示，美國對華政策堅定地基於只有一個中國的原則，並對1987年以來台灣海峽兩岸居民往來的趨勢表示歡迎（按，我政府在是年開放居民赴大陸探親），美方將努力促成有利於此一趨勢發展的環境。㉒另，美方還准許中共在洛杉磯成立總領事館，成為繼紐約、舊金山、休士頓、芝加哥之後中共在美國開設的第五個總領事館。㉓12月16日是中共與美國宣布建交十週年紀念日，兩國領導人互致函電表示祝賀，雷根在致李鵬總理的賀信中表示希望擴大雙方的「友誼和合

---

⑱ H. Harding, 同上註，第 147, 364, 368 頁；R. Ross, 前揭書，第 239-45 頁，惟中共海關數據有所不同，如《中國外交概覽 1988》，第 332-34 頁及中華人民共和國外交史編輯室編，《中國外交概覽 1990》（北京：世界知識出版社，1990），第 318 頁。

⑲ 《中國外交概覽 1989》，第 352-54 頁。

⑳ 同上註，第 358 頁。

㉑ 同上註，第 355-56 頁。

㉒ 同上註，第 347-48 頁。

㉓ 同上註，第 358 頁。

作」。[64]

　　儘管如此，兩方政府由於制度不同及價值觀的差異，仍難有根本的互信。1987年舒茲國務卿訪問大陸，雖然在公開場合重申美國「只有一個中國」政策，以迎合中共，但在北京下榻的旅館中，由於屋內裝了多具竊聽器，不得不使用中情局研製的「極可笑」裝備以保密，國防部長溫柏格訪問北京時亦以此法防備竊聽；而雷根總統在訪問大陸時，更在其下榻的賓館發現五具中共竊聽器，拿回留作紀念。[65]另美國也在1980年代中發覺中共諜員金無怠竟潛伏在中情局內工作長達數十年之久，遂加以逮捕；1987年，美方又驅逐中共外交官張慰初及侯德生兩人，因彼等「從事與外交官身分不相符之活動」；在1984年美國防部情報局所作關於中共核子武力的評估中，也明白指出中共核武器質的提升，主要依靠與美國公開的科技合作以及暗中向美國竊取技術，估計到1990年代初期可增進其核武器之可靠性、發展小型核武、多彈頭及核彈頭之安全提升等。[66]至於中共向伊朗等國出售「蠶式」飛彈，破壞中東和平，更是美國國會及民間針對抨擊的對象及美國行政當局向北京提出交涉的主題之一。在中共外長吳學謙訪美時，美方便就此問題加以提出，但中共卻辯稱「向中東出售少量防禦性武器，……只能有利於中東的和平穩定……這與中美關係是不相干的」。[67]

---

[64] 同上註，第 343 頁。

[65] G. Shultz, 前揭書，第 388 頁；溫柏格，前揭書，第 270-71 頁；R. Reagan, 前揭書，第 369 頁；舒茲訪問大陸相關情形請參考《中國外交概覽 1988》，第 329-330 頁。

[66] The George Washington University. Website at http://www.gwu.edu(20 Feb. 2000)；R. Gates, 前揭書，第 365 頁；《中國外交概覽 1988》，第 332 頁；林正義主編，《1988-1989 中美關係報告》（台北：中央研究院美國文化研究所，1991 ），第 24 頁；美國維吉尼亞州地方法院對金無怠的判決見 China and the United States, 前揭書，Document 00768, 1986 年 1 月 2 日。

[67] 《1985-1987 中美關係報告》，第 21-26 頁；《中國外交概覽 1989》，第 351-52 頁；Amembassy, Beijing, Foreign Minister Wu Visit: Handling Chinese Arms Sales to Iran, Feb. 4, 1988, website at http://www.gwu.edu/sarchiv/nsa/publications/china-us/index.html.

另一方面，中共在與美國交往時，則不斷認為「台灣問題是影響中美關係健康、穩定發展的主要障礙」，[68]而持續在台灣問題上對美國施壓。趙紫陽訪美與雷根晤面時一開始就抱怨台灣問題，鄧小平在雷根訪問北京時也與雷根有激烈的爭辯，但雷根及舒茲都堅持美國對和平解決的立場，沒有讓步。雷根且明告鄧小平，任何試圖以軍事手段解決大陸與台灣爭執的作法都將對中共與美國關係造成無可彌補（beyond repair）的傷害。[69]美國駐中共大使恆安石體認到，在美國與中共的關係發展中，「有各種定時炸彈」，但如美國不為中共的吵鬧所動，中共「自會採取較建設性的作法」。[70]雷根甚至觀察到中共在改革開放後所帶來的變化，感到中共的制度遲早要崩潰。[71]

　　在雷根任期內的另一項重要國際發展是香港問題協議的達成。1984年，中共與英國就香港主權轉移一事結束談判，英國承諾在1997年7月1日移交香港，中共則承諾以「一國兩制」治理香港，五十年不變。[72]中華民國外交部乃正式發表聲明，表示我政府早已於1943年元月，在與英國簽訂平等新約時，便曾就收回香港一事正式照會英國，且已保留以後提出之權，故英國應與中華民國政府而非中共政府簽署協定，而英國與中共之有關協議自屬無效。[73]中

---

[68] 《中國外交概覽1989》，第351頁。

[69] *China and the United States*, 前揭書，Document 00670, 1984年5月1日，但其中若干部分未解密；G. Shultz, 前揭書，第395-99頁；R. Reagan, 前揭書，第368-72頁。

[70] G. Shultz, 前揭書，第395頁。

[71] R. Reagan, 前揭書，第372頁。

[72] 鄧小平，前揭書，第50-51頁；趙國材，〈1997年香港回歸後所產生之國際法問題〉，《中國國際法與國際事務年報》，第十卷（1995-1996），第61-154頁；關於中共與英國談判概要，包括基本法的起草、聯合聯絡小組之工作、土地委員會之工作等，見《中國外交概覽1988》，第32-38頁；Robert Cottrell, *The End of Hong Kong : The Secret Diplomacy of Imperial Retreat* (London : John Murray, 1993), 第98-135頁。

[73] 參考朱部長撫松就本案之說明，見外交部編，《外交部聲明及公報彙編》（中華民國74年元月至12月）（台北：外交部，1985），第41-42頁。按，中華民國國民政府在1941-1942年時因獨力抗日四年之久，民窮財盡，亟需英美奧援，但

共與英國簽署協定後，鄧小平即請英國首相柴契爾夫人（Magaret Thatcher）於訪美時攜帶乙件函件予雷根，希美方能協助中共亦以「一國兩制」模式解決台灣問題，惟柴契爾夫人根本未傳達此一訊息。雖然中共亦發動季辛吉等人遊說舒茲國務卿等，強調鄧小平才有權力作此表示，盼能把握機會，蓋今後中共領袖恐均没有如此魄力云云，惟美方以業已向台北保證不作兩岸調人答覆中共，而使鄧小平此一努力胎死腹中。⑦⁴

## 三、我國之進步及與美國之關係

我國儘管已與美國斷交，但由於在50、60年代成功推動各項農業、工業、貿易及財稅政策，使我國民所得平均年增7%，在70年代、80年代經濟持續成長，又因注重經濟穩定及循序漸進的發展工業，使我在成長中基礎日趨穩定；而美國的自由貿易制度，亦助我與美國每年貿易量增長平均達15%。1979年斷交那年，雙方貿易額為90億美元，到1989年布希政府成立時雙方貿易已升至359億9千萬美元，我方出超120億美元。其中進展最快的是雷根政府時代

---

其駐英大使之重大任務除向英尋求貸款、滇緬公路之修築及促使印度獨立外，便是設法研究交涉香港歸還中國。1942年中華民國開始與美英兩盟國談判廢除滿清政府時代所訂不平等條約，促請兩國放棄在華治外法權等權利，並重行締訂平等新約。中美條約談判順利，而中英條約之談判因我方堅持要求討論收回香港、九龍事宜，但英方堅持於大戰結束後再談該問題而差一點破裂。（中英平等新約將適用於澳洲、印度等廣大殖民地，故對中國有相當重要性），其後英國願意亦放棄內河航行權等權利，而我方官員王寵惠、宋子文、顧維鈞等，以談判若破裂則使中美締約失去意義，且如失去英國之友誼，對我防備日益不友好的蘇聯尤為不利等戰略考慮，力勸蔣中正委員長在港九一事上讓步，俾先完成該等「民國成立以來最偉大的條約」。蔣中正在考慮許久之後始勉予同意，強調「保留以後提出之權」。當時中國政府官員亦有「若戰後談判不成則以武力收復港九」的想法。詳見當時駐英大使顧維鈞之回憶，顧維鈞述，中國社會科學院近代史研究所譯，《顧維鈞回憶錄》，第5分冊（北京：中華書局，1987年2月），第14-19,169-88頁。

⑦⁴ J. Mann, 前揭書，第153-54頁；鄧小平認為一國兩制可在台實行一點，見鄧小平，前揭書，第50-51頁；及《中國外交概覽1988》，第33-34頁；另參考美國務院秘密報告，*China and the United States*, 前揭書，Document 00743, 1985年9月19日。

的1981至1987年，每年成長達19.6%。[75] 美國資金持續來台灣投資，最顯著為1984年2.3億美元，1985年3.3億美元，1987年4.1億美元等，到1988年時，美方投資總額已達24億美元，佔我當時外來投資34.5%，為最大來源。[76]

美國在80年代初雷根就任時，因國內經濟進入較蕭條局面，對外乃強行主張公平貿易並用非關稅辦法來規範外貿，減少赤字，在其1974年「貿易法」（Trade Act）及1988年「多項或總括貿易與競爭法」（Omnibus Trade and Competitiveness Act）中增加三〇一條款（或稱超級三〇一），授權貿易代表指認對美施行不公平貿易之外國進行談判，並決定是否報復。[77]

由於美國為我國第一大出口市場及第二大進口市場，雙方經貿關係對我方極為重要。鑒於我貿易順差持續擴大，政府遂主動採取適當措施協助解決雙方貿易失衡問題。包括每年持續派遣採購團赴美，藉擴大對美採購來減少美方逆差。[78] 除了以上作法外，到1989年3月台北更提出「加強對美經貿工作計畫綱領細部計畫」，據此調整國內整體經濟政策及措施，加強中美雙向投資及技術合作，逐步開放國內服務業市場，降低關稅，放寬或廢除進口管制及其他進口限制規定，希望每年降低對美貿易順差10%。[79]

---

[75] 參考外交部，《中華民國七十八年、七十九年外交年鑑》（台北：正中書局，1990），第219-20頁；另見余德培，〈九〇年代中美經貿關係之探討〉，裘兆琳主編，《中美關係專題研究 1992-1994》（台北：中央研究院歐美研究所，1996），第2-3頁。雙方貿易評析亦可見 Robert Baldwin, "Recent Changes in U.S. Trade Policy Toward the Republic of China and Other Newly Industrializing Nations," Thomas C. P. Peng and Chien-pin Li, "Myth or Reality : The Mutual Interest in Sino-American Relationship," in Joanne Chang ed., 前揭書，第 99-102, 257 頁。我經濟發展之成功因素可參考 Fredrick F. Chien, *Opportunity and Challenge*, edited by Daniel Mica and Terry Emerson (Tempe, Arizona : Arizona State University, 1995), 第1-8頁。

[76] 《1985-1987中美關係報告》，第48-51頁；《中美關係專題研究 1992-1994》，第99-102頁。

[77] R. Baldwin, 前揭書，第288-89頁。

[78] 我方作法亦可參考唐耐心，前揭書，第268頁。

[79] 外交部，《外交報告書》，第177-78頁；《中華民國七十八、七十九年外交年鑑》，第219頁。

至於美國方面，在1980年代中也非常重視與我經貿關係，希望減少貿易逆差，美國國會也有諸多表示。[80] 其間美政府與我談判多次，所採取各項措施包括：

1. 取消我國優惠關稅待遇（General System of Preference, GSP）自1989年起，讓中、韓、港、星四小龍自該制度畢業；

2. 要求我國降低關稅壁壘：自1978年至1989年共要求我降低關稅商品1,807項，我國回應1,314項。到1989年我實質關稅率已降至5.4%。

3. 要求我方降低非關稅壁壘，以三〇一條款作為報復壓力，迫我開放美國酒類、農產品進口等。

4. 要求新台幣升值，因美方認為台灣經濟力量雄厚，外匯存底龐大，能安然渡過兩次石油危機，對不利環境具有彈性調適能力，而新台幣兌換美元的升值等於無償地平衡對美國貿易逆差。（在美國壓力下，我幣值至1993年已升到1美元兌換25.4元新台幣。）

5. 要求我方尊重智慧財產權。[81]

美方在以上各項目之下均與台北作談判，如不滿意則常用威脅手段，由於基本上台北有意配合，其結果反而亦會促使我國法令更完備，經濟更自由化。至1991年，台灣對美順差已減至82億美元，另雙方在農業、能源、物理、大氣研究及環境保護等方面的科技合作，對減少貿易差距，擴大技術交流也有裨益。

在政治方面，中華民國政府也逐漸採取措施，增進民主，而美國國務院及國會對我國內政亦常表示關切。[82]

[80] 在1983至1986年筆者在華府服務期間，即多次就相關經貿問題與國會友人研商。

[81] 談判項目及相關情形見《1985-1987中美關係報告》，第51-61頁；外交部，《外交報告書》，第177-79頁；另參考唐耐心，前揭書，第315-30頁；楊艾俐，〈駐美代表錢復談八八年中美經貿情勢：數字合理才能談判〉，《天下雜誌》，第80期，1988年1月，第112-19頁。其中指出新台幣「升值不再是洪水猛獸」，「美國人已更實際」等。

[82] Cheng-yi Lin, "The U.S. Factor in Taiwan's Political Development", in J. L. Joanne Chang ed., 前揭書，第125-50頁。

1987年7月14日，台北正式宣佈解除戒嚴令，訂定國家安全法，持續致力推動民主憲政及維護國家安全。自此非軍人將不必再受軍法審判，此更顯示我方對局勢前景的信心。[83]

　　至於軍售問題，雖然美國與台灣已無協防條約，亦無外交關係，且美國與中共簽訂了「八一七公報」，所以自1983年起，美國大致以1980年對我方軍售數額的8億美元為基點，每年逐步減少約2千萬美元之軍售額度，至1990年已降至6億6千萬美元，[84]惟美軍售除了直接由行政部門處理的「對外軍事銷售」外，還包括民間公司持有美國政府核發出口許可的軍品商業銷售，所以從斷交之1979年至1990年代初期，「商業出口移轉額加政府間軍售協議額」及「商業出口移轉額加政府間軍售移轉額」每年平均達數億美元。[85]另在質的方面，因「八一七公報」所指之軍事銷售不包括合作生產與軍事科技的移轉，所以美方歷年來在處理對台軍售問題上，均多採取彈性解釋，我方中山科學研究院自力研發生產經國號戰機（即「安翔計畫」）就得到美方通用動力（General Dynamics）公司，蓋瑞特（Garrett）公司及李爾席格勒（Lear Siegler International）公司若干技術協助，以致其原型機在1988年便建造完成。[86]另美國在80至90年代同意移轉或生產的武器系統還包括派里級（Olive H. Perry）巡防艦，F-5E／F戰機及其他若干飛彈，M48A5型戰車，裝甲人員運輸車等。[87]

[83] 政府正式聲明英文版見 S. Gilbet and W. Carpenter, 前揭書，第395-97頁。另參考蔣經國先生關於解除戒嚴令之內部談話，見郝柏村，《八年參謀總長日記》，第1156頁；及陶涵著，林添貴譯，《蔣經國傳》，前揭書，第464-66頁。

[84] 自1980年至1990年間之數額見《1985-1987中美關係報告》，第3頁。

[85] 外交部，《外交報告書》，前揭書，第175-76頁。每年之數字參考 T. Peng and C. Li, 前揭書，第117頁；另軍售與商售之分野，參考溫哈熊，前揭書，第272-274頁；唐耐心，前揭書，第331-32頁。

[86] 《1985-1987中美關係報告》，第3-5頁。

[87] 同上註；溫柏格，前揭書，第251頁；郝柏村，《八年參謀總長日記》，第759-60, 1071, 1092-1113頁；中共對於美國「繞開八一七公報」提升我軍備，例如在1985年「提供技術圖紙」助我研裝 IDF 戰機及在1987年提供我「派里級軍艦技術圖紙」等，曾多次對美交涉，見《中國外交概覽1988》，第330-31頁；《中國外交概覽1989》，第350-51頁。

美方以上各項作為皆係協助台北加強自衛能力，符合美國利益，故一面減少軍售及商售數量，一面卻加強技術合作並以個案進行；我方之對美尋求軍售政策則本忍辱負重之精神，重質不重量，並設法減少美方困擾。[88]

　　至於我方駐外人員與美方官員之互動，在雷根政府初期，美國務院仍然僵硬地對我作出種種限制，包括不得到辦公室洽公等。[89]在我不斷向包括政、商、文、教、地方政府等美國各界人士接觸，增加互相溝通與瞭解，並積極邀請美方人士來台訪問，我方人員也頻繁訪美後，[90] 雙方關係更加密切。我人員積極與美國會人士溝通，包括參眾議員及相關助理，增進彼等對我瞭解，並適時邀其來台訪問，例如1985年至1987年間即有21位參議員、87位眾議員、27位州長、6位副州長等政界人士來訪，彼等來訪之後，多因對我國之認識與瞭解而在行事及言論上對我方較為公平。[91]人員之接觸不僅層次逐漸提升，氣氛也日趨友善，台北駐美代表處於成立之時，被迫選擇在華府郊外馬利蘭州暫時辦公，至1987年卻得以遷回到華府內之威斯康辛大道（Wisconsin Avenue）上，而美國政府官員也開始接受我方駐美單位之邀宴。不但如此，我國也獲美方同意自1982年起，先後在波士頓（Boston）、堪薩斯（Kansas City, Missouri）、邁亞密（Miami）及關島（Guam）恢復或增設辦事處，使我在美國的機構增為13處。[92]能有此等發展，我駐美歷任代表及同仁們功不可沒。

---

[88] 郝柏村，《八年參謀總長日記》，第 608-09, 611-12 頁。

[89] 例如對我友好的白宮安全事務助理艾倫（Richard Allen）請我駐美代表赴其辦公室（Old Executive Office Building）之類的地點洽公，國務院亞太事務助卿何志立竟深以為擾（deeply disturbed）。見 J. Holdridge, 前揭書，第 201-22 頁。

[90] 參考《中華民國七十八、七十九年外交年鑑》，第224-25頁；唐耐心，前揭書，第 345-62 頁。

[91] 詳細記錄、名單等見彭錦鵬，〈中華民國與美國人員互訪及其分析〉，《1985-1987中美關係報告》，第137-67頁。

[92] 外交部，《外交報告書》，第 174, 178-79 頁；《中國外交概覽1989》，第350頁；我對美工作作法，另可參考 Ho. S. Y. 前揭書，第 39-42 頁。

1983年間，雷根政府堅定支持台北在亞洲開發銀行（Asian Development Bank, ADB）席位，中共原先主張取代我方之席位，未果；繼又主張排我之後才加入該組織。但在美國國會壓力下，以及財政部長里根（Donald Regan）和亞太事務助卿沃夫維茲（Paul Wolfowitz）的堅持下，雷根總統堅定了支持我國之立場，使中共不得不讓步，只聲稱如果美國尊重「一個中國」政策，便不應讓台灣繼續使用「中華民國」之名稱留在亞銀。1986年，「中華民國」之名稱被迫改名為「中華台北」（中共稱「中國台北」），中共加入，但我方會籍得以保留；我國未參加當年亞銀年會，但亦未退出，而由外交部發言人宣示：「我國係亞銀創始會員國，任何違反亞銀協定或損害我在該組織地位權益及名稱之決定或安排，我政府均拒絕接受」。[93]

1988年元月，蔣經國總統逝世，[94]美方除由雷根總統致唁函，推崇蔣故總統為「真正偉人及卓越領袖」外，並由舒茲國務卿赴我駐美錢復代表官邸弔唁，派前司法部長史密斯（William French Smith）率團搭乘專機來台參加奉厝大典，美國參議員四十餘人、眾議員七十餘人亦紛紛致唁，或在國會發言推崇蔣經國總統之貢獻，的確顯示美方對我國之尊重。[95]而雷根總統亦特別召見美國在

---

[93] 外交部編，《外交部聲明及公報彙編》（中華民國七十四年元月至十二月）（台北：外交部，1985），第 16-17 頁；趙國材，〈論亞洲開發銀行之中國會籍問題〉，《問題與研究》，第二十五卷第九期，1986 年 6 月，第 169-76 頁；R. Ross，前揭書，第 229-32 頁；《1981-1983 中美關係報告》，第 27-29 頁；《1985-1987 中美關係報告》，第 12-13 頁；美國對海峽兩岸參加亞銀之立場可參考美軍太平洋總部的情報分析，*China and the United States*，前揭書，Document 00717，1985 年 5 月 13 日，惟該分析相當部分尚未解密。

[94] 相關照片及說明見《台灣：戰後 50 年》，第 406-07 頁；《1985-1987 中美關係報告》，第 12-13 頁。

[95] 美國特使團團員名單，美國雷根總統 1 月 14 日談話，副總統布希 1 月 16 日聲明，國務卿舒茲 1 月 15 日聲明及國務院、在台協會、白宮發言人、參院共和黨領袖及各界人士、名流相關談話見蔣總統經國先生哀思錄編纂小組，《蔣總統經國先生哀思錄》，第一編（台北：1988）第 163-64, 181 頁；第二編，第 2-19, 290-327, 372-81, 408-10, 416-19, 423-31 頁；英文部分，第 3-80, 120-28 頁；另參考外交部編，《中華民國七十七年外交年鑑》（台北：正中書局，1989），第 166-67 頁；林正義主編，《1988-1989 中美關係報告》（台北：中央研究院美國文化研究所，1991），第 2-4 頁。

台協會主席丁大衛（David Dean），請其轉告我國李登輝總統，美國政府將繼續給我方堅定的政治上和安全上的支持，並保證對台政策不變。[96]

自斷交以來，美國在「台灣關係法」的基礎上，繼續推動與我關係，確將台北視為一政治實體。換言之，美國雖承諾一個中國，與中共簽訂建交公報與八一七公報，但在執行對華政策上時卻仍實施隱性一個中國一個政府一個政治實體的政策。

與美對我政策相關的是我國自1988年7月，亦決定加強務實外交，即以「更實際、更昂然的作為，升高並突破目前以實質外交為主的對外關係」。具體而言，就是以總體性之作法，一面加強與各友邦之雙邊關係並與無邦交國建立和增進各種經貿、文化、科技等各項互惠實質關係，進而提高雙邊交往層次，使其制度化，一面積極參與國際組織及活動，分擔國際義務，並輔導民間團體及個人參與，以加強國際間對我奮鬥目標的認識，以及推廣國際交流與合作。[97] 此項務實外交的短期目標是希望達成「一國兩府」的事實，突顯我與大陸對等政府的局面，[98] 在當時外交困局之中，這是一個努力的方向。

雷根在1989年初卸任，他是一個行動者，做事實際，且提升了美國人民對渠等傳統價值的重視，其任內獲得所謂「兩大勝利」（Two Triumphs）：一是美國經濟開始逐漸恢復，一是蘇聯政府的解體。東歐各共黨政府亦多為人民拋棄。[99] 對於和平演變促使蘇聯解體一節，中共甚為警惕，有軍方高層認為美國該項進攻性大戰略計畫包括政治、經濟、軍事、心理、直接、間接、公開、隱密、單

---

[96] 《中國外交概覽1989》，第350頁。

[97] 參考 1989 年 3 月連戰外長在立法院外交委員會的報告，林正義主編，《1988-1989中美關係報告》（台北：中央研究院美國文化研究所，1991），第8-9頁。

[98] 同上註。

[99] 見 E. Feulner, 前揭書，第353-54頁；另對雷根政績的詳述亦可參考 G. Schultz, 前揭書，第1135-36頁。

方及與盟國合作各層面，參與人員極少，最重要的內容是戰略誤導，結果是六年之內，使美國在很大程度上達到了目的。⑩

## 四、小　結

　　雷根因其理念與我國相近，在他擊敗卡特就任總統前後，曾有若干對台友好之言論，而我朝野亦對他頗寄厚望，但在他就任後，因國內外因素之掣肘，卻未能顯著改進對我關係；其國務院官員在執行台灣關係法的工作上也未能合乎我方期望，包括拒售我 FX 戰機。不但如此，美國在與中共談判十個月後，反在1982年8月簽訂八一七公報，限制售台軍備之質與量。雷根雖然在事後聲明中強調軍售減少須與中共對以和平解決台海問題之方針相連，但八一七公報關於中國主權之尊重及對台軍售減少之承諾均仍對我國造成傷害。

　　雷根的整個對外政策仍是以抵制蘇聯擴張行為為考慮的重心。八一七公報簽訂前後便是美蘇關係未見緩和，限武談判缺少進展的背景下之產物。

　　中共在1980年代在鄧小平主政下進行四個現代化建設，實施建立沿海經濟特區政策以吸引外資及技術。美國乃加強與中共之經濟，科技及國防合作，兩國之政治、文化、新聞交流亦更加頻繁。在雷根1984年連選連任後，此種交流不但增加，更包括對中共軍事合作在內。換言之，在雷根總統任內，美國與中共之關係更形密切。

　　我國在80年代時之進步使我實力增強，加以我國朝野各界人士之努力，美方在履行台灣關係法上逐漸制式化，與我方增進來往，

---

⑩　例如見中共前軍事科學院副院長李際均著，《軍事戰略思維》，增訂版（北京：軍事科學出版社，1997），第 351-53 頁，附錄二：「近代以來外國主要戰略計畫簡表 27：美國里根政府加速蘇聯垮台的秘密戰略計畫 1981-1987」。另美國以蘇聯為鬥爭目標及作法可參考 R. Gates, 前揭書，第 508-40。

對我軍售亦有相當之進展，包括提供技術助我發展經國號戰機及派里級巡防艦等，台北並致力改善與美貿易摩擦，而國內解除戒嚴令及諸項民主改革措施使美國朝野對我進一步肯定，也使得我方推動與美實質關係更易水到渠成。

## 第六章

# 布希政府時代（1989－1993）

## ──在世局重大變化中，華府與北京關係倒退， 與台灣關係增強

　　布希（George H. W. Bush）在二次大戰時曾為海軍飛行員，耶魯大學畢業後到德州（Texas）石油公司任職，1960年代獲選為兩屆德州聯邦眾議員。其後雖然在1970年競選參議員失敗，卻被任命為駐聯合國大使，並曾致力維護我會籍（見第二章）。在福特政府期間，1974年到1975年曾被派駐北京任聯絡辦事處主任，而與中共高層建立密切的工作關係和私人情誼，到1975年渠與毛澤東見面一週之後即奉令返國，接任中情局局長。① 1988年底，布希擊敗民主黨候選人而當選總統，成為美國歷史上自1836年以來第一位以副總統身分競選總統成功者。他在尚未就職前，竟以準總統之尊攜帶家小十八人前往中共駐華府大使韓敘官邸參加聖誕餐會。② 1989年元月，布希就職之後，為了平衡蘇聯共黨總書記戈巴契夫（Mikhail

---

① 布希個人背景參考 website at http://www.csdl.tamu.edu/bushlib/president/ bio/bio. html；中共領導人鄧小平即與布希有相當之友誼，在布希回國出掌中情局前曾開玩笑問他是否一直在大陸從事間諜活動。另，布希自述渠與中共關係均見其回憶錄，G. Bush and B. Scowcroft, *A World Transformed* (N.Y.：A. Knopf, 1998), 第90-93 頁；毛澤東與布希之談話內容，及認為他將可出任美國總統事，見 W. Burr ed., *The Kissinger Transcripts* (New York：The New Press, 1999), 第397-98 頁。

② C. Cook and J. Stevenson, *The Longman Handbook of the Modern World* (N.Y.：Longman, 1998), 第 344 頁；陳有為，《天安門事件後中共與美國外交內幕：一位中國大陸外交官的歷史見證》（台北：正中書局，1999），第 102-18 頁。

Gorbachev）即將於5月訪問大陸，乃藉2月赴日本參加裕仁天皇（Emperor Hiroshito）喪禮之便，又於2月25日至26日赴北京訪問，與中共中央軍委主席鄧小平會談，並受到楊尚昆主席和李鵬總理的熱烈款待。布希還聲稱美國與中共根據「只有一個中國」的基本原則，已經找到了建設性地、不帶惡意地討論台灣問題的途徑，③以上顯示布希的中共情結非常明顯。

儘管如此，大陸內部的情勢由於改革開放帶來的後遺症和社會矛盾，正在加速累積，終於發生了天安門事件。

## 一、天安門事件及美國與中共關係之倒退

天安門事件是社會、政治及經濟因素造成的：第一，農村包產到戶使農場規模變小，以致農民收入到1989年停止成長，鄉鎮企業又無法昇級，不能吸收農村剩餘人口，而且貧富差距拉大；第二，中央為了提高農產品收購價格，補助不斷虧損的國營企業，投資基礎建設，提高工人薪資等必須增加財政支出，從而造成了每年都是入不敷出的情況，到1989年赤字達430億美元。為此必須增加發行貨幣，遂引起通貨膨脹，1988年起每年連續上漲約18%之多，引起人民極度不滿；第三，中共社會缺少法律體制，權錢交易普遍，基層幹部素質低，腐敗盛行，太子黨囂張，改革開放後尤其明顯；第四，政治鬥爭嚴重：元老派不少人認為改革開放違背共產主義，不應推動，而李鵬派與趙紫陽派亦鬥爭激烈；第五，港澳人士於80年代每年進入大陸七、八百萬人次，而且1987至1988年間，我政府開放探親後，亦已有五十萬人自台灣前往大陸各地，以致普遍增加了大陸人民對外的瞭解與視野，以及對境外生活方式的嚮往。以上種種的現象終於使知識份子、學生及社會其他人士愈益要求改革及

③ 在此行中，鄧、楊、李三人均強調中共不會再與蘇聯結盟，與蘇聯改善關係之原因是蘇聯對中共的重大戰略威脅等，詳見 G. Bush and B. Scowcroft, 同上註，第91-98頁；及中華人民共和國外交部外交史編輯室編，《中國外交概覽1990》（北京：世界知識出版社，1990），第306-07頁。

推行民主。1989年春，主張改革的中共總書記胡耀邦之死亡更予一般不滿人士集合悼念之機，於是集結天安門廣場，要求中央採取行動，進行改革。新任總書記趙紫陽同情學生，但李鵬總理及元老們主張強硬對付，4月下旬鄧小平接受李鵬等人之意見，將學生們之和平要求定性為「反革命暴亂」，於是決定「對內用武力，對外抗壓力」。在訪問大陸的蘇聯領袖戈巴契夫於5月中旬離開北京後便解除了趙紫陽的實際權力，隨即實施戒嚴，加調軍隊入京，在6月3日至4日對該等在天安門廣場的廣大徒手人群用坦克機槍加以鎮壓屠殺。④

　　由於西方媒體為了採訪戈巴契夫訪問大陸而大量雲集北京，使學生抗議示威事件的畫面及文字亦傳播至世界各國。等到事件發生，千百人遭血腥屠殺，電視向全世界的轉播，立即造成極大震撼。⑤美國與西方國家立即對中共採取行動，布希總統發表聲明表示悲痛，次日又舉行記者會，強烈譴責，並以針對中共強硬派及共軍為目的，宣佈對中共採取五項制裁措施，包括立即停止對中共一切政府間軍售及商業性軍售，並暫停兩國高層軍事人員交流和軍

---

④ 詳見〈中國大陸民主運動大事記〉（1月6日至7月4日），〈中國大陸民主運動重要文件彙編〉（1月6日至5月20日），（5月20日至6月3日），載於張京育主編，《自由之血、民主之花：民國七十八年中國大陸民主運動紀實》（台北：國立政治大學國際關係研究中心，1989），第貳至第肆章；《1990中共年報》（台北：中共研究雜誌社，1990），四之20-四之48頁；及陳永發，《中國共產革命七十年》，下冊（台北：聯經，1998），第十章第二節；C. Y. Cheng, *Behind The Tiananmen Massacre* (S.F. : Westview Press, 1990), Chapters 1；美駐北京大使館關於天安門事件每日電報大要包括目擊者之驚人報告及相關分析檢討等共35件美官方文件參考"Tiananmen Square, 1989: The Declassified History," National Security Archive Electronic Briefing Book No. 16, website at http://www.gwu.edu/(20 Feb. 2000)

⑤ 據估計，全美國最有權力的29個機構中前3位分別是白宮、電視界及工會。此可見電視轉播之影響力。參考宋楚瑜，《美國政治與民意》（台北：黎明文化公司，1978），第222頁；中共黨、政、軍相關文告、講話，民主運動人士之控訴等，見《自由之血、民主之花》，第伍章；另見 G. Bush and B. Scowcroft, 前揭書，第86-89頁。

事合作項目等；⑥ 美國若干跨國公司如 IBM、XEROX 亦分別撤出非華籍員工；而我國則由李登輝總統發表嚴正聲明，認為中共所採取的毫無人性的作法，必將受到歷史的裁判，呼籲全世界所有愛好自由、重視人權的國家與人士，對中共給予最嚴厲的譴責。⑦

布希的制裁對中共軍事現代化有直接的影響：自從1979年美國與中共建交以來，美公司業已軍售中共超過7億多美元，在1988年至天安門事件以前，美國甚至已決定出售 M60A1 型戰車，CH-47D 型契努克（Chinook）直升機及 Mark-46 型反潛魚雷給中共。⑧ 中共自外國所吸收「雙重用途」的技術中（如電腦及其他高科技裝備）有30%來自美國。因此，此項制裁立即停止了美國對中共約6億美元的對外軍售（Foreign Military Sale, FMS）及4億多美元的商售（Commercial Sales on Munition Control List-MCL），影響的大項目包括格魯曼公司（Grumman Aerospace Corporation）提升殲八的計畫，及通用動力休斯公司（General Motors/Hughes）出售反火

---

⑥ 美政府聲明見 *China and the United States: From Hostility to Engagement, 1960-1998* (Washington, D.C.: The National Security Archives, 1999), Document 01148, 1989 年 6 月 20 日；另見 Bush and Scowcroft, 同上註，第 89 頁；值得注意的是布希就任總統後，恢復了國家安全事務助理之權力，並任命 Brent Scowcroft 擔任斯職，二人對各項國際事務密切商議，參考 A. Jordan, W. Taylor & M. Mazarr, *American National Security*, 5th ed. (Baltimore : Johns Hopkins University Press, 1999), 第 104 頁。美方在 5 月 18、20、23 日，6 月 3、5、6、7、9、12、20 日各項聲明見林正義主編，《1988-1989 中美關係報告》（台北：中央研究院美國文化研究所，1991），附錄II，英文文獻，第 319-324 頁。

⑦ 《中國外交概覽 1990》，第 313, 322-23 頁；中華民國外交部外交年鑑編輯委員會編，《中華民國七十八、七十九年外交年鑑》（台北：正中書局，1990），第 800 頁；《1990 中共年報》，四之 49 頁。中華民國李總統聲明及執政黨中國國民黨聲明全文另見《自由之血，民主之花》，第 659-62 頁；李登輝總統約見美國在台協會處長丁大衛（David Dean）籲請美國譴責中共軍暴行及對中共制裁事見國務院致美駐北京大使館電，錄於本章註 4 National Security Archive Electronic Briefing Book No. 16 之 Document 16；中共逮捕民主人士，認為我政府在幕後鼓動事參考美使館之報告，*China and the United States*, 同上註，Documents 01160, 1989 年 6 月 23 日；01165, 6 月 24 日。

⑧ Chu-yuan Cheng, *Behind the Tiananmen Massacre* (San Francisco : Westview Press, 1990), 第 149 頁；《中國時報》（台北），民國 77 年 10 月 28 日，1 版。

炮雷達等。據統計，對中共空軍影響最大。⑨

　　但當時美國與中共關係經過卡特及雷根政府之經營，在各方面都已有實質的進展：政治上，雙方領導互訪不斷；軍事上，中、高階層軍官互訪學習、武器銷售、科技移轉逐一進行；經貿方面，商務貿易聯合委員會、科技合作聯合委員會、經濟聯合委員會每年固定易地召開一次，進行順利，美國佔大陸的外國投資第一位；文教方面，雙方訂有30個以上的科學技術議定書；而中國大陸留學生更佔美國外籍學生人數第一位。⑩ 布希總統不希望這些實質關係逆轉，也不願破壞了與中共關係後反促成中共與蘇聯更接近，⑪ 所以他向國會議員們表示美國還不到與中共斷交的時候，也不必召回大使，而尼克森等人也勸他為長遠著想。⑫ 布希私下想直接和他的「老朋友」鄧小平通話，以便為鄧小平開脫，但鄧拒絕通話，⑬ 反而加緊鎮壓，並驅逐美國之音及美聯社常駐北京記者。布希在美國各界的壓力下，便再下令進一步制裁，包括推遲國際機構的貸款（包括世銀7年貸款，共8億美元）、中止兩國高級官員互訪、取消向中共出售核電廠、停止頒發中共發射美製衛星的許可證、美國另取消對中共的最惠國待遇等等。⑭ 美國國會並於6、7月間通過譴責中共決議案，支持總統對中共制裁，並於11月通過制裁中共的

---

⑨ C. Y. Cheng, 同上註；《1988-1989中美關係報告》，第30-33頁。

⑩ 參考美國務院亞太事務代理副助卿 Richard Williams 於1989年7月13日在眾院外委會相關小組及7月20日在眾院司法委員會相關小組之證詞，見中央研究院美國文化研究所編，《1988-1989中美關係報告》（台北：中央研究院美國文化研究所，1990），附錄II，英文文獻，第324-30頁，及第26-27頁。

⑪ 同上註，第26頁。按，戈巴契夫訪問大陸前，鄧小平曾向布希解釋中共之目的並非要結合蘇聯以抗美而係布希促使蘇聯自阿富汗撤軍。事實上，蘇聯內部早已決定自1987年起自阿富汗撤軍，至1989年撤完。分見 P. Tyler, *A Great Wall* (New York: The Century Foundation, 2000), 第343-44頁；A. Dobrynin, *In Confidence* (New York: Times Books, 1995), 第452-54頁。

⑫ 見布希總統6月5日日記，G. Bush and B. Scowcroft, 前揭書，第98頁。

⑬ 同上註，第99-100頁；H. Harding, *A Fragile Relationship* (Wash. D.C. : Brookings Institution, 1992), 第227頁。

⑭ 陳有為，前揭書，第148頁；《1990中共年報》，四之49頁；《中國外交概覽1990》，第313頁。

「美國國務院授權法修正案」。⑮當時除美國外，聯合國人權委員會、歐洲共同體、國際特赦組織等均強烈譴責中共暴行，而參加制裁中共的國家達到二十多個，包括加拿大、澳、紐、日本及歐洲共同體十二個會員國等，都是中共對外開放與引進技術資金來源的主要對象，制裁的項目包括凍結對中共援助，中斷軍事合作，停止高層互訪及政治交往等。由於改革開放使中共依賴西方程度增加，所以該等制裁對中共國際地位及經濟發展影響甚大，連觀光業收入都降低。⑯

　　不但如此，中共駐外人員對血腥鎮壓學生也多表不滿，一時之間，背叛中共向駐在國申請居留者達77人，其中外交部人員佔了17人，而且背叛者階層高達部長、副部長級高級幹部。⑰在這種情況下，只有季辛吉尚為文為中共辯護。⑱

　　布希遂親自草擬一私函予鄧小平，經由中共大使韓敘之傳遞後，於6月下旬密派其國家安全事務顧問史考克羅夫特（Brent Scowcroft）及副國務卿伊戈柏格（Lawrence Eagleburger）赴北京，⑲希望與中共當局當面交換意見，俾妥善解決逃入美國駐北京大使館中之學者方勵之的問題，並希望中蘇邊境監測站的工作不受影響，同時他在7月初也批准了售予中共4架波音七五七飛機，由於其精

---

⑮ 《中國外交概覽 1990》，第 315-16 頁；詳細內容（共七項）見《1990 中共年報》，四之 49 頁。中共及他國對美國制裁之反應見 *China and the United States*，前揭書，Document 01164, 1989 年 6 月 24 日。

⑯ 參考台北外交部發言人在 6 月 30 日之言論，《中國民國七十八、七十九年外交年鑑》，第 826-27 頁；各國制裁詳見《1990 中共年報》，四之 50-之 52；四之 64-四之 69 頁；以及陳有為，前揭書，第 118-23, 189 頁；C. Y. Cheng，前揭書，第 149-50 頁。

⑰ 陳有為，前揭書，第 34 頁；《1990 中共年報》，四之 53 頁；另參考前中共港澳工作委員會書記許家屯對六四事件的分析，許家屯，《許家屯香港回憶錄》（台北：聯合報，1993），第 523-37, 556-65 頁。

⑱ 見 H. Kissinger, "Turmoil on Top," *Los Angeles Times*, July 30, 1989.

⑲ 私函大要及相關安排見 G. Bush and B. Scowcroft, 前揭書，第 100-105 頁；另參考美國務院對與中共關係之檢討報告，*China and the United States*, 前揭書，Document 01176, 1989 年 6 月 29 日，其中相當部分未解密。

密導航設備可移作軍用，所以此舉等於違反了自己簽署的制裁令。
⑳

　　史氏之行無特殊具體成果，但至少讓中共知道美高層的善意，
而中共方面尤其以鄧小平、李鵬為代表則認為：第一，美國是天安
門事件的幕後黑手；第二，美國的目的是推翻中共制度；第三，破
壞中共與美國關係的是美國，因此必須由美國先採行動來補救。㉑

　　布希乃再致一函予鄧小平，盼中能放鬆對民運人士之鎮壓，
但鄧小平於8月間回函，強調中國係依據其法律鎮壓叛亂，希望美
國停止准許民運人士在美從事不利中共之活動。㉒

　　其後，美國與中共兩國外長先後在巴黎和紐約的國際會議上見
面溝通，但無重大進展，10月2日，錢其琛在紐約美對外關係委員
會上發表演講，強調中共與美國社會制度和價值觀念根本不同，不
要以自己的標準判斷他國的是非；另外，由於我國甫與格瑞那達
（Grenada）、賴比瑞亞（Liberia）及貝里斯（Belize）建立外交關
係，錢某乃亦強調處理好台灣問題十分重要，因「台灣正利用目前
的情況加強推行彈性外交，妄圖使台灣成為一個獨立政治實體」。
「中國讚賞美國政府多次聲明堅持『一個中國』的原則」，希望能
付諸實施。㉓

　　10月底11月，中共再邀請尼克森、季辛吉等「友人」訪問大
陸，請彼等向美政要進言，尼克森表示現在兩國雖面臨嚴重分歧，
但應仍能找到現在和未來把兩國聯繫在一起的共同點。㉔經由尼克

---

⑳　H. Harding, 前揭書，第 227-28 頁；《中國外交概覽 1990》，第 308 頁；J. Mann,
　　*About Face* (N.Y.: A. Knopf, 1999), ch.10.

㉑　陳有為，前揭書，第 130 頁；談話詳情及此行之意義見史考克羅夫特之回憶，G.
　　Bush and B. Scowcroft, 前揭書，第 105-11 頁。

㉒　G. Bush and B. Scowcroft, 同上註，第 156-57 頁。

㉓　《中國外交概覽 1990》，第 13, 309 頁；《中華民國七十八、七十九年外交年
　　鑑》，第 827-29 頁；蘇格，《美國對華政策與台灣問題》（北京：世界知識出
　　版社，1998），第 599-600 頁；中共批判台灣彈性外交。內容簡表參考《聯合
　　報》，台北，民國 78 年 9 月 17 日，1 版。

㉔　《中國外交概覽 1990》，第 310 頁；P. Tyler, 前揭書，第 356-69 頁。

森等人的幕後努力，[25] 布希總統在12月再派國家安全事務顧問史考克羅夫特及副國務卿伊戈柏格赴北京。美國希望中共撤銷戒嚴，停止對學生迫害，允許方勵之夫婦離境，並停止向中東出售導彈，而中共則亟需恢復在西方國家之聲望，科技合作及世銀貸款等。[26] 史氏在北京時與錢其琛三度會談，另江澤民主席表示，希望兩國均能「求同存異」，「按照和平共處五原則辦事」，而鄧小平亦運用「老友」的情感請其轉告布希總統：「在東方的中國有一位退休老人關心著中美關係的改善與發展」，[27] 史氏認為此行有具體成就，因中共隨即迫於形勢，不得不作了若干讓步，包括解除戒嚴，釋放了573名在押犯，接受和平團（Peace Corps），並保證除了沙烏地外，未向中東出售導彈等；而美國接著亦批准由中共火箭發射美國衛星及為澳洲發射美國衛星的計畫，以及世銀一筆三千萬的貸款，以為回報。惟因北京內部錯估形勢，仍認為美國需要中共平衡蘇聯，因此未能利用此機會表現更積極態度，以恢復與美關係。[28]

　　但美國會及輿論界對布希派遣史氏赴訪，象徵著美方道德立場的軟化，甚不諒解，抨擊四起。事實上，天安門事件後，國會先後通過了二十多項在中共看來是不友好和「干涉內政」的議案，包括「關於台灣前途的政策」的修正案，主張台灣前途應以台灣人民所能接受的和平方式解決；美中（共）之間的良好關係取決於中共不使用武力或不以武力相威脅來解決台灣前途問題等。[29] 1989年11月

---

㉕ 尼克森返來後與布希之談話，勸布希再致函鄧小平派員赴北京，順便簡報美蘇馬爾它（Malta）高峰會事，以及布希對國會行動，包括對索拉茲眾議員（Steve Solarz）提案等之忌憚，見 G. Bush and B. Scowcroft, 前揭書，第157-58 頁。

㉖ 10 月 1 日中共四十週年國慶典禮時西方政要僅海格前國務卿赴北京參加慶祝，J. Mann, 前揭書，第219-22 頁；另見 H. Harding, 前揭書，第247-51 頁。

㉗ 《中國外交概覽 1990》，第 311 頁；G. Bush and B. Scowcroft, 前揭書，第175-178 頁。

㉘ G. Bush and B. Scowcroft, 同上註，第 178 頁；陳有為，前揭書，第146-48 頁。

㉙ 《中國外交概覽 1990》，第 12, 317 頁；J. Mann, 前揭書，第222-26 頁。國會各項議案之簡述另見《1988-1989 中美關係報告》，第27-30 頁；美國民意之影響力參考宋楚瑜，前揭書，第五章。

下旬，美國國會通過「1989年緊急放寬中國移民法案」，以中國大陸留學生回國可能受迫害為理由，豁免全部持 J-1 簽證的大陸在美留學人員回國服務兩年的限制。此案雖經布希總統擱置否決，國會嗣翻案未成，布希卻仍在1990年4月發佈行政命令，准許在美中國人不論護照或簽證是否到期，均可在美國居留直到1994年元月1日為止。[30]

美國政府此時對中共的政策是增加溝通，盼能說服中共改善境內情況。布希總統在1990年元月的記者會中強調對中共要接觸（contact），而非孤立（isolation）；副國務卿伊戈柏格在2月的參院聽證會上也表示，冷戰時期中共對美國的重要性主要在對抗蘇聯，但今後美國更需要的是中共在其他國際問題，像阻止武器和飛彈擴散等議題上的合作。[31] 然而由於美國民意支持對中共持續制裁，致美國會兩黨重要議員均認為應設法用法案改變中共之行為，乃自次月起研究利用審核每年給予中共貿易最惠國待遇時要求中共改善其人權狀況。按，自1980年卡特總統給予中共最惠國待遇以來，每年6月總統簽署界予中共該一待遇，均未引用賈克遜─范尼克修正案（Jackson-Vanik Amendment）對於共黨國家限制之條款，國會亦均無異議，但自從1990年上半年，由於中共民運人士及滯美學人學生之成功遊說，以及主要大公司未參與該項立法爭議，國會便以附加條件要求中共改善人權，頗具聲勢。至於支持改進西藏人權人士更在1991年起，成功遊說國會將之列為界予中共最惠國待遇條件之一，使中共顏面大受打擊。由於最惠國待遇是中共對美經貿關係之中心條件，頗具影響，故雖然每年本項企圖或因總統否決，或因國會議員意見不一，均未成功，但自1990年起的十年內，該案

30 《中國外交概覽 1990》，第 313-14 頁。
31 布希記者會大要及伊戈柏格證詞見《1990-1991 中美關係報告》（台北：中央研究院，1990），附錄 II，英文文獻，第 212-219 頁；另見 J. Mann, 前揭書，第 227-28 頁。

年年均成為美國與中共關係之重要指標。㉜

## 二、中共反應及世局發展

鄧小平對於六四事件遭舉世譴責，導致北京外交孤立的局面而提出了廿四個字方針來應付：「冷靜觀察，韜光養晦，站穩腳跟，沉著應付，朋友要交，心中有數」。㉝作法有以下幾點原則：

1. 據理鬥爭；2. 要注意利用各國內部各種力量的矛盾，區別對待，注意策略；3. 利用各種機會宣傳中國政策不變，以爭取西方願意和中國保持關係的力量；4. 把政府間高層往來與其他往來（經貿、科技、民間）分別開來，後者照常進行。㉞

中共隨即於7月間召開駐外使節會議，學習鄧小平講話和中共十三屆四中全會文件，聽取報告和江澤民、李鵬的指示，9月份召開駐外部分地區參贊、領事工作會議，研究應對國際社會對中共的經濟制裁，同時，加強國際宣傳，而高層亦積極到世界各國出訪、連繫，增進與外國利益關係來改善處境。例如，錢其琛從1989年下半年起到1991年底兩年半內，即出訪了75國次，而李鵬、楊尚昆、朱鎔基等也往多國訪問，其主要目的在：1. 改善周邊國家關係，使中共有一個安全穩定的環境；2. 淡化意識型態因素；3. 推行經濟外交；4. 利用西方各國尤其日美及歐美之間的利益矛盾；5. 加強多邊外交，希擴大中共在國際事務中的影響：例如在1990年間便參加了國際公約12個，與外國簽訂了各項條約協定129個；6. 在防止武器

---

㉜ 參考 J. Mann, 同上註，Chapter 12；P. Tyler, 前揭書，第 371-72 頁；中華人民共和國外交部外交史研究室，《中國外交概覽 1992》（北京：世界知識出版社，1992），第 323-26 頁；國會關於西藏問題之決議案可看《中國外交概覽 1990》，第 315-16 頁；美總統安全顧問史考克羅夫特對與國會就最惠國待遇事奮戰之描述見 G. Bush and B. Scowcroft, 前揭書，第 275-276 頁。當時美國政府內部對天安門事件之前因後果、國內外情勢之發展、影響等所作之情報評估見 *China and the United States*, 前揭書，Document 01280, 1990 年 7 月 25 日。
㉝ 陳有為，前揭書，第 195 頁。
㉞ 同上註，第 198 頁。

擴散問題上採取與西方較為協調合作的態度。[35]

　　中共的努力確實發生了一些效果，尤其顯著的是在周邊關係，例如1989年中共與蘇聯關係正常化，1990年間與五個國家建交或復交，包括亞太地區的印尼與新加坡；[36] 1991年實現與越南關係正常化；並邀得日本首相海部俊樹（Toshiki Kaifu）赴訪。由於日本恢復貸款，增加投資，中共與日本關係隨即完全恢復正常。[37] 隨著1990年歐盟外長會議決定取消對中共限制，恢復與中共的政治經濟和文化關係後，中共便運用香港機場興建問題，邀得英國首相梅傑（John Major）在1991年往訪，改進關係，成為西歐大國中在天安門事件後第一個往訪的領袖。[38] 同時，中共外交的攻勢對我國亦發生影響。中共利用台北邦交國沙烏地阿拉伯國防上的需要，供售其中程彈道飛彈，獲准於1989年與其互設商務辦事處，繼則於1990年7月與其達成建交協議，我政府隨即與沙烏地斷交，[39] 而我在亞洲之

---

[35] 同上註，第200-03頁；《1990中共年報》，四之53-四之54頁；《中國外交概覽1991》，第406-07, 483-97頁，值得注意的是中共於1990年8月首次參加「禁止核武蕃衍條約」每五年一次的審議會，肯定該條約之貢獻並提出基本立場文件。

[36] 《中國外交概覽1990》，第11-12頁；台北對印尼與新加坡與中共建交均表遺憾，見外交部外交編輯委員會編，《中華民國八十年外交年鑑》（台北：正中書局，1991），第794-95頁。

[37] 《中國外交概覽1991》，第13頁；《中國外交概覽1992》，第12-14頁；J. Mann, 前揭書，第247頁；中華民國外交部對日本此種助長中共氣焰之舉表示「難以理解」，盼日本「勿妨礙大陸民主運動之發展」，見《中華民國八十年外交年鑑》，第793頁。

[38] 《中國外交概覽1992》，第12-14頁；J. Mann, 前揭書，第230-50頁。

[39] 《中華民國七十八、七十九年外交年鑑》，第164, 834頁；《中國外交概覽1990》，第11頁；《中國外交概覽1991》，第11-12頁；黃剛，《世界相關各國與中華民國終斷使領關係之述論（1949年10月-1998年2月）》（台北：政治大學國研中心，1998），第83-84頁；北京以導彈售予沙烏地以加強關係之經過另參考1988年以來國務卿舒茲致吳學謙外長函以及其他文件，包括照片，載於 China and the United States, 前揭書，Documents 00927, 1988年3月28日；00968, 1988年7月29日；00996, 1988年11月16日；01194, 1989年8月；01279, 1990年7月16日。

重要邦交國韓國亦於1992年8月與中共建交。[40]

　　1990年8月，伊拉克入侵科威特，造成波斯灣危機。在該危機發生前，布希總統即已發展出一世界新秩序（New World Order）之構想，在這構想下，在美國主導及領導之下，西方聯盟共同對付區域性衝突，而以美國軍力為後盾，並傳播人權、自由、民主等觀念來改造世界，建立一新的秩序。[41] 因此，當年8月開始，布希就致力一面與國內國會領袖溝通，一面與西方盟國聯繫，甚至親自與蘇聯領袖戈巴契夫見面，取得其支持，以建立一最大程度的聯盟（coalition），然後以各種手段，包括經濟制裁、軍事威脅及外交談判等，迫使伊拉克撤兵。[42] 聯合國安理會則在科威特失陷至多國部隊對伊拉克發動戰爭前，一共通過了12項決議案，包括對伊拉克的譴責，人質安全問題及經濟制裁等。[43] 在伊拉克拒不撤軍的情況下，由於聯合國的介入，俾使美國以武力教訓侵略者，設定國際行為準則，以推行其「世界新秩序」更有正當性，於是自1991年元月起，至少28國參與的聯軍先對伊拉克施以戰略轟炸，再於2月下旬

----

[40] 北京認為這是其外交關係中的一個重大突破，見中華人民共和國外交史研究室，《中國外交概覽 1993》（北京：世界知識出版社，1993），第 14, 40-42 頁。另，韓國在與中共談判過程中有意對我欺瞞，惟我仍預知其進程，乃於其建交前兩日先發佈聲明稱：「自韓國與中共建交之日起即斷絕與南韓盧泰愚政府之外交關係。」見外交部，《外交部聲明及公報彙編》（中華民國 81 年 1 月至 12 月）（台北：外交部，1992），第 20-21 頁；黃剛，同上註，第 85-87 頁。與韓斷交及北韓來台擴展貿易相關照片見《外交風雲》（台北：中央社，1999），第 292-98 頁。

[41] G. Bush and B. Scowcroft, 前揭書，第 362-64 頁；林正義主編，《1990-1991 中美關係報告》（台北：中央研究院歐美研究所，1993），第 118, 137 頁。波灣戰爭的簡要敘述見 "Wars and Major Armed Conflict" in C. Cook & J. Stevenson, 前揭書，第 277 頁。

[42] Bush and Scowcroft, 同上註，chs. 13, 14, 15, 18；《1990-1991 中美關係報告》，第 119-18 頁；當年 8 月 4 日布希在大衛營召集國安會會議研究軍事行動，參加者共 12 人，見 A. Jordan, W. Taylor and M. Mazarr, 前揭書，第 105 頁。

[43] Bush and Scowcroft, 同上註，第 314-15, 344-45 頁；*UN Chronicle*, March, 1991, 第 54 頁。

展開陸戰，驅逐伊拉克軍撤出科威特。[44]

　　波灣戰爭提供了中共與美國改善關係的機會，因為美國的行動
需要聯合國支持──中共是安理會常任理事國，而中共又係伊拉克
武器提供國之一──所以伊拉克出兵科威特當日，美國便要求中共
停止對伊拉克供應軍品。[45] 在整個事件的過程中，中共曾在聯合國
投票贊成對伊拉克經濟制裁、空中禁運及海上禁運各決議案，並運
用其在第三世界中之地位而企圖兩面逢迎，只是它判斷有誤，起先
認為不會開戰，俟美國決心以武力恢復科國獨立後，又認為美軍會陷
入波斯灣沙漠，不可能迅速獲勝，因此決定以拖待變，而在1990年
11月29日的安理會678號決議案（授權多國聯軍使用所有必要手段
以恢復波灣地區的和平與安全）中投票棄權，使美國頗為不悅。[46]
1991年元月以美國為首的各國聯軍執行聯合國決議，對伊拉克實行
武力制裁，經過42天空襲及100個小時地面猛烈攻擊後，伊拉克便
被迫求和，使科威特得以復國。[47] 伊拉克副總理在1991年2月訪問
北京，盼望中共調停，也因戰爭結束太快而未能如願。[48] 戰爭結束
後，中共卻又錯估形勢，認為美國會長期佔領波斯灣，俾得以「制
約歐洲和日本」，而不會自當地撤軍。甚至怕美國的壓力會在戰後
轉向中共，以為布希的「新世界秩序」真正目的是對付北京，以中
共為主要敵人。所以錢其琛外長還在聯合國大會中呼籲排除區域外
大國介入中東事務。[49] 由於中共的「敵我觀念」太深，教條束縛，

---

[44] 波灣戰爭之經過及評論參考 L. Freedman "Weak States and the West," "The Start of
　　　Desert Storm, January 1991," M. Navias and T. Moreman, "Limited War and Develop-
　　　ing Countries," in Lawrence Freedman ed., *War* (Oxford : Oxford University Press,
　　　1994), 第 60-62, 258-59, 312-13 頁。
[45] Bush and Scowcroft, 前揭書，第 316 頁。
[46] 陳有為，前揭書，第 278-93 頁；J. Mann, 前揭書，第 249 頁；中共在聯合國中
　　　之投票立場見《中國外交概覽 1991》，第 4-5, 387-90 頁。
[47] 《中華民國八十年外交年鑑》，第 66 頁。Bush and Scowcroft, 前揭書，ch. 18.
[48] 《1990-1991 中美關係報告》第 129-30 頁。
[49] 同上註。

體制封閉，使其判斷常脫離實際。⑤儘管如此，布希總統在1991年5月的一項公開演講中，仍稱許中共協助解決國際爭端的能力，並對中共投票反對伊拉克侵略，導致波灣戰爭勝利一事表示謝意。⑤

當時世局之另一重大變化發生在東歐和蘇聯。蘇聯共黨領袖戈巴契夫（Mikhail S. Gorbachev）為應付嚴重經濟危機及政治困難，進行政經改革，不但邁向市場經濟體制，並且放棄共黨一黨專政，允許多黨併存，其影響所及，也激起東歐集團內部民主化浪潮。波蘭於1989年9月組建東歐第一個非共黨政府；10月，匈牙利建立多黨制；11月，保加利亞共黨領導人辭職，同意組聯合政府，捷共分裂，改由公民論壇選任總統；12月，羅馬尼亞政府被推翻；1990年10月3日東德瓦解，德國統一；1991年6月，東歐「經濟互助委員會」（COMECON）解散；8月，蘇聯共黨解散；12月，蘇聯解體，俄羅斯及其他共和國另成立獨立國協。⑤從此兩極陣營對抗不復存在。

在經濟上，蘇聯及東歐各國困難重重，連續負成長，1991年蘇聯經濟負成長下降達15%，東歐各國則平均負成長達20%，而南斯拉夫又開始大規模內戰。⑤但另一方面，隨著東歐的變化，以西歐各國為主的歐盟卻進一步的整合，1991年12月，在馬斯垂克（Maastricht）高峰會中，通過了經濟與貨幣聯合條約以及政治聯合條約，顯示以法德為主的「聯邦派」和以英國為主的「國家主權派」終於得到妥協，而此一發展亦帶動世界上區域經濟整合之風。⑤

⑤ 陳有為，前揭書，第十三章：「波斯灣戰爭：中南海在震驚中決策」，第315-20頁。

⑤ 《1990-1991中美關係報告》，第128頁。

⑤ 參考 C. Cook & J. Stevenson, 前揭書，第28-29頁；《民國八十年外交年鑑》，第66-68頁；《中國外交概覽1990》，前揭書，第3-4頁；《中國外交概覽1992》，前揭書，第3-4頁；台北方面對蘇聯及東歐垮台之看法參考李登輝總統1992年1月11日之講話，外交部外交年鑑編輯委員會編，《中華民國八十一年外交年鑑》（台北：正中書局，1992），第753頁。

⑤ 《中國外交概覽1992》，第4頁。

⑤ 同上註；外交部外交年鑑編輯委員會編，《中華民國八十二年外交年鑑》（台北：正中書局，1993），第77-78頁；C. Cook & J. Stevenson, 前揭書，第37頁。

蘇聯共黨之垮台予中共極大刺激，因而在政治上更加強控制，尤其注意限制資訊之流通，致大陸同胞未能因此更加爭取自由。同時，蘇聯之解體更顯示中共在其歷史上首次在邊界上沒有重大威脅，從而更能在控制的環境下進行經濟上的改革開放。事實上，世局之發展顯示經濟問題愈來愈為世界各國所重視，而國際經濟之復甦更是世界各國面臨之共同重要問題，同時，各項社會問題如環保、能源、人口、糧食、疾病、人權等均係逾越國界之問題，影響廣大而深遠。⑤中共以其廣大區域及眾多人口，又為安理會常任理事國，以上問題均需其參與及合作，而當大陸經濟發展有前景時，世界各國亦致力與之加強關係，尤其經貿來往，此所以在天安門事件之後短期內各國即恢復對其重視，使中共之國際地位大致回復從前。

中共與美國關係的改善卻不如其他國家。雖然中共利用美國急於想將方勵之教授送出大陸的心理，換得了若干國際機構對中共貸款的恢復，⑤且兩國間之重要政治往來亦逐年增進，⑤例如1990至1991年間中共訪美者包括上海市長朱鎔基、外長錢其琛、人大常委會委員曾源等，美國政要訪問北京者包括助理國務卿索樂文、前總統卡特、前國務卿季辛吉、舒茲、海格及國會議員多人，⑤但較之天安門事件前之層次及頻密仍不能比，故錢其琛外長於1991年9月間，在美國亞洲協會公開對中共與美國關係之改善「落在其他西方大國之後」表示遺憾。⑤事實上，兩國關係除台灣問題外，另在人權和武器擴散等議題上仍有甚多歧異與衝突未能解決。

⑤ 參考《中華民國八十二年外交年鑑》，第 76-80 頁；Robert G. Sutter, *Chinese Policy Priorities and Their Implications for the United States* (London : Rowman and Littlefield Publishers, Inc., 2000), 第 10-11 頁。

⑤ J. Mann, 前揭書，第 238-41 頁。

⑤ 《中國外交概覽 1992》，第 320-29 頁。

⑤ 同上註，第 32-34 頁；《中國外交概覽 1991》，第 310-19 頁；*China and the United States*, 前揭書，Documents 01331, 1990 年 12 月 24 日；01458, 1991 年 11 月 10 日。

⑤ 《中國外交概覽 1992》，第 322 頁。

在人權方面，美國國務院定期發表關於各國的「人權報告」，指責中共的人民言論自由受到嚴重限制，其公民無權也無能力合法地以和平方式改變政府，1992年在日內瓦召開的聯合國人權會議上，美國且明白指責中共，以致後者十分不滿。[60] 美國除了抨擊中共人權狀況外，亦持續直接與中共交涉，期望改善其人權狀況。

1991年11月，貝克國務卿（James Baker, III）訪問大陸，一半的時間就在討論人權，中共提供了若干異議份子的資訊，表示對於美國在當年6月份所提的名單中已釋放了133人。1992年5月，國務次卿坎特（Arnold Kanter）再訪北京，強調中共人權情況如無進步，其與美國的全面關係便不能恢復，結果中共釋放了戴晴等人至美國，其後又釋放韓東方等。在美國壓力下，王軍濤及陳子明在獄中的待遇也趨好轉。[61]

至於中共提供飛彈給第三世界國家，由於影響地區和平，美國亦多次與中共談判。

據統計，中共自1986年至1990年輸出武器達75億美元，約為1976年至1980年輸出武器金額的五倍，中共協助發展核子技術的國家有伊朗、巴基斯坦及阿爾及利亞，而其飛彈銷售到至少14個國家，包括敘利亞、伊朗、泰國、緬甸、阿富汗、北韓、埃及等。[62]

1988年9月，鄧小平曾向赴訪之美國國防部長卡盧奇（Frank

---

[60] 同上註，第329頁；《中國外交概覽1993》，第375-76頁。

[61] 貝克訪問大陸相關文件見 *China and the United States*，前揭書，Documents 01445, 1991年11月5日；01446, 11月6日；01450, 11月7日；01455, 11月8日；坎特訪問大陸相關文件見 *China and the United States*，前揭書，Documents 01524, 1992年4月1日；01528, 4月8日；01529, 4月23日；01530, 4月29日；01531, 4月30日；01532, 5月2日；01533, 5月14日。另參考布希總統在1992年6月2日對國會之報告，希國會同意予中共最惠國待遇，見 " White House Statement," 裘兆琳編，《中美關係專題研究1992-1994》（台北：中央研究院歐美研究所，1996），附錄 II，英文文獻，第348-49頁；以及 J. Mann, 前揭書，第250-52頁。

[62] 相關資料參考《1990-1991中美關係報告》，第133-34頁。

Carlucci）保證，在導彈輸出方面，除提供給沙烏地外不給他國，[63]
但情報顯示，中共仍不斷提供導彈予敘利亞、巴基斯坦等國，美國
便要求中共參加飛彈技術控制體制（Missile Technology Control Re-
gime，MTCR）。[64] 中共中央雖曾作過決定，對外軍售要顧全大
局，服從外交政策，不要再出售給利比亞、敘利亞，而由外交部審
批，但天安門事件後，中共為了對抗美國，便把出售導彈成為討價
還價籌碼，例如李鵬總理便指出：MTCR規定的射程可以不動，但
如在載重（彈頭）上想辦法，過重到七八百公斤後，只要減輕份
量，射程就可以立即增加到三百公里以上。此外，中共售武的目的
也在籌措軍方財源，增加對購買國地區的影響力，並將美國對台灣
軍售掛鉤，要求美國在此事上讓步。[65]

　　1991年5月，布希總統宣布延長與中共最惠國待遇，同時以據
稱（allegedly）中共曾輸出M-11導彈技術予巴基斯坦及計畫向敘利
亞輸出M-9導彈技術而決定扣發出售給中共代外國發射的七顆人造
衛星的許可證；6月，宣布限制向中共出口高速計算機工作站，限
制向中國精密機械公司和長城公司出售任何與導彈有關產品，並暫
停向中共出口衛星和衛星零件，要中共說明不再出售導彈之後才取
消此等制裁。於是中共在11月間不得不讓步，首次表示願意遵守
MTCR的指導方針和參數，希美方取消制裁，並在1992年2月由錢
其琛外長正式致函加以確認。於是布希政府遂發表聲明，表示中共

---

[63] 陳有為，前揭書，第237-40頁；*The Washington Post* (Washington, D.C.), Sept. 7, 1988, 第2頁。

[64] MTCR是美國為首的西方國家於1987年4月宣布的一項決定，其内容包括指導方針（guidelines）及有關參數（parameters），要求限制轉讓（或出售）載重（payload）500公斤，射程300公里以上的中程導彈及相關技術。1990年11月，美國國會通過立法，對違反它的國家予以制裁，兩年内禁止對它轉讓高科技。見Center for Nonproliferation Studies, Inventory of Nonproliferation Organizations and Regimes, website at：http://cns.miis.edu/pubs/；另參考陳有為，同上註，第237-40頁。

[65] 陳有為，同上註，第240-41頁；美國務院之分析見 *China and the United States*, 前揭書，Documents 01533, 1992年5月14日；01534, 5月15日。

既已書面確認願遵守 MTCR 指導方針等，乃決定取消其制裁。[66] 中共為表示對美國的合作，還在1991年12月由全國人大批准通過了加入不擴散核武器條約（Nuclear Non-proliferation Treaty）。[67] 並明確表示會採取有效措施以實施中共政府關於禁止勞改產品出口的規定，以及與美國就「中美勞改產品進出口貿易諒解備忘錄」達成原則協議，[68] 而後在1992年6月簽署了該項協議。[69]

　　雖然美國與中共關係中有重要歧異，但到1992年時，雙方政要之來往接觸已益趨重要，包括李鵬總理在聯合國總部與布希總統之會晤，美國參議員團在北京與江澤民主席之會晤等，且上海市長黃菊亦曾率團訪美以紀念上海公報發表二十週年。而由於中共經濟成長（詳見下章），美商赴訪及與中共經貿關係日漸增加，兩國亦簽署「保護知識產權諒解備忘錄」，美方中止對中共的「三○一」調查，並考慮售予高科技產品，另雙方亦各派出一萬餘人次進行文化性質交流。[70] 所以可以說，在天安門事件三年之後，美國與中共關係在某些方面已大致步入再正常化了（renormalization）。[71]

　　1992年中，美國務次卿坎特（Arnold Kanter）在國會報告時即表示，美國對中共的基本目標有四：

---

[66] 同上註；Center For Nonproliferation Studies, "China and the MTCR," http://cns.miis.edu/(20 Feb. 200)；另參考國務院機密報告，*China and the United States*，同上註，Documents 01335, 1991 年無日期；01390, 1991 年 5 月 16 日；01410, 6 月 28 日；J. Mann，前揭書，第 230-50 頁。《中國外交概覽 1992》，第 329-30 頁。中共外交部發言人就此發表談話，見《中國外交概覽 1993》，第 367 頁。

[67] "Nuclear Development and Arms Control Since 1939," in C. Cook & J. Stevenson, 前揭書，第 287 頁；《中國外交概覽 1992》，第 329-330 頁，按，布希政府認為中共合作的具體事例，包括中共在 1991 年中參加核不擴散條約，對售予阿爾及利亞的核反應爐上加上安全防護措施，並參加中東武器管制談判，以及參加化學武器合約談判等，見布希在 1992 年 6 月 2 日致國會函，要求予中共最惠國待遇，全文見《中美關係專題研究 1992-1994》，附錄 II，英文文獻，第 348-51 頁。

[68] 《中國外交概覽 1992》，第 329 頁。

[69] 《中國外交概覽 1993》，第 378 頁。

[70] 交往詳情見《中國外交概覽 1993》，第 366-82 頁；美擬售中共渦輪引擎及超級電腦等產品見 *China and the United States*, 前揭書，Documents 01566, 1992 年 11 月 16 日；01571, 11 月 30 日。

[71] 此為學者何漢理（Harry Harding）之用字，見 H. Harding, 前揭書，第 247 頁。

1.提升對人權之尊重；2.鼓勵中共在國際上的合作，尤其在阻止武器蕃衍方面；3.促進中共內部和平民主改革；4.增進貿易關係使美國的生產及消費者均獲利，因此，美國對中共是採取交往（engagement）而非對抗（confrontation）之政策。[72]

此可顯示布希政府後期對中共政策之方向。

## 三、我國大陸政策逐漸成形

前已述及，我國在1989年6月4日天安門事件發生之日，即由李登輝總統發表嚴正聲明，譴責中共，呼籲海內外中國人團結，俾作為大陸同胞爭生存、爭自由的後盾。當年12月29日，行政院李煥院長在對「大陸民主運動與中國前途研討會」致詞時，則明確說明了當時政府的兩岸政策。他指出我大陸政策之原則包括以下四點：

1. 主動：主動因應主客觀情勢變化，依據民意和人心而非武力來達成國土統一；

2. 安全：對大陸的任何措施，首先要考慮的是台灣的安全；

3. 和平：降低兩岸緊張，以和平民主方式推動兩岸民間交流，期使台灣民主自由的經驗模式傳播；

4. 漸進：大陸政策宜循序漸進，不急功近利；民間交流經文化層面優先進行，由文化的認同達成民主的統一。

此外，他並指出，「大陸政策」的目的是使「台灣經驗」成為全中國人共同「分享」和共同「認同」的發展模式。[73]

值得注意的是，儘管中共在天安門瘋狂屠殺，當時台海局勢尚稱平靜。不但如此，隨著自台灣赴大陸探親人士之增加，兩岸來往也愈趨密切。

---

[72] 全文見《中美關係專題研究，1992-1994》，附錄II，英文文獻，第352-58頁。

[73] 全文見《1988－1989中美關係報告》，附錄I，中文文獻，第290-91, 293-94頁。

在1990年代初期，台灣民眾已有一百萬人次前往大陸，兩岸轉口貿易亦達40億美元以上，我政府乃於1990年10月7日及1991年元月30日，及2月19日分別成立了國家統一委員會，行政院大陸委員會及財團法人海峽交流基金會來規劃處理大陸及兩岸事務。國家統一委員會隨即制訂了「國家統一綱領」，將國家統一劃為三個階段，包括近程——交流互惠階段，中程——互信合作階段及遠程——協商統一階段，並通過「台灣地區與大陸地區人民關係條例」規範兩岸事務。[74] 而中共亦於1991年12月成立「海峽兩岸關係協會」[75]

中華民國政府隨即在1991年5月1日正式終止「動員戡亂時期」，一方面為進一步的民主化奠定基礎，一方面在更務實的基礎上處理大陸事務。李登輝總統同時在洛杉磯時報發表專文，強調民主化固然是「我們當前努力的特色」，「中國統一則是我們未來最確定的目標」。[76] 在接受法國學者訪問時指出，「今後……希望與中國大陸……相互尊重互不排斥」。[77] 李總統進而於7月6日對美僑商會及留美同學會以「台灣經驗與中國前途」為題的演說中，強調以「台灣兩千萬中國人爭取大陸十一億六千萬人心，這種想法或許不是遙不可及的」；「台灣經驗正是指出中國前途的燈塔」；「台灣往那裡去和中國往那裡去，是同一條道路的。」[78]

---

[74] 參考《海峽交流基金會八十年年報》（台北：海基會，1992年12月）。其附錄包括該會組織章程及大事紀；及海基會編，《辜汪會談紀要》（台北：海基會，1993年8月12日），第8-9頁；馬英九，《兩岸關係的回顧與前瞻》（台北：行政院大陸委員會，1992），第9-11, 15-16, 71-73頁（其附件七及八分別為陸委會組織條例及海基會組織章程）；以及美國國務院報告 *China and the United States*, 前揭書，Documents 01289, 1990年10月11日；01337, 1991年1月4日；01364, 1991年3月19日。

[75] 參考《1991中共年報》，二之1－二之6頁；美國國務院報告 *China and the United States*, 同上註，Document 01479, 1991年12月17日。

[76] C. Cook & J. Stevenson, 前揭書，第76頁；李登輝，《李總統登輝先生八十年言論選集》（台北：行政院新聞局，1992），第248-53頁。

[77] 同上註，第221-30頁。

[78] 同上註，第64-70頁。

我國同時加強務實外交。務實外交有三項原則，即「保持我國尊嚴」，「以中國統一為最終目標」，以及「並非金錢外交」。因此與中共有外交關係之國家，如它們有意亦與我建交，我並不排斥。結果迄1991年，尼加拉瓜、格瑞那達等國均與我建交。[79] 另在與我無邦交之國家，我政府共設有六、七十個辦事處或代表處，其中亦曾成功的與若干個駐在國交涉，將我代表處採用「中華民國」為名。[80]

但中共對我務實外交亦予以鬥爭，除前文所言策動我邦交國沙烏地與其建交外，甚至在波斯灣戰爭時，當我提供三千萬美元援款予埃及、約旦及土耳其，以協助三國處理難民問題時，中共強烈抗議，甚至迫使埃及拒絕我援助。[81]

## 四、布希政府決定售我 F-16 戰機並加強與我關係

1990年時，中共與美國間最大的軍事技術合作項目，提升殲八型戰機性能一案，宣告失敗，中共前後為本案共投入了2億美元；當年，中共中央軍委會副主席劉華清即赴莫斯科商討購買蘇聯戰機，此舉也有在美國制裁之下「打蘇聯牌」向美施壓的目的。[82] 接

---

[79] 參考 Fredrick F. Chien, *Opportunity and Challenge* (Tempe : Arizona State University, 1995), 第 29-31 頁。值得注意的是，在此之前我國在外交事務的執行上亦經常採取靈活「務實」的作法，例如 1964 年 1 月 27 日法國與中共建交，台北於同日發表聲明，表示強烈抗議，但未與法國斷交，延至 2 月 10 日才與法國斷交，而台北駐法屬大溪地總領館直到 1965 年 8 月 23 日始在法政府要求之下關閉。另非洲之盧安達（Rwanda）於 1971 年 11 月 12 日與中共建交，承認（recognized）中共為中國唯一合法政府，但台北駐盧大使館卻仍繼續運作，迄中共駐盧大使於 1972 年 5 月抵達後，始於 5 月 13 日關閉，並於同日中止對盧安達之外交關係。參考黃剛，《世界相關各國與中華民國終斷使領關係之述論（1949 年 10 月-1998 年 2 月）》（台北：政治大學國研中心，1998），第 21-23, 47-48 頁。

[80] 在 1998 年時有 9 個代表處採用中華民國為名，黃剛，同上註，第 30 頁；另參考中情局情報分析，*China and the United States*，前揭書，Document 01420，1991 年 8 月 18 日。

[81] 黃剛，同上註，第 51 頁。

[82] J. Mann, 前揭書，第 256 頁；殲八性能提升案之結束，美國防部宣布係中共自己決定的結果，中共外交部則聲稱是美方單方面大幅度提價，使工程無法進行下去所致。見《中國外交概覽 1991》，第 320 頁。

著，波灣戰爭中，美軍所顯示的科技優勢，予中共極大震撼，於是共軍內部開始修正戰略重點，強調要打贏高科技條件下的局部戰爭，同時一面加緊軍事科技的研發，[83]一面利用俄羅斯經濟危機之際大量向俄羅斯招募科學家、工程師，助其解決科研關鍵問題，而對俄之軍事採購也是重要捷徑，所謂「研改自製」，「局部外購」，期達到「戰略武器與常規武器相結合」，「先進武器與一般武器相結合」之目的。[84]

中共引進先進武器（包括蘇愷廿七戰機）嚴重影響到台海軍力平衡，是以布希政府對於我要求獲售 F-16 戰機案開始重新考慮。

在美國對台灣之政策方面，1989 年布希總統就職後，國務院曾於 6 月間對國會表示（雷根政府之）「六項保證」仍為美對我政策，[85]另一方面，國務院在 10 月間亦曾分送「對台指導方針」予政府其他部會，表示對台關係仍係所謂「非官方」關係，包括以下要點：

1. 美國不稱台灣為一個「國家」，或「政府」；只稱「台灣當局」；

2. 政府各行政部門不應直接與我北美事務協調委員會或美在台協會聯繫，所有連繫都通過美在台協會進行；

3. 與台灣當局非官方接觸不得在行政部門辦公室進行；

4. 政府官員不得參加雙橡園的活動；

5. GS-11 級以上官員不能參加北美事務協調委員會在雙十節

---

[83] 共軍內部對相關發展的論文甚多，軍委會劉華清、總後勤部傅全有、國防科工委丁衡高及國防大學均有相關著作發表。可參考白邦瑞（Michael Pillsbury）所收錄共軍將校關於未來安全趨勢、局部戰爭之現代化、軍事事務革命（包括信息戰）等方面論文及主張，見 Michael Pillsbury, *Chinese Views of Future Warfare* (Wash. D.C. : National Defense University Press, 1997), Part Three and Part Four. 其中對美軍及日軍科技進展尤多討論並表警惕。

[84] 國防部，《87 年國防報告書》（台北：黎明公司，1998），第 35 頁。

[85] 亞太事務助卿索樂文（Richard Soloman）在參院任命聽證會上作證，我外交部發言人曾予以肯定，見外交部編，《外交部聲明及公報彙編》（中華民國七十八年一月一日至十二月三十一日）（台北：外交部，1989），第 43-44 頁。

第六章　布希政府時代

151

舉行的酒會等。[86]

　　美方此一作法反映出我方處理對外關係的艱難面，但由於我國力持續增長，我駐外人員積極努力，與美方充分溝通，使兩國互動不斷順暢提高，增進彼此對於雙方共同利益之共識。布希總統即曾公開對我經濟成長表示讚佩。[87] 事實上，美國自制訂台灣關係法後，在執行該法的具體作法上確已逐漸與我方建立一制度化之工作關係及共識之基礎。美方基本上「顧及我方之立場與利益」，我方亦「以中美間各項條約與協定為基礎之架構下」，「增進了互惠互利的合作關係」。[88]

　　1989年是台灣關係法實施十週年，這一年的中美貿易總額（360億美元）是1979年時（90億美元）的四倍，雙方有效條約協定（100項）為十年前（51項）將近兩倍，而1989年美國各州在華設立了18個辦事處，十年前一個也沒有，[89] 所以兩國關係確是日益增進。1990年台北取得美國支持我方以台、澎、金、馬單獨關稅區名義申請加入關貿總協定（GATT），1991年11月，當亞太經合會（APEC：Asia Pacific Economic Cooperation）在韓國舉行第三屆部長級會議時，我方在美國的支持下，與中共及香港同時應邀加入，我國所用之名稱為Chinese Taipei。[90] 中共在幕後交涉時曾試圖阻止我方加入，但美國施加壓力，國務卿貝克甚至強調「否則，就兩岸

---

[86] 國務院所發給國安會、中情局、國防部的備忘錄，轉載於蘇格，前揭書，第632-33頁。

[87] George Bush, *U.S. Policy in the Asia-Pacific Region : Meeting the Challenges of the Post Cold-War Era* (Singapore : Institute of Southeast Asian Studies, 1992), 第5-7頁。

[88] 中華民國外交部編，《外交報告書》（台北：外交部，1992），第178-87頁；另見外交部發言人對於台灣關係法實施十週年之發言，見外交部編，《外交部聲明及公報彙編》（中華民國78年1月至12月）（台北：外交部，1989），第40頁。

[89] 《1988-1989中美關係報告》，第18頁。

[90] 《中華民國八十一年外交年鑑》，第274-75頁。另見外交部次長房金炎，經建會主委蕭萬長，經濟部長江丙坤向立法院外交及僑務、經濟兩委員會第一次聯席會議報告「參與亞太經合會（APEC）對我國外交之影響」，82年12月20日。

都不要加入」。[91]

除此之外，在美國的支持下，台北在1991、1992年間還成為亞洲蔬菜中心、東南亞中央銀行總裁聯合會、中美洲經濟整合銀行等國際組織的會員，以及美洲開發銀行的觀察員。[92] 在1992年時，美國與中華民國貿易總額又增加為393億美元，雙方人員互訪密切。[93]

所以在美國與我國關係改進，與中共關係尚未完全恢復之際，美國終於在售我精密戰機一事上，作了政策改變。以下的原因當對布希總統的決策產生影響：

1. 我政府包括駐美官員持續不懈的努力；[94]

2. 台北正與法國談判購買幻象式戰機，而法方售我拉法葉級巡防艦業已談妥，不但如此，我方在自製新式戰機之研發上已有相當進展， 此均對美方造成壓力；

3. 當年是大選年，共和黨已落後，而民主黨總統候選人柯林頓（Bill Clinton）攻擊布希向北京獨裁者畏縮（coddle），而美國民間反中共意識仍高；

4. 布希總統的家鄉德州生產F-16戰機通用動力公司（General Dynamic）的工廠，由於缺少國外訂單，正面臨裁員的危機，數千人生計將受影響，因此該公司積極遊說售台戰機，而布希必須考量不售戰機的政治代價；

5. 美國會參眾兩院在1991年通過加強我安全之議案，並成為1992年援外法案之一部分，美行政當局應據以執行；

---

全文見裴兆琳編，《1992-1994 中美關係專題研究》，附錄Ⅰ，中文文獻，第302-03頁。關於亞太經合會之功能及與亞太安全之關係，請參考 Hung-mao Tien and Tun-jen Cheng, ed., The Security Environment in the Asia-Pacific, 2000, 第9-15頁。

[91]《聯合報》，1994年9月10日。

[92] 外交部，《中華民國八十二年外交年鑑》（台北：正中書局，1993），第756頁。

[93] 詳見《中華民國八十一年外交年鑑》，第213-17頁。

[94] J. Mann, 前揭書，第254-71頁。

6. 美國安會、國防部均已警覺到台海軍力失衡現象必須補救，國防部長錢尼（Richard Cheney）力主售我 F-16 戰機，國務院雖然反對，認為會違背八一七公報，但國務卿貝克本人卻正預備離職去擔任布希競選總幹事，而不得不顧慮共和黨當時的政治形勢；

7. 兩岸關係因交往增加而相對平穩。雙方分別於前一年成立了海基會及海協會提供服務，美方如提供戰機，不致增加情勢緊張。[95]

前一章已指出，雷根總統在簽訂八一七公報之後，在國安會內曾特別留言，表示售台武器根據台海的軍力平衡情形作決定，因此此項售武之最後決定，當亦與以上因素相關。

美國務院對F-16案一直保持反對的態度，亦曾再一次否決了我方的要求，但布希總統仍選擇在1992年9月2日在德州正式的對外宣稱，決定對台出售F-16戰機150架，值60億美元。[96] 本案加上布希同意售華之E-2T預警機及其他項目，使得美方在1993年會計年度對我的軍售總額達到66億2千萬美元，約略為1983年到1992年會計年度軍售我國金額的8.5到11.5倍。換言之，蘇聯解體之後，美國成為全球唯一超強，顧忌減少，因而敢於在軍售上按自己的決定進行。[97] 不但如此，美國還派貿易代表希爾斯（Carla Hills）赴台灣參加會議，她是美國與我斷交以來第一位派來台灣的內閣級官員。[98]

中共對於售我戰機事，自然強烈抗議，中共外交部表示此事完

[95] 參考陳一新，《斷交後的中美關係 1979-1994》（台北：五南書局，1995），第 200-10 頁。

[96] J. Mann，前揭書，第266-69頁；美國會圖書館所提供國會對本案利弊分析見 China and the United States，前揭書，Document 01550, 1992 年 9 月 1 日，其結論建議暫緩此項軍售；美軍太平洋總部對 F-16 案之分析見 China and the United States，前揭書，Document 01980, 1996 年 12 月 4 日；台北外交部則特別發佈聲明，表示此事「顯示美國政府忠實履行台灣關係法提供我國維持足夠自衛能力所需之防禦裝備的意願和決心」，見《外交部聲明及公報彙編》（中華民國八十一年），第 21-22 頁。

[97] 《中華民國八十二年外交年鑑》，第 233-234 頁。軍售相關資訊另參考《1988-1989中美關係報告》，第 15-17 頁。

[98] 《中華民國八十二年外交年鑑》，第 239 頁。

全違反八一七公報，「說明美國政府的承諾是不可信任的……這將導致中美關係的嚴重倒退，並不可避免地對中美雙方在聯合國及其他國際組織中的合作帶來消極影響」；而中共人大常委會和政協全國委員會議發表聲明，譴責美國干擾和破壞「中國統一大業。」[99]中共並威脅拒購美國小麥，但等到11月上旬仍然購買了200萬噸。另外，中共也加強對巴基斯坦出售 M-11 導彈，以為報復。[100]

美國則由國務院聲明八一七公報並非法律，故美國對我出售戰機無涉違法與否之問題。[101]此外，美另派克拉克助卿（William Clark）赴北京表示擬恢復與中共商貿聯合委員會（Commission on Commerce and Trade）之運作，並出售中共若干高科技產品，以為安撫。[102] 另值得注意者為布希之競選對手柯林頓對布希政府能改變對台軍售立場感到欣慰，承諾渠若當選總統，當繼續推動此一軍售。[103]

中共對美國之反應其強烈程度基本上不如對待法國。當法國決定售我幻象式戰機後，中共即關閉法國駐廣州總領事館，[104]但此次對美雖然施加恐嚇，卻無降低關係之舉措，或因其認為若進一步採取報復行動，將損害布希的勝選機率，因布希之對手民主黨對中共的人權紀錄批評更為嚴厲。[105]

---

99 《中國外交概覽 1993》，第 372, 377 頁；另見美國務院機密報告，*China and the United States*，前揭書，Document 01552, 1992 年 9 月 4 日。

100 美國安會對國會之報告，載於 *China and the United States*，同上註，Document 02003, 1997 年 3 月；J. Mann, 前揭書，第 270-71 頁；《外交報告書》，第 176-77 頁。

101 《外交報告書》，第 177 頁；另見《中華民國八十二年外交年鑑》，第 233-34 頁。

102 見國務院記者會全文，*China and the United States*，前揭書，Document 01577, 1992 年 12 月 7 日；另見 J. Mann, 前揭書，第 270 頁。

103 《中華民國八十二年外交年鑑》，第 234 頁。

104 1992 年 12 月 23 日，中共副外長姜恩柱召見法國大使，對法政府批准達梭公司售我戰機事表達嚴重抗議，要求法國在一個月內關閉駐廣州總領事館，見《中國外交概覽 1993》，第 336 頁；另參考美國務院機密報告，*China and the United States*，前揭書，Document 01568, 1992 年 11 月 20 日。

105 J. Mann, 前揭書，第 270-71 頁；P. Tyler, 前揭書，第 386-87 頁；據傳美國曾私下先通知中共關於此售機案。

布希時代，因為中共內部天安門事件而對中共施予懲罰，與尼克森以來的美方立場有了很大不同，尼、季均對中共內部情形不作評論，但布希的作法顯示出世界的進步以及主權觀念的改變。同時，布希政府時代，是蘇聯解體冷戰結束新時代的開始。

當時，美國名學者杭亭頓（Samuel Huntington）在1991年初即曾為文指出，冷戰後的世局，是一個單極（美國）指導下的多極體制（Uni-multipolar System），經濟力量的重要性日見上升，軍事力量的重要性下降。美國的戰略利益在於防止歐亞大陸政、軍霸權力量的興起，而應致力維持區域均衡，避免新威脅。由於中共是地區不穩定的因素，所以要減低該因素的危害，一面促進大陸政治多元化，一面協助其走向市場經濟，同時必須防止中共的擴張。[106]美國對中共政策，應亦自美國全球戰略利益的層次予以詮釋；因此，即使身為中共「老朋友」的布希總統，也一樣可以提升與中華民國之關係。[107]

## 五、小　　結

布希政府執政的四年時期，不論就世局或大陸情勢而言，都是變化最大的時候。

布希在擔任總統以前，曾出任各項要職，包括美國駐北京聯絡辦事處主任及中央情報局局長，而1981年到1988年更擔任雷根總統的副手長達八年之久，所以他的資歷與行政經驗在美歷屆總統中應是排在前面的，也因此而能應付各項危機的挑戰。布希出任總統後，提出了「世界新秩序」構想，在蘇聯共黨勢力衰退之際，以美國的超強實力為後盾，希望在世界各地消弭地區戰爭，推行西方價

[106] Samuel Huntington, "America's Changing Strategic Interests," *Survival*, Vol. XXXIII, no. I (January/February 1991), 第 3-17 頁。

[107] 布希總統於卸任後曾於 1993 年 11 月應中國時報之邀來台訪問，照片見《外交風雲》，第 304 頁；及《台灣：戰後 50 年》（台北：中國時報，1995），第 454 頁。

值。而在作法上，更有明確的國家安全戰略，盼以實力領導盟國，對抗各地區不穩定的因素及因應武器擴散、恐怖主義、毒品交易等世界性的問題。[108]

1989年6月，中國共產黨在天安門屠殺千百徒手學生事件，引起了世界的公憤，對布希總統也是一大考驗。美國政府立即對中共實施各項制裁，以反映美朝野及民主國家對中共政權的懲罰和對人權價值的維護，但另一方面，布希卻利用他是中共領導人「老朋友」的身分，設法增進與中共的溝通，並減少對美國與中共關係的傷害。一兩年後，中共穩定了內部情勢並加強改進對外關係，大陸周邊及歐洲國家逐漸恢復與中共的政經交往，而美國也因經濟利益和實際的需要，於布希總統執政後期部分改善了與中共關係。

1990年至1991年的波斯灣戰爭是美國因實際需要與中共改善關係的機會，也是「世界新秩序」的一項具體實踐。布希於對內取得了國會及民間的支持，對外取得了二十多國的合作及聯合國的授權後，以武力擊敗了伊拉克，恢復了科威特的獨立，為民主和人權的價值取得了一次重大的勝利。但中共未能把握此次機會完全恢復對美關係，尤其受到東歐各國及蘇聯共黨在1990到1991年間垮台的刺激，在人權方面未敢作基本的改善，因此美國國內對此事之不滿依然持續，而表現在每年審議予大陸最惠國待遇及其他事項上。

我方在大陸民主變局中更加確定了「台灣經驗」的優異性，也因此持續允許人民赴大陸探親、旅遊、生意往來之政策。同時設立陸委會、海基會等相關機構，制定國家統一綱領，律定對大陸的交往，同時加強務實外交，設法改善我國的國際地位。

在我方厚殖國力並積極努力加強與美國各項的關係後，兩國間互信及友誼皆已建立，美政府執行「台灣關係法」亦已成熟。布希政府在考慮各項因素後，乃於1992年改變了十餘年來不售我先進戰

---

[108] George Bush, *National Security Strategy of the United States 1990-1991* (New York : Brasses, Inc., 1990), 第1-28頁。

第六章　布希政府時代

157

機的成例，決定依據台灣關係法中維護本地區和平之相關規定，售我150架F-16戰機。此舉不但為布希政府的對華政策劃下完美的句點，也再一次顯示美國對華政策實際上是不止一個中國的政策。

　　總之，布希政府在天安門事件及波灣戰爭的行為顯示了現時代主權觀念因媒體、經濟、通訊等方面「全球化」的影響而有實質的改變。換言之，「人權」和「自由經濟」都是超越國家疆界而別國亦得協助維護的價值。

## 第七章

# 柯林頓政府時代（1993－2000）
## ——美國增進對兩岸交往，各項關係曲折發展

　　柯林頓總統（Bill Clinton）自幼學習成績優異，畢業自喬治城大學（Georgetown University）及耶魯大學法學院（Yale Law School），且曾獲得地位崇高的羅滋獎學金（Rhodes Scholar）赴英國牛津大學進修。柯氏其後擔任阿肯色州（Arkansas）聯邦參議員傅爾布萊特（William Fulbright）之助理，1976年從政，成為阿肯色州檢察長，1978年獲選為阿州州長，當時且是全美最年輕的州長，① 在州長任內，共曾訪問台灣四次，並曾在1985年在台北參加中華民國國慶典禮。② 柯林頓能擊敗共和黨的布希總統獲選為美國第四十二任總統，最主要的原因是經濟。美國經濟從1990下半年起就陷入衰退，其後兩年繼續下跌，失業率在1992年至1993年夏達7%，而美國國債則高達四萬多億美元。③ 因此柯林頓就任後注意的是採取各

① 柯林頓簡歷參考白宮網站：website at The White House, http://www.whitehouse. gov/(20 Feb. 2000)；及 C. Cook &J. Stevenson, *The Longman Handbook of The Modern World* (New York : Longman, 1998)，第 343 頁。

② 柯林頓州長係於 1979 年 9 月，1985 年 10 月，1986 年 12 月，1988 年 9 月四度率領阿肯色州貿易團或其他團體訪華。參考裴兆琳主編《1985-1987 中美關係報告》（台北：中研院，1989），第 153, 155 頁；林正義主編，《1988-1989 中美關係報告》（台北：中研院，1991），第 169 頁；渠訪問台北之照片見《外交風雲：中央社珍藏新聞照片》（台北：中央社，1999），第 262 頁；另參考 "How Taipei Outwitted U.S. Policy," *Los Angeles Times*, June 8, 1995, 第 1 頁。

③ 中華人民共和國外交部外交史研究室，《中國外交概覽 1994》（北京：世界知識出版社，1994），第 400-02 頁。著者於 1989 年至 1991 年擔任我駐芝加哥辦事處處長，赴轄區各州訪問時，即親身經歷各州均希與我加強經濟合作之迫切

種開源節流方法提振經濟，創造就業機會，以四年內將赤字減半為目的，並組建史上第一個美國白宮國家經濟委員會（National Economic Council，國經會），將該會主席納入為國家安全會議成員，同時延續布希時代國安會架構，重視其在政策制定上的功能，擴大國安會之編制（至2001會計年度時達155個名額），以下列四項為對外政策之目標：

1. 振興美國經濟，提升美國產品之競爭力；

2. 採行以推動全球民主與市場經濟為目標之「擴大策略」（enlargement strategy）來取代冷戰時期之「圍堵政策」；

3. 重新評估後冷戰時期國際情勢，調整美國國防武力；

4. 透過國際多邊合作解決爭端，共同維持世界和平。④

柯林頓並任命卡特時代的副國務卿，斷交前率團來台的律師克里斯多福（Warren Chistopher）為國務卿，克氏當年在國務院之同僚雷克（Anthony Lake）為國家安全事務顧問；前任駐中共大使羅德（Winston Lord）為亞太事務助卿，而在外交政策之制定上主要依賴國安會。⑤

## 一、第一任期內對海峽兩岸政策之調整

### 1. 美國與中共關係之改善

柯林頓就職時，主要注意力在內政，至於亞太地區，則於1993

感，盼能藉此改善各該州經濟。例如於拜會威斯康辛州州長湯姆生（Tommy G. Thompson）攝影留念之際，渠請著者坐其辦公椅上，渠則站立於後，笑稱盼此相片能換得貴國派採購團來威州，提振威州經濟。

④ 丁懋時，「當前中美關係」，立法院公報第 83 卷第 28 期，委員會紀錄，第 172-181 頁，錄於裘兆琳主編，《中美關係專題研究 1992-1994》（台北：中央研究院歐美研究所，1996），附錄 I，中文文獻，第 322-23 頁；Bradley Patterson Jr., *The White House Staff: Inside The West Wing And Beyond* (Washington, D.C. : Brookings Institution Press, 2000), 第 52-57, 72-73 頁。

⑤ 克氏等人性向見 J. Mann, *About Face* (New York : A. Knopf, 1999), 第 160 頁；P. Tyler, *A Great Wall* (New York: The Century Foundation, 2000), 第 390-91 頁。柯林頓雖重視國家安全事務顧問之功能，卻在行政安排上避免了該顧問與國務卿的衝突，B. Patterson, 同上註，第 49, 63-64 頁。

年7月間提出「新太平洋共同體」構想，強調要加強美日伙伴關係，承擔對亞洲軍事業務，防止武器擴散，支持當地民主改革。⑥ 在與中共關係方面，由於兩國之間及兩國領袖彼此之間的互信均感不足，而處理兩國關係的機制又嚴重受損，諸如兩國高層領導人的互訪，內閣級官員的定期會晤，雙方軍方的交流等均尚未恢復，且支持雙方發展關係的國內政治基礎也大為削弱，尤其美國內部因天安門事件影響，對如何與中共交往，兩黨意見頗不一致，政府與國會意見也不一致。⑦

克里斯多福在1993年元月於國務卿任命聽證會上表示，美國對中共政策目標旨在鼓勵其國內的政治、經濟自由化的力量，並廣泛促進其自共產主義向民主和平演變。⑧ 1993年上半年，柯林頓政府實施其競選時的政見立場，在以最惠國待遇迫使中共改善人權一事上頗為強硬，其後為了尋求府會一致，於5月28日發佈「關於1994年延長中國最惠國待遇的條件的行政命令」，決定延長給中共最惠國待遇，但附加條件，謂中共必須在人權和控制軍品外銷兩方面有所改善，則美國才可考慮延長下一年度予中共最惠國待遇。⑨

美國國務院的年度人權報告中，對中共人權再度予以批評，另在聯合國人權委員會會議上，美國連同其他一些西方國家也再提出「中國人權狀況」的決議草案，但在中共努力串連下，因支持的票數不足，決議仍被擊敗。⑩

---

⑥ 《中國外交概覽1994》，第408頁；柯林頓政府的全球及亞太戰略，參考周煦，《冷戰後美國的東亞政策（1989-1997）》（台北：生智文化，1999），第三章。關於美國、中共與台灣在亞太地區的三角競合關係，請參考田弘茂主編之《後冷戰時期亞太集體安全》一書。（台北：業強出版，1996）

⑦ 吳心伯，〈重建中美關係〉，謝希德、倪世雄，《曲折的歷程：中美建交廿年》（上海：復旦大學出版社，1999），第4-7頁。

⑧ Testimony to Senate Foreign Relations Committee, January 13, 1993, 錄於 J. Mann, 前揭書，第276-77頁。

⑨ 全文見《中美關係專題研究1992-1994》，附錄II：英文文獻，第371-74頁；中共則認為美國之宣布違反兩國間之三項公報和貿易關係協定原則，見《中國外交概覽1994》，第423-24頁。

⑩ 詳見《中國外交概覽1994》，第423-424頁。

此時，中國大陸內部經濟情勢變化甚大。自從1992年鄧小平南巡深圳等地，鼓勵改革開放的步伐後，經濟更加成長，1992至1995年，國內生產總額（GDP）每年平均成長12%。政府一面用宏觀調控減低通貨膨脹，一面吸引外資、增加貿易。1990年外貿總額約1千餘億美金，到1993年增至1千8百億，同年承諾的外資及外國貸款總額達到1千2百餘億美金，支持8萬3千多個計畫。[11]甚至國際貨幣基金首次用「平價購買力」（purchasing-power parity）來計算時，竟認為中共的經濟力可列為世界第三大，僅次於日本而大於統一後的德國。[12]（但英國學者席格爾 Gerald Segal 於六年後列舉數據表示，即使以平價購買力來計算，中共在1997年時之國民生產毛額也只不過是世界的11.8%，其平均個人所得是世界第65位，甚至低於拉脫維亞，且大陸的統計數字經常不實，連朱鎔基總理都不相信。）[13]

由於美商大舉進入大陸市場，美國與中共貿易額也自1990年的202億美元增至1993年的400億美元，[14]不少美商便積極遊說柯林頓解除對中共的經濟制裁，呼應彼等的人不但有政界人士，更有柯林頓競選總統時的主要支持者。[15]另外，國防部副部長裴利（William Perry）及助理部長傅立民（Charles Freeman）也以恢復兩國軍事交流才能影響北韓核武，而且才能阻止中共軍品外銷為理由，鼓

[11] 同上註，第 22-23；Penelope Prime, "China's Economic Progress : Is It Sustainable ?" in William A. Joseph, ed., *China Briefing : The Contradictions of Change* (N.Y. : M. E. Sharpe, 1997), 第 67-77 頁。

[12] Stephen Greenhouse, "New Tally of World, Economies Catapults China into Third Place," *New York Times*, May 20, 1993, 第 1 頁。

[13] Gerald Segal, "Does China Matter? " *Foreign Affairs* (New York), Vol. 78, No. 5 (September / October 1999), 第 25 頁。

[14] 謝希德，倪世雄，前揭書，第 9 頁；但中共海關統計是 276.5 億美元，見《中國外交概覽 1994》，第 427 頁。

[15] 例如參議員范士丹（Dianne Feinstein, D-California）表示是江澤民的老友，一再主張與中共和好。范之丈夫 R. Blum 在上海便有大量投資，參考 J. Mann, 前揭書，第 286-287 頁。

動柯林頓改變對中共政策。加上尼克森、海格、季辛吉等人的協助（季辛吉用其諮詢公司協助美商在大陸獲得商機，以及安排美商與中共政要晤面），柯林頓政府遂在其對中共原先之立場上轉移，改為廣泛交往政策（broad engagement）：亦即從元首到官員的層次都恢復與中共交流。在告知中共時，柯林頓還致函邀請江澤民到西雅圖參加亞太經合會，同時表示美國將奉行「一個中國」政策。[16]

1993年6月，柯林頓宣布建立自由亞洲電台（Radio Free Asia），引起中共不滿；8月，美國以中共向巴基斯坦轉讓M-11導彈技術而向中、巴兩國實施兩年不出口高技術產品的制裁，在此等背景下，柯、江兩人於11月在西雅圖進行其第一次晤面談話，雙方同意加強兩國關係，江澤民提議兩國領導人進行互訪，柯林頓則在會談中提出了人權，武器擴散和貿易糾紛問題，但在重申堅持一個中國政策時，也提及「並不妨礙我們執行台灣關係法」[17]。

1994年初，中共利用熱烈接待德國柯爾（Helmut Kohl）總理及其龐大訪問團，並給予其20億美元的商機一事，刺激美商對美政府施壓，中共並以類似方式，加強與法國、加拿大等國之關係。[18]3月間，克里斯多福訪問大陸，討論延長予中共最惠國待遇及人權問題，他受到三溫暖般的待遇，中共當局先逮捕民權鬥士魏京生，給克氏一個下馬威，然後對他冷遇，當他會見江澤民時，江表示兩國應「增加信任，減少麻煩，發展合作，不搞對抗」，氣氛稍好；最後見錢其琛，錢強調應按三公報（上海、建交及八一七）原則辦

⑯ 同上註，第287-92頁；蘇格，《美國對華政策與台灣問題》（北京：世界知識出版社，1998），第680-87頁。

⑰ 美國對中共和巴基斯坦進行制裁事參考國務院新聞發佈全文，*China and the United States: From Hostility to Engagement 1960-1998*, (Washington, D.C.: The National Security Archives, 1999), Document 01615, 1993年8月25日；柯林頓在西雅圖之談話見克里斯多福國務卿在事前呈給他的建議，Document 01644, 1993年11月15日；自由亞洲電台史見 Document 01712, 1994年6月3日；另見蘇格，前揭書，第683-64頁；《中國外交概覽1994》，第18-19, 416-17, 424-26頁。

⑱ 裴兆琳，〈1994年柯林頓將人權與最惠國待遇脫鉤之決策研究〉，《中美關係專題研究1992-1994》，第129-46頁。

事，但居然願意簽署關於監獄奴工協定，以示在人權問題上對美讓步。此項經驗使他畢生難忘。[19]

4月，中共效法我國派遣採購團之前例，由外經貿部部長吳儀率領了一個多達200人的投資貿易洽商團訪美，洽談項目多達800項，包括農、工、畜牧、林業等方面，是中共與美建交十五年來首次在美國舉辦的大規模的投資和貿易促進活動。下旬，中共副總理鄒家華率團在參加尼克森的葬禮後，復拜訪美國大企業，洽談合作，提供數千億美元商機的遠景，以為爭取最惠國待遇作努力。[20]

美國內部對是否給予中共最惠國待遇的意見十分紛歧，但當更多政商界人士為此遊說，更多學術界人士發表支持的主張之後，柯林頓終於在5月發佈政策，決定將給予中共最惠國待遇與人權問題一事分離開來，但決定禁止從中國大陸進口軍火，而且增加有力的，多方面的人權新措施，包括增加國際廣播，邀請美國企業在大陸活動制定一套企業原則，以促進人權等。此項「脫鉤」之政策改變，比他上次正式以行政命令「掛鉤」，僅僅一年。[21] 10月，中

---

[19] 見克卿自述訪問觀感及渠於1994年5月27日在亞洲協會的演說。他強調當柯林頓就任時，美國內之對中共政策已失去了過去二十年間所有的共同看法（broad consensus），但因柯氏發佈「行政命令」，得到兩黨支持，恢復了共同看法。Warren Christopher, *In the Stream of History: Shaping Foreign Policy for a New Era* (Stanford : Stanford University Press, 1998), 第152-64頁；美駐北京大使館及國務院關於以上各項發展之相關文件，*China and the United States*, 前揭書，Documents 01687-01692, 3月4日至13日；另見R. Sutter, *Chinese Policy Priorities and Their Implications for the United States* (London : Rowman and Littlefield Publishers, Inc., 2000), 第42-45頁；中華人民共和國外交部政策研究室編，《中國外交概覽1995》（北京：世界知識出版社，1995），第460頁。

[20] 《中美關係專題研究1992-1994》，第152-53頁。美商務部對與鄒家華會談所作之分析見*China and the United States*, 同上註，Document 01741, 1994年8月。

[21] 經過情形及相關文獻見同上註，第146-66頁；《中國外交概覽1995》，第470頁；美國國務院之報告及國會圖書館之綜合分析，*China and the United States*, 同上註，Documents 01706, 1994年5月26日；01709, 6月；01711, 6月2日；01713, 6月8日；01714, 6月17日；C. Cook & J. Stevenson, 前揭書，第76頁；J. Mann, 前揭書，第307-08頁；蘇格，前揭書，第685-97頁；R. Sutter, 前揭書，第45-46頁。另，美國會之中共問題專家W. Triplett等著書稱，柯林頓決定「脫鉤」一事，亦與中共派員直接與柯氏面談有關。見Edward Timperlake and William Triplett II, *Red Dragon Rising: Communist China's Military Threat to America* (Washington, D.C. : Regnery Publishing, Inc., 1999), 第153頁。

共副總理兼外長錢其琛正式訪美，柯林頓向其表示「脫鉤」之目的在全面擴大與中共之合作，克里斯多福國務卿亦提及將續奉行「一個中國」政策，錢氏則對美國採取提高對我關係的措施表示嚴重關切。[22]

在軍事交流方面，美國國防部認為，為了安全利益，必須恢復與中共關係，乃於1993年11月派助理部長傅立民赴北京與中共軍方聯繫，1994年經由軍方高層互訪後，裴利部長（William Perry）於10月往訪中共，與江澤民、李鵬、遲浩田等會談，雙方並簽署「中美國防工業軍轉民聯合委員會原則聲明」與定期軍事諮商協議。[23]

11月，柯林頓與江澤民在印尼雅加達「亞太經濟合作理事會」（APEC）領袖會議中再度見面，柯氏重申支持與中共間三項公報的原則，強調奉行「一個中國」政策，支持中共成為「世界貿易組織」（WTO）的創始成員，希望中共在美國關切事上能有更多進展；江澤民則希望加強高層互訪，在武器擴散、緝毒等方面加強合作，盼與美國擺脫社會制度和意識型態差異的影響來處理一切問題。[24] 1995年4月，克里斯多福國務卿與中共副總理兼外長錢其琛在紐約共同舉行記者會表示，美國對中共採取的是全面交往（comprehensive engagement）政策，其最重要的目的，是與中共共同對抗大規模毀滅性武器擴散的問題，他對上年能與中共簽署共

---

㉒ 《中國外交概覽 1995》，第 464-65 頁。

㉓ 相關情形參考 Ashton Carter and William Perry, *Preventive Defense* (Washington, D. C. : Brookings Institution Press, 1999), 第 93-95 頁；Secretary of Defense William Perry, Memorandum for the Secretaries of the Army, Navy, and Air Force, "U.S. - China Military Relationship," August 1994, website at The George Washigton University http://www.gwu.edu/(20 Feb. 2000)；以及軍轉民委員會相關文件、國防部為裴利製作之訪問大陸相關資料，*China and the United States*, 前揭書，Documents 01775, 1994 年 9 月 8 日；01776, 9 月 30 日；01778, 10 月（相當部分未解密）；01779, 10 月；01782, 10 月 17 日；《1995 中共年報》（台北：中共研究雜誌社，1995），一之 32 頁。

㉔ 《中國外交概覽 1995》，第 459-60 頁。

同聲明，中共同意不輸出地對地飛彈感到滿意，也希望在北韓核武問題，中共加入世界貿易組織問題及人權問題等互相合作，錢其琛則指出中共與美關係確已有積極性的進展。[25]

## 2. 兩岸關係之發展與辜汪第一次會談

台海兩岸因民間日益頻繁的交流產生了不少問題。大陸海協會會長汪道涵在海協會成立之初，曾邀請我海基會董事長辜振甫先生會面。1992年8月，辜董事長函復接受邀晤，並建議擇期在新加坡就兩會會務及兩岸文化、經貿交流問題，進行商談。當時，布希政府雖與我方增進關係（在9月間宣佈售我F-16戰機），卻並沒有造成美國與中共關係惡化，也沒有影響到兩岸關係。11月，雙方同意由兩會各自採用口頭方式表述「一個中國」原則。其後經由1993年4月，海基會副董事長兼秘書長邱進益與海協會常務副會長唐樹備兩階段預備性磋商後，辜董事長與汪會長即於4月27至29日在新加坡作了正式會談，結果簽署了「辜汪會談共同協議」、「兩岸公證書使用查證協議」、「兩岸掛號函件查詢、補償事宜協議」以及「兩會聯繫與會談制度協議」四項文件。此次會談彰顯出平等協商的精神，達成了不少原則性共識，未超出原訂的民間性、事務性、功能性、經濟性的性質，兩岸人民權益可望進一步獲得保障，而兩會間制度化聯繫管道的建立對突發緊急事件的解決亦有所助益。[26]

數月後，我國開始推動「參與聯合國」之行動。9月間，13個友邦提案，要求聯合國第48屆常會設立特別委員會研究解決我國

[25] 全文見 "Comprehensive Engagement in U.S.-China Relations," 林正義主編，《中美關係專題研究 1995-1997》（台北：中央研究院歐美研究所，1998），附錄 II，英文文獻，第 264-66 頁；會前國務院對克卿談話要點之建議見 *China and the United States*, 前揭書，Documents 01828, 1995 年 4 月；01832, 4 月 7 日。

[26] 海基會編，《辜汪會談紀要》（台北：海基會，1993 年 8 月 12 日），第 12-39 頁；辜汪會談的會前準備、兩岸各級首長之重要講話、會議經過、協議內容及有關反應，參考《1994 中共年報》（台北：中共研究雜誌社，1994），二之 16-二之 28；相關照片見《台灣：戰後 50 年》，第 454 頁。

「參與」聯合國的問題。本案由於我國於1991年5月已正式宣佈中止動員戡亂時期，承認我政府有效管轄權未及於大陸，接受台海兩岸同時並存了兩個對等的政治實體的事實，為我國積極爭取與中共在國際間平等參與各項組織的權利，提供了理論基礎。雖然13個友邦的提案並未能獲得列入聯大常會正式議程，但起碼該案是1971年我被迫退出聯合國二十二年之後，首次有會員國正式向聯大提案要求重新檢討解決我國參與聯合國問題。㉗

另在7月間，台北行政院陸委會曾發表台海兩岸關係說明書。在敘述歷史事實之後，指出制度之爭是中國分裂分治的本質，我政府以「一個中國，兩個對等政治實體」作為兩岸關係定位的架構，不接受「一國兩制」，而主張以理性、和平、對等、互惠四項原則處理兩岸關係，以民主、自由、均富為中國統一的真正價值。㉘

8月，中共針對台北立場及參與聯合國的努力，由國務院發表「台灣問題與中國的統一」白皮書，強調「台灣是中國不可分割的一部分，但台灣問題直到現在還未得到解決，美國政府是有責任的。中國主張和平統一、一國兩制、兩制並存、高度自治、和平談判」；中共並反對台灣「重返」聯合國（註：我方未用「重返」二字）及參加其他政府間國際組織，而它的建交國如欲與我方通航，需徵其同意；另尤其反對建交國向我出售武器。㉙

在雙方立場針鋒相對之時，兩岸民間實質關係卻不斷增進發

㉗ 見外交部錢復部長在立法院之報告，民國82年11月3日，全文錄於《中美關係專題研究1992-1994》，附錄Ⅰ，中文文獻，第298-300頁；我參與聯合國之作法見《中華民國八十二年外交年鑑》，第294-95頁；李建榮，《連戰風雲》（台北：時報文化，1998），第238-47頁；中共反對的情形見《中國外交概覽1994》，第515-16頁；美方立場參考國務院文件，*China and the United States*，前揭書，Document 01821，1995年3月2日。

㉘ 陸委會，《台海兩岸關係說明書》，website at http://www.mac.gov.tm/mlpolicy/（20 Feb. 2000）。

㉙ 中華人民共和國國務院，台灣事務辦公室，國務院新聞辦公室合編，《台灣問題與中國的統一》（北京，1993年8月）。全文錄於中共中央台灣工作辦公室，國務院台灣事務辦公室，《中國台灣問題（幹部讀本）》（北京：九洲圖書出版社，1998年9月），附錄二。

展。由於中共在1980年代倡導兩岸進行「三通、四流」之際，就將「對台貿易」界定於為「統一祖國創造條件」之用，希望藉經濟文化交流，達到「一國兩制」和「和平統一」的目的。且大陸在經濟發展中確實亦需要台灣，遂採取一系列措施，提供優惠待遇，鼓勵台商赴大陸進行貿易、投資等活動，藉此不但吸收台灣的資金、技術和管理經驗，也提高台灣經濟對大陸的依賴，並在台灣內部形成利益團體。1994年，江澤民在駐外使節會議中指示稱，要多做台灣大中企業家的工作，吸引台資，使大陸和台灣的經濟，你中有我，我中有你，密不可分；在經濟上把台灣拖住，「這也就是用經濟促統一」。[30]

兩岸經貿關係日益密切，台商在大陸的實際投資金額在1990年間僅2億美元；到1995年間增加至31.62億美元，佔當年度大陸外商投資額的8.43%。在雙邊貿易方面，在1989年間，進出口總額是38.7億美元，到1994年便增至189.3億美元，四年之內，增加了4.9倍。台商企業僱用職工人數，從1989年間的24萬人，增至1995年時的280萬人，佔大陸非農業就業人口總數之1.6%。[31]

在這種背景下，江澤民以國家主席及中共中央總書記的名義，在1995年元月30日農曆除夕發表了「為促進祖國和平統一大業的完成而繼續奮鬥」講話，就兩岸關係提出了八項主張，包括「一個中國」的原則是和平統一的基礎與前提，反對台灣以搞「兩個中國」、「一中一台」為目的的「擴大國際生存空間」，但也表示「中國人不打中國人」，歡迎「台灣當局領導人」以適當身分往訪，也願赴台共商國事；主張發展兩岸經貿，而中華文化是兩岸的紐帶等。[32]

[30] 參考高長，《兩岸經貿關係之探索》（台北：天一圖書，1997），第 57, 64-68 頁。

[31] 同上註，第 92-96，114-16, 128-31, 144-45 頁。

[32] 江八點全文見《中國時報》，84 年 2 月 4 日，三版；《中國台灣問題》，第 231-35 頁；另參考《2000 中共年報》，下冊（台北：中共研究雜誌社，2000），7 之 4-7 之 9 頁。

是年 4 月 8 日，中華民國李登輝總統提出六點主張，作為回應，包括兩岸均應堅持以和平方式解決一切爭端，在兩岸分治的現實上探尋國家統一的可行方式，兩岸領導人在國際場合自然見面，可以緩和政治對立等。[33]

江澤民雖然提出和平統一八項主張，卻是和戰兩手並用，在經濟上吸納台商，在外交上孤立中華民國政府，另在軍事上加強壓力，除了普遍成立快速反應部隊外，更於 1994 年下半年在東南地區舉行四次大型演習，演練登陸作戰，陸空合同，大規模艦隊對抗等，同時其軍方領導人亦一再宣達打壓「台獨」之目標；而在江八點發布的同時，中共又在福建建立飛彈基地，軍事上對我增加威脅。[34]

### 3. 美國公佈「對台政策檢討報告」及李登輝總統訪美

我國國力在 80、90 年代有相當之成長。以打開中共之門而自許的尼克森在 1993 年曾著書稱許我方之成就，指出台灣的國民生產總額超過聯合國會員國的 3／4；台灣愈益繁榮，對大陸愈有利，故北京實不應反對我加入國際經濟組織；而對美國貨而言，台灣是比大陸還大兩倍的市場。[35]

由於中美雙方關係日益密切，經貿文化等交流不斷成長，自 1993 年下半年起，美國會中若干瞭解、支持台北之議員即設法提案修正「台灣關係法」，並取消美對台軍售質量和數量上的限制，到 1994 年初，國會有意將此議併入「國務院授權法」修正案，克里斯多福國務卿擔心該項立法會增加其與北京交往的困難，於是寫信給參議員鮑克斯（Max Baucus, D-Montana），反對國會修正「台灣關

---

㉝ 六條全文見《聯合報》，84 年 4 月 9 日，二版；外交部外交年鑑編輯委員會編，《中華民國八十五年外交年鑑》（台北：正中書局，1996），第 779 頁。

㉞ 《中央日報》，民國 84 年 2 月 25 日，一版；《1995 中共年報》（台北：中共研究雜誌社，1995），二之 41-二之 44 頁。

㉟ Richard Nixon, *Beyond Peace* (New York : Simon & Schuster, Inc., 1993), 第 133-34.

係法」，表示「八一七公報」「毫不減損美國對台灣提供安全的承諾」，因為「美國每一屆政府皆確認台灣關係法在法律上優於1982年公報，前者是法律，後者是政策聲明」。㊱

5月份，李登輝總統率團訪問中美洲友邦，在夏威夷因過境受辱而不下機，引起美國國會友人的憤慨，有76位參議員隨即聯名邀請李氏訪美；8月亦有37位眾議員聯名函邀，另兩黨參議員布朗（Hank Brown, R-Col.）、穆考斯基（Frank Murkowski, R-Alaska）、塞門（Paul Simon, D-Ill）亦均提案支持我國，獲院會通過，使美國行政當局備感壓力。㊲

因此，美國務院一方面感受到國會的壓力，一方面體認我民主進展和經濟實力，乃決定調整對台政策，終於在1994年9月公佈「對台政策檢討報告」，改變部分對我方之政策作法，由亞太事務助卿羅德正式告知我駐美丁懋時代表。其主要內容包括㊳：

1. 我北美事務協調委員會（CCNAA）駐美代表處更名為「駐美國台北經濟文化代表處」（Taipei Economic and Cultural Representative Office in the United States）

2. 允許美國經濟及技術機關（economic and techniul agencies）之高層官員及國務院較資深之經濟及技術官員訪台，並與我各層級官員晤談。

3. 允許美國務院主管經濟及技術事務之次卿及以下官員，與我方代表在官署以外地點會晤。

---

㊱ 參考美國新聞總署華府1994年2月2日電；及丁懋時代表關於中美關係之報告，見《中美關係專題研究1992-1994》，第325-26頁。

㊲ 同上註，第xiv-xv頁。

㊳ Winston Lord, "Taiwan Policy Review," Statement before the Senate Foreign Relations Committee, Washington, D.C., Sept. 27, 1994, 同上註，附錄II，英文文獻，第392-95頁；另參考本書附錄八。W. Christopher, 前揭書，第286頁；美國對我國政策之調整另參考周煦，前揭書，第六章。另據稱美國務院於該月曾發布訓令，統一對「台灣」一詞之用語，（Taiwan Do's and Don'ts），仍拘泥於官方與非官方之觀念，參考黃剛，《文獻析述：中華民國/台灣與美國間關係運作之建制（1979-1999）》（台北：政治大學國研中心，2000），第69-70頁。

4. 允許美經濟及技術部會閣員，透過（美國在台協會）安排，與我方代表及訪賓在官署洽公；

5. 允許美在台協會之處長、副處長等人進入我外交部洽公；

6. 於適當時機支持我方加入不限以國家為會員之國際組織，並設法讓我在無法以國家身分參加之國際組織中表達意見。對於聯合國等僅以國家身分為會員之國際組織，美國不支持我參加；

7. 允許台北高階層領袖過境美國，惟不得從事任何公開活動，每次過境將個案考量；

8. 提議經由美國在台協會舉辦雙方次長級經濟對話，以及談判簽訂一項貿易投資架構協定。

該檢討報告中對我政策未改變的部分為：

1.「美國在台協會」將續為處理雙方非官方關係之機構；

2. 為符合雙方非官方關係，不允我方高階層領袖訪美；[39]

3. 不允我方代表進入國務院、白宮及舊行政大樓洽公；

4. 對台軍售政策並無改變；

5. 美國將不支持台灣加入以國家為會員之國際組織，例如聯合國。

美國公布此一政策檢討後，中共立即提出強烈抗議，指稱這是美方蓄意製造「兩個中國」、「一中一台」的政治行動，嚴重違反中美三個聯合公報所確定的原則，踐踏了中國的主權。[40]

1994年7月，柯林頓總統簽署了包括規定行政部門應同意我政府高層首長來美訪問的「移民法修正案」。11月，美國國會期中選舉，共和黨竟然分別在參眾兩院均獲得多數席位，打破了眾院自1952年以來，參院自1986年以來均為民主黨掌控的局面，這一發展

---

㊴ 按，不允我高階領袖訪美違反美國立國傳統精神及台灣關係法之精神，相關論述參考 Jaw-ling Joanne Chang, "Lessons from the Taiwan Relations Act," *Orbis* (Winter, 2000), 第 65-67 頁。

㊵ 《中國外交概覽 1995》，第 470-71 頁。

使美國府會分屬不同政黨。[41]

1995年5月，美參眾兩院分別以97-1及360-0的壓倒多數支持邀請李登輝總統訪美。[42]美國當時鑑於中共在人權及與伊朗核子反應爐交易上未能改進，而柯林頓曾來華四次，所以雖然美國國務卿曾向中共作了不邀李登輝訪美的保證，柯氏在國會及媒體壓力下仍作了政治決定，同意給予簽證，允許李氏以私人身分訪問母校康乃爾大學（Cornell University）。5月22日，白宮及國務院分別正式宣佈此事，使李登輝總統成為中華民國有史以來第一位訪美的現任總統。[43]

中華民國外交部對美國務院修改美國政府有關我政府高層官員赴美訪問之政策指導方針表示歡迎，特別發佈新聞稿，認為此行動極有助於增進雙方實質關係。[44]但美國為顧及與中共之關係，乃在李總統啟程之日，由柯林頓總統約見北京駐美李道豫大使，保證仍在執行「一個中國」政策；克里斯多福國務卿則致函中共外長錢其琛，也重申美國執行的是「一個中國」政策。[45]6月9日，李總統在康乃爾大學「歐林講座」（Olin Forum）以「民之所欲，長在我心」（Always in My Heart）發表演講，介紹我民主發展之經

[41] 同上註，第404-06頁；C. Cook & J. Stevenson, 前揭書，第144頁。

[42] Warren Christopher, 前揭書，第287頁。

[43] 行政院新聞局編，《和平之旅》（台北：新聞局，1993），第366-67頁；裴兆琳，〈1995-1996年台海危機：華府，北京與台北之決策失誤檢討〉，《中美關係專題研究1995-1997》，第103-16頁；相關照片見《外交風雲》，第318-21頁；美方決策經過參考P. Tyler, 前揭書，第22-26頁。另根據紐約時報2000年5月21日之報導，柯林頓總統事後對此一決定感到後悔；《中國時報》，89年5月23日，二版。

[44] 中華民國外交部編，《外交部聲明及公報彙編》（中華民國84年1月1日至12月31日）（台北：泰丞公司，1996），第88-89頁。但我外交部錢復部長鑒於當時兩岸關係好不容易有若干正面發展，由於兩岸關係之位階高於外交關係，乃基於國家整體利益考慮，曾上書詳陳利害，力勸李登輝總統打消訪美之念，惟未被接受。

[45] 見中華人民共和國外交部政策研究室，《中國外交1996年版》（北京：世界知識出版社，1996），第479, 481, 486-88頁。

驗，期待貢獻國際社會。[46]此次訪問由於有四百名以上之記者採訪報導，而受到世界廣泛的注意。[47]雖然李總統在返國記者會上強調此行絕對不是要製造「兩個中國」，而是要世人瞭解我的成就及處境，對中共願以中國人幫中國人的態度，協助其改善農業等等，[48]但仍引起中共極度的不安，而引發其後各項外交及兩岸的風波。

## 4. 中共之反應及美國之態度

中共的反應針對我國也針對美方，認為美國藉允許李登輝訪美以加強圍堵中共，阻止其崛起，故先延緩與美國官員之間各項互訪計畫，接著召回駐美大使李道豫，逮捕異議人士，包括潛入大陸之美籍人士吳弘達。中共將此行以及康乃爾大學演說中提及「中華民國」或「中華民國在台灣」均認為係「製造兩個中國，一中一台的活動」，[49]乃延緩「焦（仁和）唐（樹備）磋商」及第二次辜汪會談，並在輿論上展開對李之攻擊。7月18日，更宣佈在21至28日向東海舉行地對地飛彈發射訓練，企圖以武力恫嚇，傳達其所謂「反台獨」的決心，以飛彈落點在中華民國領海內，宣示「台灣是中國的內政問題」，並以此試探外國的反應。[50]

美國克里斯多福國務卿亦認為李登輝的康大演說「太政治化」，因為提及太多次「在台灣的中華民國」。[51]國務院亞太事務

---

[46] 全文見《中美關係專題研究 1995-1997》，附錄 I，中文文獻，第 220-25 頁。

[47] 參考行政院新聞局，〈李總統登輝先生赴美訪問的意義及中外輿情分析報告〉（台北），民國 84 年 6 月 15 日，第 8 頁。

[48]《和平之旅》，第 387-98 頁。

[49] 蘇格，前揭書，第 741-42 頁。

[50] 我行政院連戰院長對延後兩岸會談事表示遺憾並盼早日恢復交流，見《中華民國八十五年外交年鑑》，第 787-88, 791 頁；林正義主編，前揭書，第 122-25 頁。導彈演習之意義參考《1996 中共年報》（台北：中共研究雜誌社，1996），二之 37-二之 42 頁；至於中共發射導彈至東海則是人類歷史上首次將可載核彈頭的飛彈向敵對區域發射，見 E. Timperlake and W. Triplett II, *Red Dragon Rising*，第 154 頁。

[51] W. Christopher, 前揭書，第 286-87 頁；克卿對此行對各方影響之分析及美與中共關係惡化之補救建議見 *China and the United States*, 前揭書，Document 01861, 1995 年 7 月 1 日。

助卿羅德及副助卿等人為表不滿，隨即切斷與我駐美代表處魯肇中代表及副代表之聯繫，僅維持事務階層的接觸，致我推動與美關係產生困難。而另一方面，克卿對中共卻一再強調對中共政策並未改變，採取「交往」而非「圍堵」之政策亦未改變。[52] 7月間，白宮派季辛吉赴北京調解；8月1日，克卿與錢其琛在汶萊同時參加東協組織相關會議時，舉行會談，除向錢某保證之外，並遞交柯林頓致江澤民一長達三頁之信函，強調美國將(1)反對（would oppose）台灣獨立；(2)不支持（would not support）兩個中國或一中一台；(3)不支持（would not support）台灣加入聯合國。此信函成為新的「三不」政策的濫觴。克氏還說今後美方批准簽證供台北領袖們訪美將是(1)個人身分、(2)私人、(3)非官方、(4)非政治、(5)稀少（personal, private, unofficial, non-political and rare）五原則。[53] 美國再派副國務卿塔諾夫（Peter Tarnoff）赴大陸向中共說明。[54]

惟中共在8月份續對東海舉行第二次導彈射擊演習，此後不斷文攻武嚇，隨著1996年3月中華民國總統大選之將至，復在3月8日至25日動員空前規模的二砲及三軍兵力作臨近台灣之飛彈及三棲登陸等三波演習，企圖影響我大選；此事使得我人民更加反感，以致李登輝反在3月23日的大選中獲得54%的選票當選連任。[55]

---

[52] 參考當年7月克里斯多福的一項公開演說，Christopher, 同上註，第285-89頁。美方一再向中共表示其「一個中國」政策未變，中共則強調要美國採取挽救措施，*China and the United States*, 同上註，Document 01865, 1995年7月3日。

[53] 克、錢會談之情形見，Christopher, 同上註，第289-90頁；克氏之保證及對台政策見國務院文件，*China and the United States*, 同上註，Documents 01906, 01907, 01908, 均為1995年8月發；另見 J. Mann, 前揭書，第326-32頁；《中國外交1996年版》，第488頁；蘇格，前揭書，第742-43頁。

[54] 《1996中共年報》，二之42-二之44頁；W. Christopher, 前揭書，第425-27頁；美國務院與駐北京大使館間函電內容見*China and the United States*,同上註，Documents 01905, 1995年8月；01917, 8月10日。

[55] Christopher, 同上註；三月演習之經過、規模、軍事上及政治上之意義，使用裝備簡介，中共指揮系統及相關地圖等，參考美國海軍情報資料，Office of Naval Intelligence , "Chinese Exercise Strait 961: 8-25 March 1996," 共12頁，website at The George Washington University http://www.gwu.edu/(20 Feb. 2000)；以及《1997中共年報》（台北：中共研究雜誌社，1997），二之14-二之18頁；我方之因應方式及決策經過參考李建榮，前揭書，第254-95頁。

美國在1995年下半年致力改善與中共關係原獲若干效果，中共釋放了吳弘達，並同意任命前參議員尚慕杰（James Sasser）擔任派駐北京大使，可是中共的軍事演習卻坐實了「中國威脅論」，促使美國在1996年3月派遣兩個航艦艦隊駛近台海，明確對中共警告，是兩國建交十七年來僅見的大動作。而柯林頓與日本首相橋本龍太郎（Ryutaro Hashimoto）原即決定對美日防衛事宜加以檢討，自此更加緊進行，於次（4）月發表了美日聯合安保宣言，表示雙方將檢討1978年之美日防衛合作指南。美國會兩院在3月間亦均通過對我安全關切及批評柯林頓政府之決議案；[56] 而美國高層官員也分別和中共及我方官員會晤交換意見。[57]

中共一連串對美外交鬥爭及對我軍事鬥爭，除顯示中共軍方及保守勢力在中央政治局決策過程中獲更大影響力外，亦取得了數項好處：第一，促使美國第一次書面承諾三不，嚇阻了美國進一步提升和我之關係，使台北高級首長以後訪美將更困難；第二，增加了日本、歐洲等國對邀訪台灣首長之顧慮，避免了中共懼怕的「骨牌效應」；第三，中共三軍及二砲部隊在演練攻台聯合戰役上得到若干實際的經驗。

但另一方面，由於其採用武力之傾向，增強我國人之不滿及對中共之敵視，而且造成東亞緊張，促使國際上力量介入，使日本加強軍備及提升情報能力，使美日更加結合，以及美國及日本國內更多人士視中共為敵人，並導致歐洲議會等外國機構都要求勸阻

56 美方決策經過參考 Christopher, 同上註；Ashton Carter and William Perry, 前揭書，第 95-100 頁；P. Tyler, 前揭書，第 1 章；亞太事務助卿羅德在國會參眾兩院兩次作證全文見《中美關係專題研究 1995-1997》，第 281-92, 126-29 頁；駐北京外交圈反應及日本首相橋本向李鵬總理表示關切等，美國駐北京大使館及國務院間相關函電見 China and the United States, 前揭書，Documents 01941, 1996 年 3 月 5 日；01946, 3 月 15 日；01948, 3 月 16 日；中共對美方派艦隊「炫耀武力」進行鬥爭事見中華人民共和國外交部政策研究室，《中國外交 1997》（北京：世界知識出版社，1997），第 571 頁；《1997 中共年報》，二之 15-二之 18 頁。

57 W. Christopher, 同上註，第 427 頁註釋 2.

中共，以致更加彰顯了「台灣問題」是攸關東亞安全利益的國際問題，對中共的長期戰略形勢自有甚大不利之處。[58]

1996年是美國大選年，因此美國為免中國政策成為大選議題，乃再致力改善與中共關係。克卿於5月專就中國政策發表演說，重點為：

(1) 對中共政策有三核心部分，包括：鼓勵其發展成開放而安全的中國、支持其融入國際社會並負責任，以及以「交往」處理歧見。

(2) 自從1972年以來，美與中共加深接觸的基礎在於三公報所顯示的「一個中國」政策，這項政策使得台海兩岸得以維持和平，而台灣的民主繁榮得以茁壯。

(3) 我們曾對北京的領導人重申我們一貫政策，即台灣與中華人民共和國之未來關係必須由他們自己直接來解決，但我們的一個中國政策的前提是中華人民共和國遵循以和平方式解決台北和北京之間的問題（our "one China" policy is predicated on the PRC's pursuit of a peaceful resolution of issues between Taipei and Beijing.）

(4) 我們已對台灣領導者重申會強化非官方關係的承諾，包括在台灣關係法條文下維持足夠的自衛能力。台灣在「一個中國」政策下繁榮，當台灣尋求國際角色時，應與「一個中國」政策相合。

(5) 已向雙方強調必須避免以片面方式或挑釁行動改變現狀或對和平解決問題造成威脅，強烈鼓勵雙方恢復兩岸對話。

(6) 對香港順利轉移表示關切，對九七後維持香港之繁榮、法治、自由表示重視。[59]

[58] 另可參考《中美關係專題研究 1995-1997》，第 126-28 頁；R. Sutter, 前揭書，第 51-54 頁；J. Mann, 前揭書，第 337-38 頁；《1997 中共年報》，二之 16-二之 17 頁。

[59] 見克里斯多福 5 月 17 日在華府外交關係協會（Council on Foreign Relations）上以 "American Interests and the U.S.-China Relationship"為題之演說，全文及說明見 W. Christopher, 前揭書，第 425-39 頁。

此項演說是對華政策之重要文件，其中美國明確將「和平解決」兩岸問題作為支持「一個中國」的前提是一個新的說法，對中共而言也是軍事演習後的不利發展。而當中共軍演時，美亞太事務助卿羅德在國會兩院關於台灣安全聽證會上之證詞也把台灣的軍力、台灣的重要性，對美國的影響，台海如不安定影響及於整個地區等狀況作了詳盡的報告，其中對中共之不滿──以羅德曾任駐中共大使的背景及天安門事件後對中共之反感──對於中共行動也具相當警示作用。⑥⁰

　　當時中共曾秘密售予巴基斯坦可供發展核武器之磁環（ring magnets）。克卿決定息事寧人，在中共私下保證不再犯後即予放過，中共隨後向美國保證在打擊仿冒事上合作，而美國亦再予中共最惠國待遇。⑥¹

　　其後，柯林頓贏得連任，克里斯多福決定辭職，在他離職前於1996年11月訪問中共，當時江澤民即將在馬尼拉「亞太經合會」高峰會上與柯林頓見面，故此中共政要接待克氏頗為友好，甚至承諾將批准化學武器合約，在環境保護問題上合作，停止提供核子設施予伊朗，並促成南北韓對話等。惟克氏仍認為當時雙方關係尚未達到「夥伴」（partners）之地步，而只能以「合作」（coopera-tion）予以界定。⑥² 數日後，江澤民和柯林頓會晤，決定了兩人互作國事

---

⑥⁰ 參考《中美關係專題研究 1995-1997》，第 128-29 頁，附錄 II，英文文獻，第 281-92 頁。

⑥¹ J. Mann, 前揭書，第 344 頁；中共之解釋見《中國外交 1997 年版》，第 571-73 頁；相關情形另分見羅德及美國貿易代表白茜芙（Charlene Bashefsky）二人在國會之證詞，見《中美關係專題研究 1995-1997》，附錄 II，英文文獻，第 297-305 頁；J. Mann, 前揭書，第 344 頁。

⑥² 見 W. Christopher, 前揭書，第 510-23 頁；另見《中國外交 1997 年版》，第 565, 569-70 頁；美國空軍官校對中共生物及化學武器戰力之評估研究報告見 *China and the United States*, 前揭書，Document 01909, 1995 年 8 月 1 日；美參議員赫姆斯以中共軍售伊朗飛彈科技籲請柯林頓總統予中共制裁函見 Document 01934, 1996 年 2 月 8 日。

訪問，以致江澤民認為兩國關係是「雨過初晴」了。[63]

## 二、柯林頓第二任期的發展

柯林頓與高爾（Al Gore）在1996年時順利獲選連任正副總統，但不久之後即傳出中共在競選期間曾經由旅美華人提供不當政治獻金，[64]以及中共間諜匯款[65]等情事，對於中共在美國之形象，有相當負面的影響。

當時美國的歐洲盟國多已改進與中共之關係，1995年7月，歐盟宣佈要全面加強與中共關係的大戰略，盼藉經貿關係及協助法治帶動大陸民主，[66]其後兩年，歐洲與中共關係持續增長，因此，為了商業利益及政治需要，美國亦需改善與中共關係。美國行政當局在研究改進與中共關係之途徑時，認為一項重要象徵就是邀請江澤民主席正式訪問美國，以便促使中共簽訂若干對美國利益具重要性之條約協定。[67]

---

[63] 蘇格，前揭書，第754-55頁；《中國外交1997年版》，第11, 565頁；美國對中共政策之轉折另參考周煦，前揭書，第五章。

[64] 據稱，柯林頓家鄉阿肯色州小岩城（Little Rock, Arkansas）中餐廳老闆崔亞琳（Charlie Trie）及印尼力寶公司（Lippo Group）之美國代表黃建南（John Huang）牽涉嚴重，涉及數百萬美元，報刊報導司法部發現許多款項係中共解放軍開設之保利公司（Poly Technologies）（董事長王軍）經由劉華清之女轉予黃建南者，目的在影響柯林頓的對華政策。參考美國參院文件，載於 *China and the United States*，前揭書，Document 02044, 02045，均為1998年1月；以及 J. Mann, 前揭書，第349-51頁。

[65] 有報導謂中共之款項有不少來自澳門黑社會，經由洗錢方式多年來支持美政要，甚至作對台不利之政治要求。參考 Edward Timperlake and William C. Triplett II, *Year of the Rat: How Bill Clinton Compromised U.S. Security for Chinese Cash* (Wash. D.C. : Regnery Publishing, Inc.,1998)，第218-21頁。由於1996選舉年恰為中國農曆鼠年，故取此書名。

[66] 詳見《中央日報》，民國84年7月7日，1版；《聯合報》，民國84年7月6日，1版。

[67] Robert Ross, *The 1998 Sino-American Summit* (N.Y. : Asia Society, June, 1998)，第8頁。中共在1995年時便已就江澤民訪問美國事與美磋商，見《中國外交1996年版》，第490-91頁。

## 1. 江澤民訪美

為了改進與中共的關係，美國在三方面進行努力：

(1)把雙方官員互訪再度予以制度化（reinstitutionalize ties）：如派遣新任國務卿奧爾布萊特（Madeleine Albright）、副總統高爾、前國防部長裴利（William Perry）、財政部長魯賓（Robert Rubin）、商務部長戴利（William Daley）等人訪問中共。

(2)再建立戰略對話：延續九六年軍演時國家安全事務顧問雷克與劉華秋見面之成例，由雷克之繼任人柏格（Sandy Berger）持續與中共保持連繫管道。同時中共海軍艦艇編隊「哈爾濱號」等於3月間首次訪問美國本土，美參謀首長聯席會議主席沙利卡什維利（Gen. John Shalikashvili）亦於5月訪問北京。

(3)續協助中共融入國際社會：一方面促使中共參與各項多邊合作計畫，解決日增之全球性問題，一方面期盼中共因遵守相關法律規章，其行為更受規範。[68]

1997年7月1日，香港回歸中共，由中共國家主席江澤民和英國王儲查爾斯王子（Prince Charles）共同主持儀式，自此開始在香港實行「一國兩制」。美國曾一再表示對香港前途及其制度之維持之關切，也與中共交涉在九七後允許美艦繼續停泊香港港口，[69]美

---

[68] David Shambaugh, *The 1997 Sino- American Summit* (N.Y. : Asia Society, October 1997), 第11-12頁。奧爾布萊特、高爾、柏格、魯賓、戴利等，分別於1997年2月、3月、8月、9月、10月訪問大陸，與中共官員談話等情形，及中共副總理兼外長錢其琛、總參謀長傅全有，外事辦主任劉華秋，司法部長蕭揚分別於1997年4月、8月、10月及11月訪美有關情形參見中華人民共和國外交部研究室編，《中國外交1998年版》（北京：世界知識出版社，1998），第559-66頁；及 *China and the United States*, 前揭書，Documents 02000, 1997年3月；02004, 3月9日；02014, 6月6日。

[69] J. Mann, 前揭書，第347-48頁；香港回歸相關情形見，《中國外交1998年版》，第17, 475-80頁；自中共立場分析香港回歸及一國兩制參考《中國台灣問題》，第73-86, 180-185頁；美國政府對香港情勢之分析及美方立場見亞太事務副助卿在國會作證：Jeffery Bader, "Law Enforcement Relationship Between U.S. and Hong Kong," April 10, 1997；及 "Testimony on Hong Kong," April 24, 1997, 《中美關係專題研究1995-1997》，附錄II，英文文獻，第348-66頁；另參考《中國外交1996年版》，第489-90頁。

國務卿奧爾布萊特在港除與中共副總理兼外長錢其琛探討論香港事務外，亦就江澤民訪問美國之行程加以安排。[70]

翌月，國家安全事務顧問柏格訪問北京，續研議兩國高峰會議，美國希望中共停止伊朗發展核武，停止武器擴散，並釋放政治犯；中共則力促美政府減少對我之支持，阻止國會通過對其不利之決議案，且解除天安門事件後所剩餘尚未解除之制裁。[71]

事實上，中共因內外考慮，均須加強與美國的關係：1997年2月，鄧小平去世之後，[72]江澤民雖身為中共黨政軍最高領導人，仍須在外交上有所建樹，以強化其國內外之聲望及地位。至於在經濟層面上，多年來的改革開放政策使得沿海與內陸差距過大，8千萬到1億農村「盲流」轉到較高收入地區找工作，造成相當的社會問題，而國營企業營運狀態不佳，財政系統負擔沉重，亟需更加開放改革。此外能源逐漸不足，進口石油佔消費總量的比例也愈益增加，預估到2005年將有40%石油須自外輸入。[73]所以加強對外關係以加強安全並取得資金技術及能源乃是必需。

中共的外交作法除了「韜光養晦，有所作為」的鄧小平指導外，還有「鞏固周邊，經濟先行，大國優先，維護主權」的重點，

---

[70] 奧爾布萊特在啟程前曾向參議員湯瑪士（Sen. Thomas of Wyoming）保證美行政當局將注意在七一後協助維護香港自由；伊參加回歸典禮前後亦在言論中一再強調香港之特殊地位。參考 Thomas N. Lippman, *Madeleins Albright and the New American Diplomacy* (Boulder, Colorado : Westview Press, 2000), 第 21, 137 頁；以及《中國外交 1998 年版》，第 563 頁；J. Mann, 前揭書，第 353 頁；另值得注意者，自從 1997 年 7 月 1 日以後，美政府即將我國人赴美簽證之簽發地點自香港改為台北，見外交部外交年鑑編輯委員會，《中華民國八十六年外交年鑑》（台北：正中書局，1997），第 273 頁。

[71] 參考美國國會圖書館對美方制裁中共情形之分析，*China and the United States*, 前揭書，Document 01677, 1994 年 2 月 8 日。J. Mann, 同上註，第 354 頁。

[72] C. Cook & J. Stevenson, 前揭書，第 77 頁；美總統柯林頓對鄧小平逝世發表聲明，稱讚鄧小平是「中國決定與美國實現關係正常化的原動力」。美副總統高爾則赴中共駐美使館弔唁，見《中國外交 1998 年版》，第 560 頁。

[73] 見亞太事務助卿貝德在國會之證詞：Jeffery Bader, "China after Deng Xiaoping," March 18, 1997；《中美關係專題研究 1995-1997》，附錄 II，英文文獻，第 32-48 頁。

而且認為與美國之關係是重中之重。[74] 在1996、1997年間，中共遂致力加強改善與俄羅斯及法國之合作，先後與他們建立戰略伙伴關係，並與俄羅斯、哈薩克、吉爾吉斯、塔吉克簽定五國邊境地區加強軍事領域信任的協定，以鞏固周邊，[75] 另一方面也以該等關係對美形成壓力。[76] 在對美交涉時，中共曾不斷試探底線。例如在國安會克莉絲多福（Sandra Kristoff）率團赴北京時，中共就要求美國公開以文字表達柯林頓在1995年以私函形式表達的「三不」，克氏不從，遂無結論而返。[77]

　　在江澤民啟程訪問美國前夕，柯林頓特就中國政策發表談話，指出中共已逐漸改變，現已是1000個國際組織的成員，世界第十一大貿易國，刻正有4萬留學生在美國學習，其國內有10億人可觀看電視，70％的學生定期聽美國之音廣播，有2200百家報紙，700萬手機，15萬人上網，這些都是美國「交往」政策的成果，因此只能繼續此一政策，不能孤立中共。[78]

　　江澤民於10月26日至11月3日訪美，先後訪問了檀香山、威廉斯堡、華府、費城、紐約、波士頓與洛杉機。與柯林頓在10月29

---

[74]《中國時報》，1997年1月21日，9版；《中華日報》，1997年1月24日，9版。中共認為美國雖然對中共政策之動機存疑，但因美國的市場，技術，投資均為中共發展經濟所必需，且因美國國力強大，不足以與之正面衝突，要解決台灣問題必須要美國合作，所以與美國發展關係極為重要。參考 R. Sutter, 前揭書，第41-42頁。

[75] 1996年4月，俄羅斯葉爾欽總統（B. Yeltin）於訪問大陸時與中共簽署聯合聲明，宣佈兩國發展面向21世紀的「戰略協作夥伴關係」。4月26日，江澤民、葉爾欽連同哈、吉、塔五國領袖在上海簽訂邊境協定。另，1997年4月，法國總統席哈克（J. Chirac）訪問大陸，與中共簽訂的聯合聲明中亦宣佈建立兩國面向21世紀的「全面夥伴關係」，分見〈中俄關係大事記〉，《人民日報》（北京），1997年4月22日，1版；及〈中法關係的里程碑〉，《人民日報》，1997年5月23日，1版；《中國外交1998年版》，第6-7, 321-35, 343-45, 349, 361, 507-59頁。

[76] R. Ross , The 1998 Sino-American Summit, 第8頁。

[77] J. Mann, 前揭書，第355-56頁。

[78] "Remarks by President Clinton in Address on China and the National Interest," Oct. 24, 1997, 見《中美關係專題研究1975-1977》，附錄II，英文文獻，第395-401頁。

日發表了共同聲明，表達了雙方在各方面的合作的決心：(1) 維護世界及地區和平與穩定，促進全球經濟增長；(2) 防止大規模殺傷武器擴散；(3) 加強雙邊貿易、經濟發展、人權討論、法律、[79]環保、能源、科技教育和文化交流與合作及兩軍來往等，並共同致力於建立「一建設性戰略伙伴關係」（ a constructive strategic partnership ），雙方同意兩國元首定期訪問對方首都，並建立元首間熱線（ presidential communications link ）以直接聯繫。美方還重申美國堅持一個中國政策，遵守三個聯合公報的原則；中共則強調「台灣問題是中美關係中最重要，最敏感的核心問題，恪守中美三個聯合公報原則，妥善處理台灣問題，是中美關係健康，穩定發展的關鍵。」[80]

　　在江澤民離開華府的次日，國務院發言人魯賓（ James Rubin ）指出，美國將不支持台獨，兩個中國，及台灣參加以國家為單位之國際組織。此一表白，當是白宮有意對中共示好，而中共也在11月間釋放魏京生，以對美回應。[81]

---

[79] 柯林頓委請其同學耶魯大學法律系 Paul Gewirtz 教授主導此事，於江澤民訪美時在司法人員、律師訓練、商事法、行政法等六個領域內達成合作協議，自此建立美與中共「法律合作關係」（ legal cooperation ），Gewirtz 教授隨即訪問大陸六、七次，建立合作架構，後由國務院「資深法治協調人」（ Senior Coordinator for the Rule of Law ）J. Onek 氏接手，而雙方「執法合作聯合聯絡小組」、「法律交流聯合小組」之第一次會議於 1998 年 5 月分別在華盛頓和北京舉行。見 " The U.S. -China Rule of Law Initiative," *Yale Law Review* (Yale Law School, Summer, 1999), 第 48-53 頁；中華人民共和國外交部政策研究室編，《 中國外交 1999 年版 》（北京：世界知識出版社，1999 ），第 445 頁。

[80] 《 中國外交 1998 年版 》，第 559-61 頁；共同聲明全文及江澤民在美訪問期間發表的十九個講話稿中英文全文，以及柯林頓 10 月 29 日兩次歡迎講話中、英文全文見，《 努力建立中美建設性的戰略伙伴關係－江澤民主席對美國進行國事訪問 》（北京：世界知識出版社，1998 ），第 1-213 頁；共同聲明另見 "Text: 10/29 Joint U.S.- China Statement," U.S. Dept. of State - IIP : The United States and China, website at http://www.usia.gov/regional/ea/uschina/joint29.htm.

[81] "U.S. Effort Led China to Release Dissident," *Los Angeles Times*, Nov. 17, 1997, 第 1 頁；J. Mann, 前揭書，第 357-60 頁。

## 2. 柯林頓訪問大陸

　　江澤民訪問美國達成了實質性的合作協議後，希望柯林頓次年早些時候訪問北京，以免再交涉實質協議；而柯林頓因個人緋聞案受共和黨攻擊後被迫向全國公開認錯等原因，亦希望將此訪問提前，以轉移國內外之注意，於是雙方商定於1998年6月25日至7月1日訪問大陸，地點包括西安、北京、上海、深圳，再於深圳到香港，而此行一開始就是象徵意義大過實質意義。[82]

　　1997至1998年東亞產生的金融危機，日、韓、泰、印、馬、星均受影響，僅中國大陸、台灣受影響較少。[83] 1997年底中共與東協舉行首次高層會議，確立面向廿一世紀的睦鄰互信夥伴關係，江澤民亦宣佈人民幣不貶值，1998年新任總理朱鎔基亦在二屆歐亞會議中宣佈同一政策，並繼續通過國際貨幣基金等組織對東南亞國家提供資助，頗有助於中共之國際地位。同時中共繼續加強並充實與俄羅斯之夥伴關係，逐漸解決與周邊國家的邊界問題，而歐盟委員會於1998年3月公佈了「與中國建立全面夥伴關係」報告後，中共與歐盟亦確立了雙方領導人年度會晤機制，從而深化了與歐洲主要國家的關係。[84] 在國內方面，江澤民在1997年連任中共黨書記，1998年任命朱鎔基替代李鵬出任總理，讓李鵬轉任人大常委會委員長，原來的委員長喬石退休後，江的地位更加鞏固。另外，在美國方面，美國在這一時候的經濟仍然成長順利，1998年達3.9%，而通貨膨脹率1.6%，失業率4.5%均為三十年來最低數字，而且財政上實現了近廿九年來首次盈餘，盈餘額達700億美元，以致股市大幅

⑧² R. Ross, *The 1998 Sino-American Summit*, 第 9-11 頁；中華人民共和國外交部政策研究室，《中國外交 1999 年版》（北京：世界知識出版社，1999），第 429, 442-43 頁。

⑧³ 《中國外交 1998 年版》，第 23-25, 542 頁；《中國外交 1999 年版》，第 15-20 頁。各國貨幣與美金比較及 GDP 成長率比較見 Tim Huxley and Susan Willett, *Arming East Asia* (London : International Institute for Strategic Studies, Adelphi Paper 329, 1999), 第 20 頁。

⑧⁴ R. Ross, *The 1998 Sino-American Summit*, 第 11 頁；《中國外交 1999 年版》，第 5-11, 253-96 頁。

上升，所以基本上較之西歐、日本表現均出色，顯示美國在政經軍各方面的超強地位仍然穩固。所以江柯兩人在高峰會之前均有優勢之處。[85]

兩國當時的分歧除了台灣問題外，主要還有以下兩方面：

第一，人權：中共人權紀錄雖有表面改進，例如1997年10月簽署（而非批准）了聯合國經濟、社會、文化權利公約（United Nations Covenant on Economic, Social and Cultural Rights），並允許聯合國任意逮捕工作小組（United Nations Working Group on Arbitrary Detention）訪問大陸，釋放了若干異議份子，改善了法律體系，但基本上仍然大量違反被國際上普遍接受的人權規範，以及迫害宗教等。[86]自1990年代以來，美國每年均支持在聯合國人權委員會提案譴責中共，但因該委員會五十三個會員國以開發中國家佔多數，中共易於發動友邦支持，所以歷年均以不採取行動終結，但委員會的一些專題報告，卻迫使中共採取若干改善措施。[87]1998年2月，歐盟表示不再支持此議，美國遂希望中共加入「聯合國公民權利和政治權利公約」（United Nations Civil and Political Rights）並釋放異議份子如王丹等事上合作，使其有藉口也不再在聯合國作人權鬥爭。結果由於中共在4月間釋放王丹，美政府遂以人權鬥爭

---

[85] 美國柯林頓政府時代推動小而強之政府整頓經濟獲致具體成就數據參考柯氏1998年國情咨文 William J. Clinton, "State of the Union Address, January, 1998," in Richard Heffner, *A Documentary History of the United States*, 6th ed. (New York : Penguin Putnam Inc., 1999), 第503-13頁；另參考 Ross, 同上註，第12-14頁。《中國外交1999年版》，第428-29頁。

[86] 詳見《中國外交1998年版》，第567頁；《中國外交1999年版》，第448-49頁；美國務院關於大陸的人權報告：Country Reports on Human Rights Practices for 1997 : China,《中美關係專題研究1995-1997》，附錄 II，英文文獻，第436-75頁；"China Country Report on Human Rights Practice for 1998," *China and the United States*, 前揭書，Document 02051, 1999年2月26日。按，中共全國人大直至2001年2月方才批准該公約，但仍反對該公約的一個重要組成部分：給予工人組織自由公會的權力，參考2001年2月28日中央社電。

[87] 詳見鄒念祖，〈聯合國國際人權外交-中共的認知與政策〉，《問題與研究》（台北），第38卷第8期，民國88年8月，第89-101頁。

效果有限，而中共已與美國在若干重大議題上合作為由，乃停止了多年來的行動。[88]

第二，武器擴散：美國希望中共簽署飛彈科技管制機制（Missile Technology Control Regime, MTCR），中共卻仍作技術輸出，並以美國對台軍售相要挾。[89]

6月25日，柯林頓總統抵達西安，成為天安門事件以來第一位赴大陸訪問的現任美國總統。柯氏另訪問了北京、上海、桂林、香港等地，在若干公開場合中，包括柯江聯合記者會及對北大學生之演講中，都強調美國價值觀，明白指出中共應當改善人權，加強法治，甚至提及天安門事件，但柯林頓也表明美國不會圍堵中共。由於此二場合中共中央電視台都實況轉播，使美方認為是一大成就。6月30日，柯林頓在上海圖書館與中共學者座談時，在國家安全事務顧問柏格的建議下，親口說出美國的三不政策：不支持台灣獨立，不支持兩個中國、一中一台，不認為台灣應當參加以國家為成員的國際組織（We don't support independence for Taiwan, or two Chinas, or one Taiwan, one China. And we don't believe that Taiwan should be a member in any organization for which statehood is a requirement.）。[90]

---

[88] 同上註；另見奧爾布萊特國務卿之註明：M. Albright, "The Testing of American Foreign Policy," *Foreign Affairs*, Vol. 77, No. 6 (Nov.-Dec. 1998), 第 57 頁；以及《中國外交 1999 年版》，第 347 頁；New York Times, March 14, 1998, 第 A5 頁；J. Mann, 前揭書，第 361-62 頁。

[89] R. Ross, *The 1998 Sino-American Summit*, 第 15 頁；儘管如此，美國由於說服中共共同譴責 5 月間的印度、巴基斯坦核試驗，而認為是柯林頓啟程訪問大陸前的外交成就。見 T. Lippman, 前揭書，第 149 頁。

[90] 座談會記錄全文見 The White House, Office of the Press Secretary, "Remarks by the President and the First Lady in Discussion on Shaping China for the 21st Century," Shanghai Library, Shanghai, People's Republic of China, June 30, 1998, 其中「三不」之原文及復旦大學吳心伯之提問在第 15；柯氏其他言論見 The White House, Office of the Press Secretary, "Press Availability by President Clinton and President Jiang," Beijing, PRC, June 27, 1988；"Remarks by the President to Students and Community of Beijing University," Beijing, PRC, June 29, 1998；"Interview of the President by CCTV," Shanghai Stock Exchange, Shanghai, PRC, July 1, 1998；柯林頓本人對大陸之行之感想見其在香港的記者會全文，The White House, Office of the Press Secretary, "Press Conference by the President," Grand Hyatt, Hong Kong Special Adminis

此外，柯林頓在北京時曾與江澤民共同發佈關於生物武器公約
（Biological Weapons Convention）議定書的聲明，關於殺傷人員地
雷問題（Anti-Personnel Landmines）的聲明，及防止核武飛彈及相
關技術輸往印度及巴基斯坦維護南亞地區穩定「關於南亞問題」的
聲明，雙方且達成互相不以戰略核武瞄準對方的決定，以及其他在
能源、經貿、科技，環保、教育、執法、人員互訪等方面合作的
具體目標。在關於中共人權一事上，雙方同意在政府和非政府級別
中進行人權對話。[91]

另據稱，江澤民在與柯林頓、國務卿奧布萊特及國家安全事務
顧問柏格之一項談話中，曾表達了對兩岸關係的緊迫性，認為應需
有意義的進展，故敦促美方「訂下一個五至十年的時間表來引導
這個程序」。但柯林頓鑒於與美國政策不合而未答應此議。[92]

柯林頓宣佈「三不」後，聯邦參眾議員隨即於7月份通過三項
支持台灣的共同決議案，確認美國將遵守「台灣關係法」對我之承
諾，及支持我加入國際貨幣基金、世銀及其他國際經濟組織等。
該年內共通過八項友我法案及決議，涵蓋面廣，通過票數為歷來
罕見。10月下旬，美政府派能源部長李察遜（Bill Richardson）來

tration Region, July 3, 1998；美方對柯江聯合記者會等場合宣揚人權價值而獲電
視轉播之興奮之情參考美國駐中共大使尚慕杰（James Sasser）之演講，"U.S.－
China Relations : Twenty Years and Counting," Remarks by Amb. James Sasser,
American Chamber of Commerce, Beijing, Nov. 19, 1998, U.S. Dept. of State － IIP；
柯氏此行之意義另參考 J. Mann, 前揭書，第364-68頁；《中國時報》，民國87
年6月30日，二版，我方對美方之「三不」表達嚴正立場，並提具體要求，美
方亦作回應。見外交部外交年鑑編輯委員會編，《中華民國八十七年外交年鑑》
（台北：正中書局，1998），第212-13頁。

[91] 此行具體成就見 The White House, Fact Sheet : "Achievements of U.S.－ China Sum-
mit," Beijing, June 27, 1998；"Joint Statement on Biological Weapons Convention,"
"Joint Statement on South Asia," and "Joint Statement on Anti-Personnel Landmines,"
U.S. Dept of State － IIP : The United States and China；另見《中國外交 1999年
版》，第448-49, 756-60頁。

[92] 中國時報華府特派員冉亮自美「國會研究中心」資深研究員沙特（Robert Sutter）
處所獲之訊息，見《中國時報》，民國87年10月26日，3版；《工商時報》，
民國87年10月26日，8版；另參考沙特之著作：R. Sutter, 前揭書，第54-60頁。

台參加「中美工商界聯合會年會」，[93] 係繼1994年美國交通部長訪華以來部長級閣員再度訪問台北，以表示柯林頓政府並未降低與我交往之層級。

儘管如此，「三不」中第三不的宣示仍代表美國政策的移動。美國與中共所簽訂三項會報中沒有一項提及不支持我方參加以國家為主體的國際組織，何況台灣關係法第四條「丁」項還明白規定，該法之任何條款，「概不得被解釋為支持排除或驅逐台灣在任何國際金融機構或任何其他國際組織之會籍之依據」（參考本書附錄五：台灣關係法），所以柯林頓的政策表示超越了「三報」，不合乎「一法」。

### 3. 辜汪第二次會談

1995年中共因李登輝總統訪美而推遲辜汪第二次會晤的時間。1997年11月，台灣新同盟會組團訪問大陸，海協會會長汪道涵在接見該團團長許歷農時曾表示，兩岸「在一個中國原則之下，什麼都可以談，當然包括國旗和國號的問題」，強調唯有在「一個中國原則」下，先結束敵對狀態，然後兩岸三通，而「一個中國」是現在進行式，並不等於中華人民共和國，也不等於中華民國，而是兩岸同胞共同締造統一的中國」。[94]

自從1996年中共軍演以來，美國一再期盼並鼓勵兩岸加強對話，我方亦有所表示，雙方終於決定舉行第二次辜汪會談。

1998年10月14日至19日，台北海基會辜振甫董事長率副

---

[93] 《中華民國八十七年外交年鑑》，第212-14頁。《中國外交1999年版》，第447頁；另李察遜（Bill Richardson）曾於一九八○年代擔任聯邦眾議員時，與筆者結交。1986年當筆者調離華府之際，渠特地在國會記錄上載文肯定筆者在華府的工作成就，以作「驚喜」之禮。見 *Congressional Record-Extention of Remarks*, June 5, 1986, 第 E 1994-1995 頁。

[94] 《中國時報》，民國86年11月17日，一版，對此項言論，副總統連戰認為應循正式管道發佈，國民黨發言人希望錢其琛在國際上作同樣發佈，民進黨及建國黨則持較排斥態度，見《中國時報》，民國86年11月19日，10版；《民眾日報》，民國86年11月21日，1版；《聯合報》，民國87年1月15日，9版。

董事長許惠祐等人赴大陸，首日即與海協會汪道涵在上海進行第二次辜汪會談，汪提「世上只有一個中國，台灣是中國的一部分，目前尚未統一，台灣政治地位應在一個中國前提下進行討論」；辜氏則指出，台灣依「波茨坦宣言」回到中華民國，現在是一個分治的中國，雙方必須站在「對等」的歷史事實上，才能進行有意義的互動；隨行團員則強調我既結束了戡亂時期，還有1200萬人次赴大陸交流，對大陸投資270億美元，充分顯示了中國人幫中國人的胸懷。[95] 此次辜汪會晤獲得了四項共識：

(1) 兩岸兩會恢復制度化協商；

(2) 促進兩岸兩會不同層級交流；

(3) 兩岸同胞人身與財產安全問題將針對個案予以積極協助處理；

(4) 辜董事長邀請汪會長於適當時機來台訪問。[96]

18日，中共副總理兼外長錢其琛在北京接見辜振甫一行時指出，中共是中國唯一合法政府，台灣邦交國愈來愈少是歷史的趨勢，台灣外交部的講法，完全是主觀的想像；以大陸民主化作為統一的決定因素是不切實際的。辜氏則強調在雙方民主統一之前，該有各自的國際空間，彼此合作，且應平等共同參與國際事務，結束零和對抗，作為兩岸結束敵對狀態第一步，如果否定中華民國，就阻礙兩岸交流。[97] 下午，江澤民以共黨總書記之名義接見辜董事長，雙方以巧妙的歷史觀進行對話，並且詳細討論民主化的問題，江澤民強調大陸也追求民主，民主不是抽象的，是具體而相對的，國情不同，也有不同民主；辜氏則強調大陸的民主化是決定中國

[95] 《中央日報》，民國87年10月16日，2版；《中華民國八十七年外交年鑑》，第64-65頁。

[96] 《中央日報》，民國87年10月16日，1版；《中華日報》，民國87年10月16日，2版。

[97] 《中央日報》，民國87年10月19日，2版；《聯合報》，中華民國87年10月19日，6版。

統一問題的關鍵，兩岸領導人可在亞太經合會（APEC）場合自然會面，另兩岸也可共同合作解決亞洲金融危機及農業合作，對以上提議，江澤民均沒有回應。[98]

　　辜振甫一行返國後，台北方面原擬邀請汪道涵會長於1999年4月訪問台北，但海協會卻希延至秋天。到4月間，美國與中共關係不是很明朗之際，汪道涵在接受「亞洲週刊」訪問時，公開提出了八十六個字，以澄清他1997年11月對許歷農的說法：「關於『一個中國』的說明：世界上只有一個中國，台灣是中國的一部分，目前尚未統一，雙方應共同努力，在一個中國的原則下，平等協商，共議統一；一個國家的主權和領土是不可分割的，台灣的政治地位應該在一個中國的前提下進行討論」，強調「這是現在最準確的版本」。該項訪問還談及民主、一國兩制、訪問台灣、台灣與「戰區飛彈防禦系統」（TMD）等問題。[99]

　　同時，中共在對台關係上，亦未回到「制度化的協商」，「急人民之所急」，相反地，自從1999年7月9日李登輝總統提出兩岸關係是「特殊國與國關係」之後，其態度變得更加敵對。

## 4. 美國與兩岸關係在 1999 年間之轉折

　　1999年4月，中共總理朱鎔基訪美，以接續前一年6月柯林頓對大陸的訪問。美國對中共進入「世界貿易組織」（WTO），寄望殷切。但促請中共以已開發國家條件加入。中共內部對加入「世界貿易組織」原有各種意見，尤其反對加入者多有甚強之政治力量，但因國營企業虧損嚴重，1998、1999年的實際經濟成長較前遲滯，外國投資額亦逐漸減少，為改組經濟結構，強化競爭力，最後

---

[98] 《聯合報》，民國 87 年 10 月 19 日，3 版。

[99] 《亞洲週刊》，1999 年 4 月 19 日至 4 月 25 日，第 18-23 頁；《2000 中共年報》，下冊，7 之 11-7 之 20 頁。

才作加入之決定。[100]

柯林頓在朱鎔基抵達的同日，在華府發表演講，強調把「中」國（共）引入國際體系的重要性，指出美國要協助中共變成繁榮開放的社會，要在武器擴散、貿易、環保及人權方面融入全球規範的體制內。在雙方意見相同之處，必須把握合作的機會；在有歧見之處，則要強力維護本身的利益及價值觀。過去六年（1993-1999）依此作法，已獲得具體成就，諸如使中共加入禁止核擴散條約、化學武器公約、生物武器公約、全面禁止核試條約，不提供飛彈予伊朗及停止協助巴基斯坦等。至於使中國（共）融入世界貿易體系，將促使中共加速內部改革，接受法治，協助美國更進入大陸市場，從而關係到美國重大國家利益，而中共改善人權狀況更是美國關切事項。[101]

美國高規格的接待朱鎔基一行，並與之簽署農業、民用航空和海關的合作協議，對中共加入世貿組織案卻僅發佈共同聲明，坦承若干歧見未能解決，承諾將繼續努力而無具體協議。[102] 另在記者招待會上，柯林頓並未重申三不，僅再度表示，美國有一個中國政策，台海問題應以和平方式解決，大陸與台灣應可互助，亦盼朱鎔基訪台，朱隨即表示，如訪台，是否會被打得鼻青臉腫。[103]

5月7日，在北約部隊為柯索夫（Kosovo）而進行一系列轟炸南斯拉夫的戰役中，炸燬了中共在南國首都貝爾格來德的大使館，

---

[100] 《文匯報》，1999 年 4 月 11 日，5 版；International Institute for Strategic Studies, *Strategic Survey 1999/2000* (Oxford : Oxford University Press, 2000), 第 203-05 頁；朱鎔基訪美情形參考《2000 中共年報》，下冊，6 之 4-6 之 6 頁。

[101] 全文見〈柯林頓總統有關美國對中國大陸政策演講〉，1999 年 4 月 7 日，《中國戰略學刊》（台北：中國戰略學會，1999），第 193-208 頁。The White House Office of the Press Secretary, "Remarks by the President in Foreign Policy Speech," April 7, 1999.

[102] The White House, Office of the Press Secretary, "Joint U.S.-China Statement Status of Negotiations on China's Accession to the World Trade Organization," April 8, 1999, Website at http://www.usia.gov/regional/ea/uschina/zhuwto.htm.

[103] 《中國時報》，民國 88 年 4 月 9 日，1 版；《文匯報》，1999 年 4 月 11 日，5 版，4 月 16 日，3 版。

引起世界輿論大譁，使大陸反美情緒高漲。[104] 美駐中共使領館，尤其駐成都總領事館，亦即遭到暴民破壞，中共並藉此停止與美人權、反擴散對話及軍事交流等，雙邊關係大為倒退，直至12月間，雙方始就相互賠償問題達成協議，另關於中共加入「世界貿易組織」之談判亦暫陷入僵局。[105]

　　事實上，美國與中共關係在元首互訪，合作增進時，仍未能祛除雙方矛盾，柯林頓在1998年2月即因查覺有外國藉與美國交流來往之際，美方先進核子機密可能外洩而下令能源部加強反情報措施。[106] 1999年4月21日，恰在朱鎔基訪美之後，美能源部長李察遜正式發佈聲明，承認經由損害評估小組之鑑定，中共確實藉由間諜手段獲取了美國核子武器的機密。國會眾議院國家安全委員會下之考克斯委員會（Cox Committee）繼年初提供白宮秘密報告後，亦於5月發佈長達700頁之解密調查報告，指出在過去數十年來，中共已竊取美國各種重要核子彈頭機密，大部分失竊情形發生於過去四年間，包括 W88（1）型核彈頭的七種最新型核彈及中子彈的設計機密及可攻擊美國衛星及潛艇的科技等，[107] 而部分原因是美國採取「接觸」「交往」政策所導致，結果可能影響到國家安全。報告提出卅八項建議，除加強安全措施外，並希美國堅持中共遵守飛彈管制體系（MCTR）之規定，及鼓勵俄羅斯合作減少向中共輸出武

---

[104] 《聯合報》，民國88年5月8日，1版；*Strategic Survey 1999/2000*, 第198-200頁，北約轟炸南斯拉夫、柯索夫戰役演變、難民增減發展及聯合國維和部隊部署圖示均見該書附錄 maps II-VII.

[105] 炸館事件美國賠償中共死亡人員之家庭450萬美元，使館建築2800萬美元，中共為美領館損毀賠償287萬美元，見 *Strategic Survey 1999/2000*, 第199頁；相關情形另參考《2000中共年報》，下冊，6之6-6之9頁。

[106] 見"Energy Secretary Richardson May 25 Remarks on Cox Report," website at http://www.usia.gov/regional/ea/uschina/richrdsn.htm

[107] "Statement of Secretary of Energy Bill Richardson on the Intelligence Community Damage Assessment, on the Implications of China's Acquisition of U.S. Nuclear Weapons Information, On the Development of Future Chinese Weapons," April 21, 1999.

器等。[108]中共對此報告之指控立即嚴予否認,但白宮隨即發佈聲明,表示該報告有建設性,[109]若干國會議員則根據該項報告致函柯林頓總統,促請擱置與中共之戰略伙伴關係,[110]眾院並通過該報告之26項建議。[111]

令美國疑慮的事項還有中共的軍力發展。中共近年來在缺少明顯外敵之下仍致力作軍備擴張。其軍費每年以超過10%成長,大量投資,不斷研發,並自俄羅斯、以色列等國引進高新武器,積極提升戰略研究、在軍中大力推行軍事事務革命(Revolution in Military Affairs, RMA),[112]對東亞已造成日增之威脅。美國國防部在1999年初向國會提出台海情勢安全報告,比較中共解放軍與我國軍在傳統彈道飛彈及巡弋飛彈及三軍戰力,指、管、通、情系統之發展,以及領導統御,軍人素質及訓練等項目後,認為我軍儘管將在今後數年獲致長足進步,共軍仍能在2005年發展出足以摧毀台灣軍事設施及經濟基礎之能力。[113]鑑於近年來中共的作戰計畫都是以抗美奪台為想定,[114]因此其積極引進尖端武器,改進加強其核武器及航天武力,便是在積蓄實力,威懾美國,以便實現其總體戰略

---

[108] 詳見《聯合報》,民國88年5月26日,13版;Cox Report 亦引用美國防部在1984年4月對中共核武器之評估,參考本書第五章註66。

[109] The White House, Office of the Press Secretary, "Statement by the Press Secretary" (Aboard Air Force One), May 25, 1999. Website at http://www.usia.gov/regional/ea/uschina/whcoxppt.htm

[110] 《中央日報》,民國88年5月28日,9版。

[111] 《聯合報》,民國88年6月11日,13版。

[112] 中共戰略研究及對RMA之注意研究,除前引之Michael Pillsbury 編譯之 Chinese Views of Future Warfare 外,另亦可參考中共軍事科學院前副院長李際均,《軍事戰略思維》(北京:軍事科學出版社,1997)。

[113] "The Security Situation in the Taiwan Strait," Report to Congress Pursuant to the FY 99 Appropriations Bill. 另共軍現代化建設(包括二砲及三軍,整合能力等)成長預測及對台灣安全之影響評估詳見《2000中共年報》,下冊,7之51-7之138頁。

[114] 參考美國防部〈人民解放軍在廿一世紀的戰略作戰:太空及戰區飛彈發展〉,引自〈美國國防部報告說明中共犯台可能步驟〉(台北:中央社),1999年10月21日以及 Tim Huxley and Susan Willett, 前揭書,Chapter 4;李際均,《軍事戰略思維》,增訂版(北京:軍事科學出版社,1997),結束語:「祖國統一高於一切」,第259-62頁。

目標。⑮

當時美國若干著作之暢銷亦反映美方對中共之不安心理，1996年杭廷頓（Samuel Huntington）《文明的衝突》（*The Clash of Civilizations*）一書即假設「統一的中國」會與美國發生戰爭，⑯ 1997年，美學者白禮博與孟儒（Richard Bernstein and Ross Munro）所著《即將到來的中美衝突》（*The Coming Conflict with China*）亦作此結論；⑰ 1998年，田伯雷與崔普利（E. Timperlake and W. Triplette II）所著，《鼠年》（*Year of the Rat*）則指控中共間諜及華人海外黑道在美境內的活動，且受到美國相關人士掩護。⑱

此外，美不同政治立場之期刊報紙包括自由派的「新共和」（*New Republic*），保守派的《標準週刊》（*Weekly Standard*），社會團體如「基督徒聯盟」（Christian Coalition），工會（AFL-CIO）等亦經常自不同角度批評中共及美國之對華政策。⑲

---

⑮ 參考 Philip Smith, "The Dragon's New Teeth: China's Future Unmanned Air and Space Forces," *China and the United States*, 前揭書，Document 01954, 1996 年 6 月 14 日；國防部向國會所提報告見 Document 02047, 1998 年 1 月；林中斌，《核霸》（台北：學生書局，1999），第 337-42 頁；〈飛船神舟升空，國力升級〉，《亞洲週刊》（香港），1999 年 11 月 29 日-12 月 5 日，第 44-50 頁。

⑯ 杭廷頓引用李光耀在 1994 年所言，「中國是人類歷史上最大的角色（player）」一句，從而假設到 2010 年代，台灣已接受中共主權，但以「1946 年之烏克蘭、白俄羅斯」模式而在聯合國擁有一席位，而統一的「中國」和美國因衝突而發生戰事，並擴大演變成美、歐、俄、印與中、日及伊斯蘭世界的世界大戰。Samuel Huntington, *The Clash of Civilizations and the Remaking of World Order* (London：Touchstone Books, 1996), 第 230-31, 312-16 頁。

⑰ 該書認為，美國在亞洲一貫追求的目標是防止任一國家主宰亞洲，而中共的目的卻是獨霸亞洲，兩方衝突自不可免。因此，由於台灣的地位，控制通往日本的原料和石油路線，所以如果中共攻擊台灣，美國（亦為了日本）除了幫助台灣之外別無選擇。此外，中共藉著美國大企業在大陸的利益及前政府官員如季辛吉、海格、史考克羅夫特等以美商公司顧問而獲得甚多利益，而中共人民解放軍在美至少有十家附屬公司，是以美國應該正視此一事實並協助台灣，強化日本，並阻止中共建立數目龐大的核子武器。白禮博（Richard Bernstein），孟儒（Ross Munro）著，許綏南譯，《即將到來的中美衝突》（台北：麥田出版，1997），第 21, 142-43, 150-52, 167-69, 266-68 頁。

⑱ E. Timperlake and W. Triplett II, *Year of the Rat*, 第 215-27 頁。

⑲ D. Shambaugh, 前揭書，第 11 頁。

所以亨利魯斯基金會（Henry Luce Foundation）在1999年所作民意調查顯示「中國」是美國人在亞洲最主要的關切，是今後數年間亞洲安定與和平最大的威脅。[120]哈里斯民調（Harris Poll）亦發現33%的美國民眾認為中國是美國的潛在敵人（天安門事件時也只有12.5%美國人認為中共是敵人）。[121]

與此相反的發展是，美國國會在這幾年中卻陸續通過不少對台灣友好或對我支持的決議案及法案。其內容或支持台灣加入多邊經濟組織，或重申美國在台灣關係法下對我之承諾，或要求中共放棄對台用武，或表明國會關切行政當局對我之軍售案，其中1999年間參院S1059號「2000會計年度國防授權法案」經柯林頓總統簽署成為法律後，根據國會所加內容，每年須提報中共軍力（Annual Report on Military Power of the People's Republic of China）。具體而言，每年3月1日前美國國防部長應向參眾兩院之軍事及外交委員會提交關於中共軍力的機密及非機密報告。[122]

美行政部門鑑於中共軍事成長及佈署危及台海均勢，而辜汪二次會談對解決兩岸問題進展有限，為反映國會及民間對台灣安全之關切，乃盼兩岸採取具體行動降低敵意，如此亦能消除若干美國與中共間之緊張因素。1999年3月28日，亞太事務助卿陸士達（Stanley Roth）在華府為紀念「台灣關係法」成立二十週年的一項公開演講中，即呼籲兩岸能用創造力進行「有意義的對話」，以形成一種「臨時協議」（interim agreement, 或譯「中程協議」），此協議或可與某些信心建立措施（Confidence Building Measures）相

[120] Willian Watts, "Americans Look at Asia : A Potomac Associate Policy Perspective," Analysis of a Public Opinion Survey, Conducted by Opinion Dynamic Corporation, Cambridge, Mass., A Henry Luce Foundation Project, October, 1999, 第 3, 12, 17, 19-21 頁。

[121] *Far Eastern Economic Review* (Hong Kong), Vol. 163, No. 3 (January 20, 2000), 第 30 頁。

[122] 《中國外交 1999 年版》，第 447-48 頁；1998 及 1999 年間支持台灣之各相關決議案或法案包括以下各項：

續注⑫

| 案號及名稱 | 相關內容 | 院會通過日 |
|---|---|---|
| 眾議院 270 號共同決議案 | 美國支持「一個中國」政策及中華人民共和國放棄使用武力 | 1998 年 6 月 9 日 |
| 參議院 30 號共同決議案 | 美國支持台灣加入多邊經濟組織 | 1998 年 6 月 10 日 |
| 參議院 107 號共同決議案 | 重申美國在台灣關係法下之承諾 | 1998 年 7 月 10 日 |
| 眾議院 301 號共同決議案 | 1. 重申美對台承諾及美國支持台灣為國際財政組織之成員。<br>2. 依據台灣關係法以和平方式決定台海兩岸未來。<br>3. 提供台灣適當之彈道飛彈防禦系統，中共應放棄使用武力。 | 1998 年 7 月 20 日 |
| 眾院議 334 號共同決議案 | 美國支持我參加世界衛生組織，主張美國應主動促使世衛組織接納台灣為會員。 | 1998 年 10 月 10 日 |

1999 年間經由院會通過者列表如下：

法案方面：

| 案號及名稱 | 相關內容 | 院會通過日 |
|---|---|---|
| 眾院 1794 號 | 支持我加入世界衛生組織 | 10 月 4 日 |
| 眾院 HR1401 － 2000 會計年度國際授權法案 | 修正案載明限制與中共解放軍交流，國防部長每年應向兩院軍事委員會提報告。 | 9 月 15 日 |
| 眾院 HR2606 － 2000 會計年度國外運作撥款結案。 | 國務卿在決定對我軍售前應與國會適當層級諮商其質與量。 | 10 月 5 日通過協商報告 |
| 眾院 H2415 － 1999 年美大使館安全法 | 要求美總統促中共公開放棄對台使用武力或威脅。 | 7 月 21 日 |
| 參院 S1059 － 2000 會計年度國防授權法案 | 國防部長每年應提中共軍力年度報告，評估我面臨之挑戰。 | 9 月 22 日 |
| 參院 S1234 － 2000 會計年度國外運作撥款法案 | 國務卿對我軍售前先與國會適當層級諮商其質與量 | 10 月 6 日 |
| 參院 S886 － 2000 及 2001 會計年度外交授權法案 | 國務卿於本法制定後 60 日內起每隔 6 個月就美助我參與國際組織事提報告 | 6 月 22 日 |

結合，以處理兩岸各項難題。[122] 陸氏之副手，亞太副助卿謝淑麗（Susan Shirk）在同年4月14日之國會聽證會中在讚美「台灣關係法」之成就後，用「新瞭解」（new understandings）以表達相同概念，並強調美方將是兩岸爭論和平解決之貢獻者（contributor），而非調停者（mediator）。[124] 此項「中程協議」之概念另亦獲美在台協會台北辦事處處長張戴佑（D. Johnson）及喬治華盛頓大學教授何漢理（Harry Harding）之響應與強調。該等協議之主要構想，係指政治上具有重要性之協議，非指具高度政治性之「一次性協議」。但也非指事務性之協議。[125] 美方人士此等建言，自有其參考

---

決議案方面：

| 案號及名稱 | 相關內容 | 院會通過日 |
|---|---|---|
| 眾院 56 號共同決議案（HCR56） | 紀念台灣關係法（TRA）20週年，總統應要求中共放棄對台灣用武並應對我售武，支持我加入WTO | 3月23日 |
| 眾院 297 號決議案 | 支持美對我震災之協助 | 9月28日 |
| 參院 17 號共同決議案（SCR17） | 紀念TRA20週年，支持我加入WTO | 4月12日 |
| 參院 194 號決議案 | 支持美對我震災協助 | 10月1日 |
| 參院 26 號共同決議案 | 支持我參加世界衛生組織 | 4月12日 |

以上各決議案全文見 Paul H. Tai, ed., *United States, China and Taiwan: Bridges for A New Millennium* (Carbondale : Southern Illinois University, 1999), 第262-79頁；另參考《中華民國八十七年外交年鑑》，第214-15頁。

[123] Stanley Roth, "The Taiwan Relations Act at Twenty and Beyond," address to Woodrow Wilson Center and the American Institute in Taiwan, Washington, D.C., March 24, 1999. 按李侃如教授（Kenneth Lieberthal）在1998年8月加入國安會工作之前半年來台參加學術研討會時，曾提出「中共不武，台灣不獨」五十年之「中程協議」（筆者在場）。而前國防部助理部長奈伊教授（Joseph Nye）亦在3月間建議「華府不保衛也不承認台灣獨立，華府不接受中共用武，及一國三制」之「三方安排」（three-part package）解決兩岸僵局。*Washington Post*, March 8, 1999.

[124] Testimony of Susan L. Shirk, Deputy Assistant Secretary, East Asian and Pacific Bureau, U.S. Department of State, before the House International Relations Committee, Subcommittee on Asia and the Pacific, "The Taiwan Relations Act at Twenty," April 14, 1999, website at http:// www.usia.gov/regional/ea/uschina/shirk414.htm.

[125] 與筆者談話表示。

價值。

　　1999年7月9日，李登輝總統在答復德國之聲（Deutsche Welle）訪問時指出，台灣與中共之關係是「國與國關係」，至少是特殊的國與國關係（special state-to-state relationship）。此言一出，隨即引起中共和美國強烈反應，中共認為此項宣佈是邁向台獨重要之一步，美國對於台北作重大政策決定時，竟未與其磋商，頗表不滿。但台北方面則一再強調政策並未改變，目標仍為國家統一，所以提出此議，端在尋求在與汪道涵秋天來訪談判時之對等地位。[126]

　　惟美國深恐事端擴大，即令國防部「評估台灣空防需要」訪問團延期來台，另柯林頓先於7月18日用熱線電話與江澤民通話，向其保證對中共政策不變，繼而在7月21日之一項記者會中強調，美國的中國政策係「一個中國」「兩岸對話」，以及「台灣前途應和平解決」之「三大支柱」（three pillars）。柯氏強調了台灣關係法，但亦提及「中共對台願採香港模式，甚至可能更為寬鬆」（……the Chinese tend to take a long view of these things and have made clear the sensitivity to the different system that exists on Taiwan,and a willingness to find ways to accommodate it, as they did in working with Hong Kong, and , perhaps, even going beyond that.）。[127] 換言之，中共之説法及作法使柯林頓頗有印象。美國隨即派國安會資深官員李侃如（Kenneth Lieberthal）及國務院亞太事務助卿陸士達

---

[126] 《中央日報》，民國88年7月19日，1版；李登輝答覆全文，相關説明及行政院陸委會8月1日説帖見行政院新聞局資料：Government Information Office, *Getting Real* (Taipei, Oct. 1999), Appendixes I, II, and III.

[127] The White House, Office of the Press Secretary, Press Conference by the President, July 21, 1999. " Excerpt: Clinton Cautions Taiwan, China to Resolve Differences Peacefully." 全文見 Website at White House Electronic Publications, http://www.pub. whitehouse.gov/urires/另加(20 Feb. 2000)；《聯合報》，民國88年7月23日，3版。《經濟日報》，民國88年7月23日，2版；柯林頓與江澤民用熱線通話是根據江澤民1997年訪美時與美方達成之共識，以及美國奧爾布萊特國務卿於1998年4月訪問北京時與中共所簽署「建立直通保密電話通信線路的協定」。參考《中國外交1999年版》，第444頁。

（Stanley Roth）赴大陸，另派美國在台協會理事主席卜睿哲（Richard Bush）來台加強溝通，並說明美國之政策立場，以維護台海和平。

9月11日，柯林頓與江澤民在紐西蘭參加亞太經合會高峰會時亦再度重申美方一個中國，兩岸對談，和平解決「三支柱」立場，而江澤民亦強調對台政策是和平統一，一國兩制，但如有外國勢力干預或台灣獨立，則不放棄使用武力，柯林頓另保證將助中共加入世界貿易組織。[128]

值得注意的是，當9月15日聯合國討論是否將台北入會案列入委員會議程時，美國一反過去不介入，不發言的慣例，首度發言反對台灣加入，並重申其「一個中國原則」。不但如此，安理會其他常委理事國包括英、法，亦均首次發言明確反對該案。[129]

美國行政當局在李登輝作了「特殊國與國」關係發言後，還故意減少與我方駐美代表處之互動，以表示對與台北缺少互信的不滿，同時藉機向中共示好以改善其與中共1999年初的關係。在陸士達，李侃如訪問北京，雙方開始互動後，關於中共加入世界貿易組織之談判亦重新進行。11月，美國貿易代表白茜夫（Charlene Barshefsky）率團赴北京談判「中國加入世貿」事，竟然在最後一刻達成協議，解決朱鎔基在4月訪問美國時未能達成協議的特殊反傾銷方式（a particular anti-dumping methodology）、針對進口增長的規則（special rules on import surges）及視聽（audio-visual）、電信（telecom）、汽車融資（auto finance）、證券業（securities）等問題，從而為中共入會奠定了基礎。[130]

---

[128] White House, Office of the Press Secretary, "Remarks by the President and President Jiang Zemin of the Peoples' Republic of China in Photo Opportunity," Auckland, New Zealand, Sept. 11, 1999.

[129] 《中國時報》，民國88年9月16日，1版。

[130] 參考 "US TR Barshefsky's Press Remarks Following Negotiations with China on the WTO," American Embassy, Beijing, China, November 15, 1999. AIT Text File, Bg-99-17, December 2, 1999；《2000中共年報》，下冊，6之9-6之14頁。

## 5. 美國與兩岸關係現況

美國在柯林頓政府努力與中共改進關係之下，在政治上的確在地區性安全議題，如朝鮮半島、南亞核子擴散，中東飛彈蕃衍等加強了對話與合作，在防止大規模毀滅性武器擴散一事之合作上也有進展，同時對於各式能源開發之節省，環境保護，水中天然資源之維護，全球性氣候改變之防阻等事上也獲具體共識。[31]

美國與中共貿易也有長足進展，1998年底之貿易總額達549.4億美元，較上一年增長12.1%，美國是中共第二大貿易伙伴，中共是美國第四大貿易伙伴，美商在大陸投資項目兩萬餘，協議金額達463億美元，實際投入215億美元。此外，科技合作，文化交流亦日益密切。[32]

但另一方面，台海兩岸在廿世紀末葉的民間關係，成長亦十分迅速，雙方文教交流遍及各領域，包括學生、學人、藝術、文物、大眾傳播、體育、宗教、科技等。信件、電話來往頻繁。在經貿方面，據中共方面統計，自從1987年底開始到1999年底，台灣同胞到中國大陸從事探親、旅遊交流者已達1600萬人次（大陸人民進入台灣者超過45萬人次），兩岸間接貿易總額超過1600億美元，台商投資協議金額超過了440億美元，實際到位金額超過240億美元，台資佔大陸外資總量7.8%。[33] 而根據台北國貿局的統計，在1999年中海峽兩岸之雙邊貿易總額達到了258億美元，較之1998年增長了14.5%，而台商在大陸建立了四萬家以上的公司事業，投資了400億美元以上。就2000年元月而言，當月的投資就已達到3.19億美元，是1999年元月的六倍以上；雙方貿易當月是25.4

---

[31] 美國務卿認為協助中共改善其環境保護問題是雙方關係緊張時之一有建設性的議題，見 T. Lippman, 前揭書，第 296 頁；另參考 James Sasser, 前揭文。

[32] 《中國外交 1999 年版》，第 449-51 頁。

[33] 中華人民共和國國務院台灣事務辦公室，國務院新聞辦公室，《「一個中國的原則與台灣問題」白皮書》（北京：2000 年 2 月），第 8 頁；新華社 2000 年 4 月 21 日電，引據外經貿部消息；《2000 中共年報》，下冊，7 之 21-7 之 24 頁。

億美元，亦較一年前同 1 月份增加 23.2%。[134] 此等統計數字均顯示雙方經貿關係日益密切，而且根據行政院陸委會所作之計算，在 1999 年度台灣對大陸及香港出口佔我出口總額 23.8%，而大陸及香港對我出口佔其出口總額約 3.2%，換言之，我對大陸貿易之依存度遠大於大陸對我之依存度。[135]

　　雙方民間交流儘管密切，但政治關係卻停滯不前。2000 年 2 月，在我總統大選正緊鑼密鼓進行之際，中共國務院對台辦及新聞辦發表了「一個中國的原則與台灣問題」白皮書，共一萬一千字，其內容一再強調「一個中國」，重複了江澤民的八項政策，鄧小平的「一國兩制，和平統一」等，引用「全面繼承」理論，否定我方一再強調的兩岸是制度之爭，表示「在一個中國原則的基礎上，完全可以找到兩岸平等談判的適當方式」，卻也警告「任何人以所謂公民投票的方式把台灣從中國分割出去，其結果必將把台灣人民引向災難」。[136] 該項白皮書特別引人注意的是「三如果」：「如果出現台灣被以任何名義從中國分割出去的重大事變，如果出現外國侵略台灣，如果台灣當局無限期地拒絕通過談判和平解決兩岸統一問題，中國政府只能被迫採取一切可能的斷然措施，包括使用武力，來維護中國的主權和領土完整，完成中國的統一」。[137] 比較中共在 1993 年所發表之白皮書（見本章第一節），其「無限期（拉丁文 sine die）拒絕談判」是一條新增的動武條件。3 月間，中共總理朱鎔基表示，「如果沒有兩國論，也許就沒有白皮書」，[138] 4 月間，中共副總理錢其琛進一步闡釋其「三個如果」，其中「重大事變」包括台灣以公民自決或修憲從事台獨，或加入戰區飛彈防禦系統

---

[134] 經濟部國貿局資料，見 *The China Post* (Taipei), March 28, 2000, 第 12 頁。

[135] 參考行政院陸委會一般資料及「兩岸出口依存度比較（1987-1999）」，Website at http://www.mac.gov.tw (20 Feb. 2000)

[136] 《「一個中國的原則與台灣問題」白皮書》，第 1-5, 8, 12-13 頁。

[137] 同上註，第 11 頁。

[138] 朱鎔基總理在人大，政協會會議閉幕後記者會發言，北京 2000 年 3 月 15 日。

（TMD）；「外國侵略台灣」包括外國勢力與台灣結成軍事同盟；而「無限期拒絕談判」包括台灣堅決否認「一個中國」，「台灣屬中國領土」，堅持「台灣為主權國家」，抗拒統一談判等。[139]

針對中共白皮書，台北陸委會於2月25日正式發表聲明，指出該書目的在影響我國選舉同時誤導國際社會，認為中共片面窄化了「一個中國」的定義，而對「台獨」的認定卻過度的擴大，並舉例說明妨礙兩岸交流，拒絕談判及傷害和平的都是中共當局，陸委會進一步強調制度之異同是兩岸關係所擔心問題，主張今後仍應在「一個中國各自表述」的共識下，儘早恢復雙方對話。[140]

美國的反應卻異常迅速而強烈，柯林頓總統在2月24日、25日、29日三度在談話中表示關切，他強調(1) 美方拒絕以使用武力作為解決台灣問題之方式，(2) 美國過去二十年間均係採取一個中國政策，支持兩岸對話，(3) 兩岸問題必須和平解決，並須獲得台灣人民之同意（assent）。惟柯林頓亦暗示台灣所提「國與國關係」會造成問題。[141] 另美國國務卿亦在3月1日、2日表達關切，且強調中共若使用武力將招致美國「最嚴重之關切」。[142]

美國政府的迅速反應，係其「預防外交」之表現，顯示美國對其在本地區利益之重視。事實上，華府與台北之實質關係在柯林頓政府後期確在持續增長：

美方政要包括州長、議員等持續來台訪問，而中美貿易在1998年間總額為490億7千萬美元，我對美進口96億8千萬美元，兩國文化交流切，博物館交流展覽、青訪團全美展演，均係增進人民瞭解之管道，目前台灣在美留學生共三萬餘人，居全美外籍學生第五位，不但如此，美方共有39州與台灣省結為姊妹州，132個郡市

[139] 《太陽報》（香港），2000年4月10日。
[140] 行政院大陸委員會聲明稿，民國89年2月25日。
[141] 《中央日報》（台北），民國89年2月25日、26日、30日。
[142] 《聯合報》（台北），民國89年3月2日、3日。

與台灣各縣市締結為姊妹市,而我方與美方迄1999年所簽訂之各類協議,協定,附錄或修正案已達113項,以致於兩國於斷交後所簽訂者已較雙方有邦交時還多。在軍事方面,美國防部於1998、1999年還多次宣布售予我包括諾克斯級(Knox)巡防艦及 F-16戰機零配件等重要軍備,以行動協助我維護台海安定。而且在中美科技合作下,我國第一枚人造衛星「中華衛星一號」也在1999年1月在佛羅里達洲發射成功,此等狀況均說明美方對增進與我關係之重視。⑬

　　在司法方面,1990年代中有兩個案例顯示美國法院對我國地位的認定。自從1976年頒佈外國主權豁免法(The Foreign Sovereign Immunities Act of 1976,即 FSIA)後(請參考第三章第二節末),法院數次在涉及我國的案件中引用該法。鑒於美國法院已在判例中認定該法是裁量管轄外國事務的唯一基礎,⑭ 1997年在「台灣與北加州聯邦地方法院」(Taiwan v. U.S. Dist. Court for Northern District of Cal.)案件中,法官即據此陳明「美國雖然與台灣並無外交關係,台灣卻合乎外國主權豁免法所界定之外國(foreign state)(依據22 U.S.C. Section 3303(b)(1)1994),而且,台北經濟文化辦事處(TECRO)是台灣的機構,因此除非適用於外國主權豁免法所明定之例外,台北經濟文化辦事處可豁免美國法院之管轄」。(Although the United States does not maintain diplomatic relations with Taiwan, Taiwan is a "foreign state", within the meaning of the FSIA. See 22 U.S.C. Section 3303(b)(1)(1994). Moreover, as noted above, TECRO is an instrumentality of Taiwan. Therefore, TECRO is immune from the jurisdiction of U.S. Courts unless one of the exceptions establishe d by the FSIA applies.)⑮

---

⑬ 陳錫蕃,〈中美關係現況與展望報告〉,民國88年12月立法院第四屆第二會期外交及僑務委員會〈我國對外政策之檢討與展望－美國部分〉。

⑭ Argentine Republic v. Amerada Hess Shipping Co., 109 S. Ct. 683, 688 (1989) website on Taiwan-Related Cases in United States Federal Courts.

⑮ Taiwan v. U.S. District Court for the Nothern Dist. of Cal., 128 F. 3d 712 (9ᵗʰ Cir. 1997)

同理，在1996年的強斯與台灣（Chance v. Taiwan）訴訟案中，原告阿斯特強斯（Astor Chance）辯稱，台灣關係法曾列明台灣在美國法院被起訴及提起訴訟之資格（capacity）不因與美國無外交關係而有所改變，因此，台灣可以在美國法院被起訴，而當他控訴台灣時，「外國主權豁免法」對「外國」之保護應不適用於台灣。但法庭拒絕了這項辯解，麻州（Massachusetts）聯邦上訴法院在一項未出版之判決中認定，美國固然有台灣關係法規範對台關係，台灣在美國被起訴時只能根據「外國主權豁免法」之規定進行。[146]

　　換言之，美國司法系統在1990年代關於台灣之案件中，既未把台灣當成一般的團體，也未將之認為是「中華人民共和國」的一部分，而至少在兩次案例中藉「外國主權豁免法」而明確地將台灣認定為「外國」。

　　1998年底，美國在台協會理事主席卜睿哲（Richard Bush）在一項研討會中，歸納出美國在台海角色之五項原則：

　　(1) 美國堅持台海問題須和平解決；

　　(2) 美政府相信兩岸間建設性及有意義的對話是解決兩岸分歧最佳方法；

　　(3) 該等分歧應由兩岸自行解決；

　　(4) 美國將兩岸對話一事上採取公平態度，不向任一方施壓；

　　(5) 台北與北京間商議的任何安排必須奠定在雙方都能接受的基礎上。[147]

　　1999年11月底，卜氏在正式演講中除再強調以上各項原則外，另亦指出以下各點：

　　(1) 美方「肯定三項公報中所指明的一個中國政策」。

　　(2) 依照台灣關係法繼續對台灣出售武器。

---

[146] Chance v. Taiwan, 86 F. 3d 1146, (1ˢᵗ Cir. 1996).

[147] Richard Bush, "The United States Role in the Taiwan Strait Issue," in Paul H. Tai ed., 前揭書，第40頁。

(3) 對兩岸有創意自行解決其問題，不須靠美政府調解，具有信心。

(4) 了解由於台灣是民主體制，雙方所作的安排必須能為台灣民眾接受。

(5) 台灣人民應看美國政策的全貌，而不要斷章取義，只注重單一因素。

(6) 美國將繼續與中華人民共和國交往，以便將北京完全融入國際體系以及以法規為基礎的國際組織內，以維護國際的和平與安全，並與北京相互合作，解決雙方有共同或平行利益的區域性衝突。[148]

以上所言的最後一項與北京之來往原則，其目的就如柯林頓總統於 2000 年元月在國情咨文中所強調，美國在下一世紀中面臨的五大挑戰中的第一挑戰就是鼓勵俄羅斯和中共成為穩定、繁榮和民主的國家。[149]

以上所列之原則，便是柯林頓政府對華政策的方向，當 2000 年 3 月間我國陳水扁先生贏得總統大選，政權順利移轉之後，柯林頓隨即發表聲明致賀，盛讚此次選舉展現了台灣民主之力量與活力，表示美國強烈支持兩岸重啟建設性談話，並聲稱「美國將基於台灣關係法及美中三公報所體現之『一個中國』政策，透過美國在台協會與台灣人民維持緊密之非官方關係。」[150] 此顯示美國的政策在台灣民進黨成為執政黨後，亦無重大改變。

## 三、小　結

柯林頓總統入主白宮正當美國經濟衰退之時，但在其政府努力

[148] Richard Bush, "United States Policy Towards Taiwan," Joint Conference of the USA/ROC Business Councils, November 19, 1999, *AIT Text File*, BG-99-18, Dec 7, 1999.
[149] "Clinton's State of the Union Address," January 27, 2000.
[150] 《中央日報》，民國 89 年 3 月 19 日，二版。

開源節流之下，在第一任期內即逐漸改善，到第二任期每年竟均獲可觀成長。美國經濟的復甦乃成為柯林頓政府對美國人民及世界經濟最大的貢獻。

在此背景下，他在第一任期內，乃設法改善美國與中共因天安門事件受損而尚未恢復的關係。在雙方的努力下，亦由於大陸經濟快速成長的吸引力，兩國合作乃有長足進步，而要求大陸改善人權的努力亦被柯林頓政府作為一項對中共交涉的長期目標，而不再作為強迫中共改變行為的籌碼。

我方與美國的關係在布希售我 F-16 裝備後繼續成長，民間往來更形密切，美國務院在國會壓力下乃在 1994 年公佈對台政策，修正若干斷交以來對我官員推動對美關係之不公平之限制，基本上該文件是一項對我有利之措施。同時兩岸關係經貿來往日益密切，辜汪會談亦達成若干具體協議。1995 年初，雙方更有江八點、李六條之發表，有助於台海情勢之穩定。

台北在 1993 年起開始推動參與聯合國的活動。其後，美國國會為補償美行政單位對我方待遇不公而在 1995 年邀請李登輝總統赴康乃爾大學作私人性質訪問。這兩項均是重要的轉捩點。就中華民國開展對美國關係而言，後者是一項宣傳上的成功，但兩岸關係之改善，卻因之受到影響，而柯林頓政府為了安撫中共，反而對其作了過多的承諾與保證，以致其長期影響尚難定論。另一方面，中共對此行的激烈反應，以及在我方 1996 年總統大選前後的各種軍事演習，亦影響了美國與兩岸關係的推動，且反造成美日加強聯盟等對中共不利的戰略後果。

在柯林頓的第二任期內，由於在 1997 及 1998 年間江澤民及柯林頓相互作正式訪問，以致美國與中共達成了各項具體合作協議，以及建立了一個「建設性戰略夥伴關係」。美國利用此二次訪問，加強對中共領導及人民關於民主價值的教育，但也在相關的安排下，由柯林頓說出美國所謂不支持台獨、一中一台、兩個中國及不

支持台北加入以國家為成員的國際組織之「三不」政策。

只是美國與中共關係在 1999 年間，卻由於中共人權未能改善，而中共竊取美國核武機密的事件曝光，再加美國在科索沃對南斯拉夫戰爭中「誤炸」中共駐南大使館，而受到嚴重遲滯。但李登輝總統所提出兩岸關係是「特殊國與國關係」論，由於中共的激烈反應，反促成美國與其恢復對話、談判，以及安理會五常任理事國首次反對我方「重返」聯合國的努力，而在經貿方面美國與中共在年底前倒達成了中共加入世界貿易組織之協議。

儘管我國與美國實值關係不斷增進，美國卻仍一再強調對華政策堅守「一個中國」政策，惟因美國仍依「台灣關係法」對我軍售，而且軍售質量依台海和平之需要而定，再加國會不斷提出對我友好之決議案及相關法案，而美國司法體系在審查涉及我方之案件時，卻藉「外國主權豁免法」而明確認定「台灣」為「外國」，故而柯林頓政府對華政策顯示出的實際仍是「不只一個中國」的政策。

柯林頓表示美對台海政策將遵守「一個中國、兩岸對話、和平解決」的三支柱。在2000年我總統大選，民進黨的陳水扁先生當選後，仍未改變，但正如美國防部副助理部長坎培爾（Kurt Campbell）於1999年9月在國會作證所言，今後美國「對台灣及對中華人民共和國的關係在未來的年月中仍將是美國最複雜的外交政策挑戰之一」。⑤

⑤ Statement of Dr. Kurt Campbell, Deputy Assistant Secretary of Defense for International Security Affairs, Asian and Pacific Affairs, before House International Relations Committee, Sept 15, 1999. Website at http://www.usia.gov/regional/ea/uschin/campb915.htm.

# 第八章

# 結　論

　　自從中華人民共和國成立而中華民國退據台灣的 1949 年以來，美國對華政策便面臨困難的抉擇：到底哪個政府代表中國？當時由於人民共和國明確的實行共產主義與親蘇立場，而退守台灣的中華民國政府逐漸站穩腳步且開始進步，美國在兩極分立的世局及內部要求對共黨佔據中國大陸的檢討聲中便繼續維持與中華民國的關係，加強合作，並與之簽訂共同防禦條約；對中共則除韓戰期間雙方兵戎相見外，二十多年來均維持談判的管道。也可以說是在尼克森上台以前的二十年間，美國是實行以台北代表中國的一中兩府政策。

　　俟尼克森擔任總統以後，因為國際及中國大陸情勢之改變，華府與北京開始接觸，1972 年從簽訂上海公報開始，美國便不得不在公開文件上一再表達對「中國」誰屬及及中國是否一個的立場。

　　隨著世局的演變，美國的對外政策也在改變。從尼克森到柯林頓六任總統的三十年來，各項美國對華政策的文件及宣示逐漸出現，也均表達了對所謂「一個中國」的立場。這些文件及宣示總合而言，乃構成了美國對華政策的架構。

## 一、美國對華政策的架構

1. 1972 年 2 月尼克森政府與中共之上海公報

　　此時美國與在台北的中華民國政府仍維持外交關係，與中共並無外交關係。該公報的相關文字是：

「美國認識到，在台灣海峽兩邊的所有中國人都認為只有一個中國，台灣是中國的一部分，美國政府對這一立場不提出異議。它重申它對由中國人自己和平解決台灣問題的關心。」

中共方面在公報中則表示：

「中華人民共和國是中國的唯一合法政府；台灣是中國的一個省，早已歸還祖國，解放台灣是中國內政，別國無權干涉；……中國政府堅決反對任何旨在製造『一中一台』、『一個中國、兩個政府』、『兩個中國』、『台灣獨立』和鼓吹『台灣地位未定』的活動。」

尼克森政府雖承諾以後要承認中華人民共和國政府代表中國，但在國際法和國內法上對中國政府之認定與 1972 年以前均仍無改變；俟福特政府在 1974 年至 1976 年成立期間，此一狀況仍然繼續。

### 2. 1979 年元旦卡特政府與中共之「建交公報」

卡特擔任總統的四年期間，前兩年的中國政策在國際法及國內法上均無改變，仍維持尼克森及福特時代承認台北的作法。但自從與中共建交與中華民國斷交後，根據國際法，其對「華」政策基本上便是以中華人民共和國為主要對象。而且與台北簽訂的中美共同防禦條約在 1980 年 1 月 1 日以後也失去效力，在建交公報中，美國卻在「一個中國」有關的立場上作以下的說明：

「美利堅合眾國承認中華人民共和國是中國的唯一合法政府。在此範圍內，美國人民將同台灣人民保持文化、商務和其他非官方關係，美利堅合眾國政府認知（acknowledges，中共譯成承認，中英文同為作準文字）中國的立場，即只有一個中國，台灣是中國的一部分。」

美國另外單方面聲明「美國繼續關心台灣問題的和平解決。」比較建交公報與上海公報，美國雖然對於中國合法政府的選擇退讓而對中共承認，但在「台灣問題」上使用英文的「認知」，預留並未明示「接受」中共說法的伏筆。

3. 1979 年 4 月 10 日卡特總統簽署之「台灣關係法」

第四章已說明，台灣關係法是美國國會為了改善我國因美國斷交而導致之不利態勢而制訂之國內法。該法雖未提及「一個中國」，但以下文字對於「一個中國」的含意有所充實：

「……美國將供應台灣必要數量之防禦軍資與服務，俾使台灣維持足夠之自衛能力。」

「……外交關係與承認之欠缺，不得影響到美國法律對台灣之適用，美國法律亦應以與 1979 年 1 月 1 日以前相同的方式，適用於台灣……凡美國法律提及或涉及外國、外國民族、外國國家、外國政府或類似實體時，此等名詞應包括台灣，此等法律亦應適用於台灣……」

由於有以上之條文，台灣關係法雖確認美國與我方是非官方關係，但卻顯示我方是一政府或政治實體。

4. 1982 年 8 月 17 日雷根政府與中共簽訂之「八一七公報」

第五章已述明「八一七公報」是中共與美國在建交後續就美對台售武問題所做談判後簽訂之結論，其中除對售台武器之質量有所規定外，關於「一個中國」另有相關文字：

「……在（建交）聯合公報中，美利堅合眾國承認（recognized）中華人民共和國政府是中國的唯一合法政府，並承認（acknowledged）中國的立場即只有一個中國，台灣是中國

的一部分⋯⋯美國政府重申，無意侵犯中國的主權和領土完整，無意干涉中國的內政，也無意執行（had no intention of pursuing）『兩個中國』或『一中一台』的政策」。

此段文字顯示美國在所謂台灣問題上已再退讓，只是亦不能據以說明雷根政府已在執行中共的「一國一府」政策，何況為了補救，美方亦向我國提出了六大保證（全文見本書附錄七）。

以上「三報一法」是美國自尼克森到柯林頓以來六任總統對華政策的基本公開文件，可說是基本架構。另外歷年來美方有若干公開承諾及宣示，成為對華政策的補充架構：

### 1. 1982 年 8 月雷根政府對台六大保證

在八一七公報發佈後，台北外交部發表聲明，公布美方對我所提六大保證，其中除包括不設期限停止對台售武，不會重新修訂「台灣關係法」外，尚強調「美國並未改變其對台灣主權問題之立場」。

### 2. 1994 年 9 月柯林頓政府對台政策檢討

該項檢討是中美斷交十五年後，鑑於兩國關係日趨密切，美政府乃在維持與我非官方關係的大前提下，擬定若干提升與我方人員互動便利之措施，甚至在不支持我參加聯合國等僅以國家身分為會員之國際組織時，同意於適當時機支持我方加入不限以國家為會員之國際組織。

### 3. 1995 年 8 月柯林頓總統對中共國家主席江澤民親函之「三不」承諾，該承諾復由柯林頓總統於 1998 年 6 月在上海公開以口頭予以表示「三不」，即反對台灣獨立，不支持兩個中國或一中一台，不支持台灣加入以國家資格為要件之國際組織。

此項「三不」宣示是因應李登輝總統訪美，中共強烈抗議後的承諾。與此相關的發展是柯林頓政府在1995年8月對中共及我方表達對我國領袖訪美的五項考慮原則：「個人身分」、「私人」、「非官方」、「非政治」、「稀少」。

4. 1996年5月，柯林頓政府國務卿克里斯多福在公開演說中指明美國「一個中國」政策的前提是中華人民共和國遵循以和平方式解決台北和北京之間的問題。

這項宣示是在中共為警告我方總統大選在東南沿海及台灣海域所做飛彈等演習之後所造成。

5. 1999年7月柯林頓總統在白宮記者會上所表達對華政策「三項支柱」：即「一個中國」政策，「兩岸對話」，「和平解決」台灣問題。柯林頓亦提及中共對台願採較香港模式更寬鬆之政策。

此項宣示是李登輝發表我與大陸關係是「國與國，至少是特殊國與國關係」，中共及美國強烈反應後所導致。

另外美國在台協會理事主席卜睿哲在1999年11月公開演講中所表示兩岸解決問題之安排「必須能為台灣民眾接受」也是一項值得參考的要件。

以上各項文件及宣示乃構成了尼克森政府以來美國對華政策之全面架構，至於現已知之尼克森總統對中共所作對台政策五原則的秘密承諾（見本書第二章第一節），由於已包含在其後美國與中共之公報中，所以在此未再列出，但仍具有參考價值。

## 二、六任美國政府對華政策演變之意義

觀察以上各基本架構及補充架構之文字，再觀察其所代表國際情勢，美國、大陸及台灣內部情勢之推移，可看出其演變的軌跡。在此作一些綜合歸納的說明：

1. 在尼克森到柯林頓的六任政府中，不論美國承認的是台北或北京政府，美國反對台海發生戰爭及反對中共佔據台灣兩項立場均無改變。事實上，自從1950年韓戰發生以來，美方之立場即係如此，也就是説，五十年來，對此二事美方立場一貫。

2. 在六任美國政府的前十年間，美國承認台北代表中國；後二十年內，美國承認北京代表中國。不論由誰代表中國，美國內部總有「承認台灣獨立於中國之外的地位」以及「承認台灣是中國一部分」的爭議。綜合看來，美國對華政策的作為顯示逐漸傾向接受「承認台灣是中國一部分」之議，但歷年來各屆美政府亦均仍願協助維持台灣的獨特的地位。

3. 三十年來，甚至包括在此之前中共成立中華人民共和國到尼克森上任的二十年間，一共五十餘年來，影響美國對華政策最大的因素應係中國大陸由於內部政治發展而表現於外的對美政策，以及美國基於世局發展，而對其在亞太利益的詮釋；而此兩大因素亦彼此相互影響。質言之，美國對華政策在過去若有變更，多與此二大因素相關。觀乎尼克森打開大陸之門，以迄柯林頓政府時期雙方簽訂的諸項條約，甚至以往艾森豪政府與我國簽訂共同防禦條約等行為都反映了以上兩大因素。

4. 從另一個角度說明，由於世局情勢的改變，三十年來，美國與中共接觸的主要動機亦有所轉變。在1969至1989年間兩極對抗時代，美國主要考量是抑制蘇聯的擴張，所以接觸中共，與之加強關係是為了戰略上牽制蘇聯。在交往期間，儘管中共專制而踐踏人權，美國卻未用其影響力迫使中共改善人權，（以人權外交相標榜的卡特政府，也僅將人權標準施於蘇聯而已）。天安門事件後，美國布希政府及柯林頓政府，在國內輿論以及國會的壓力下，才開始使用「人權」作為美國與中共改善關係的籌碼。近年來由於中共改革開放政策進一步推行，美國的動機則是為了經貿利益，也為了遏阻大規模毀滅性武器擴散及環保等議題，以及聯合國在世界事務安

排的重要性增長之事實，而加強與中共在各方面的合作。此外，美國近十年來努力「將中共融入國際社會」的目的也可說是60年代甘迺迪、詹森政府政策的繼續。

5. 美國對華政策架構諸文件之文字多留有解釋餘地，主要乃因對前景變化之不確定。例如尼克森、卡特及中共領導人對美國改變對華政策後，台灣是否能承受打擊不能確定；又如，美國對天安門事件後中共發展會如何，不能確定；此與50年代美國不確定台海兩岸政權能否持續類似。但就現實之具體數字比較，可見台海兩岸之實力對比在數十年來頗有變化，而以台灣的成長最為顯著。茲將美國與兩岸國內生產毛額（Gross Domestic Product，GDP）之比較列表如下（單位為億美元）：①

|  | 1952 | 1971 | 1999 |
|---|---|---|---|
| 美國 | 3,856 | 32,592 | 92,484 |
| 中華人民共和國 | 81.8 | 2,801 | 9,424 |
| 中華民國 | 11.5 | 486 | 2,887 |

此表顯示中共甫建國之際，美國、大陸、台灣經濟力之比是43.8：1：0.14，至1971年尼克森打開大陸之門，台灣退出聯合國之時，此數據調整為11.6：1：0.17；俟柯林頓任期快結束時，則成為9.18：1：0.3。台灣之經濟力到了1999年已接近大陸的1/3，而成為美國的1/32。（1952年時僅僅是美國的1/312），第七章曾提及，這是尼克森自己也承認而讚賞的。不容諱言的是，美國因為中華人民共和國在經濟、軍事、科技及聯合國事務之發展而加強與北京之關係，也確因台灣本身實力的長足進步，尤其因此而造成美國、日本及世界各國利益介入越深，是以更不能允許台海發生戰爭，不能

---

① 參考 Bureau of Economic Analysis, National Income and Product Accounts, Gross Domestic Product, U.S. Department of Commerce, http://www.bea.doc.gov/bea/dn/gdplev.htm；中華民國行政院主計處，大陸地區經社資料，及台灣地區社經觀察表，參考 http://140.129.146.192/(20 Feb. 2000), 及 bs8/look/looky.htm.

讓台灣被中共侵佔。另一方面，以上數據也能間接顯示美國仍維持在經濟以及軍事、科技、綜合國力方面的超強地位，與全球最大影響力，此所以中共及我國在發展彼此關係及對美政策時也不能不將此等事實考慮在內。

6.台灣關係法在相當程度上補救了美國與我斷絕邦交後對我不利之法律效果。美國與我維持之關係係我無邦交國與我維持非官方關係之最高型式，此種情勢在總統制的美國較易發生，而在內閣制的歐洲國家，由於國會多數黨領袖亦即內閣總理，遂不易產生。同時，美國憲法亦未規定國際法地位高於國內法，而美國國會亦有權制定影響國際條約效力的法律，是以台灣關係法在法律上之地位決不低於美國與中共之三項公報，甚至美國行政及立法部門均曾表示，就對我軍售之法律根據而言，台灣關係法的效力大於八一七公報。②

7.1978年底，中華民國政府代表團在與美國代表團談判雙方斷交後關係之安排時，曾主張五項原則：持續不斷，事實基礎、安全保障、妥訂法律以及以政府關係為依據（見本書第四章）。結果，二十年來美國與台灣間各項條約協定，除協防條約外，不但持續運作，雙方且增訂協定，而雙方代表機構亦持續運行；台灣每年均單獨獲得移民美國之配額，在美國支持下獲得參與亞洲開發銀行、亞太經合會等國際組織，中華民國在美國法庭訴訟之地位不受影響，而美國法律提及或涉及外國時確亦適用於台灣。不但如此，美國對台灣之軍售亦持續進行，得以維護台海安全，所以以上五項原則中除了「政府關係」外，美國與台灣關係多少已依照我方當年所定原則予以推展。即使「政府關係」之遂行也經由柯林頓政府1994年「台灣政策檢討」，而在執行上稍有修正。③二十年來的這些進展

② 參考 Chien-jen Chen, "Relations Between The Republic of China and The United States : Twenty Years Under the Taiwan Relations Act," *The Legacy of the Taiwan Relations Act* (Taipei : Government Information Office, 1999), 第 39 頁。

③ 參考 Fredrick F. Chien, "The Taiwan Relations Act and ROC-U.S. Relations: A Review after Twenty Years," *The Legacy of the Taiwan Relations Act*, 第 25-33 頁。

都是我朝野與美國各界人士共同努力不斷推動的結果。

8. 美國在採取對華行動時的一項重大考慮在美國的國內政治。例如，甘迺迪由於顧慮國內反應而不敢改變只承認我國的對華政策；尼克森在改變對華政策時先做國內的工作。卡特政府與我斷交廢約時主要的顧慮也是國內反應。美方內部文件顯示，在討論對我會造成重大影響之政、軍關係改變時，美方與我熟悉之官員，其背後之言論多未必重視我人情誼，而其最大的顧慮卻總是美國內部對我友好勢力的可能反應。（當年美國自尼克森總統以降，各級官員向我保證了數十次「不會改變與我邦交」事，均屬食言。）換言之，美國若干官員固然未考慮我方重大利益，但對國會之立場卻不得不在意。也就是說，數十年來，美國國會議員們反映中美雙方民間的實質密切關係，反映中美共同民主價值，以及對我進步的認識，其所表現出的各種對我關切、友好及支持的態度確是阻止美行政當局若干人士更傾向中共的重要約制，值得我方朝野更加瞭解。

9. 多年來，中共與美國關係進展與中共對台態度變化息息相關，中共在對美建交成功時，即於同日發佈「告台灣同胞書」，建議三通，並停止對我外島砲擊。在八一七公報簽訂前，又發佈葉九條；而柯林頓政府時代中共與美國關係及與我關係之發展亦均有連帶關係，換言之，經由美國來解決台灣問題一直是中共的思維。但在此一想法下，中共對我之發展亦會誤判，例如中共以為與美建交後便可完全解決台灣問題，又如鄧小平認為可在八一七公報訂定後的80年代即可完成「統一大業」。其誤判之原因是誇大了台北對美國依賴之心理，而小看了我方自立自強的精神。

10. 總之，美國政府的「一個中國政策」不論就國際法或國內法層面，及相關作為方面言，都在逐漸變化中。所以本書緒論中所引述美國行政部門官員在1999年強調美國六任政府以來的對華政策都是「一貫而清楚」的，顯然與事實有出入。至少在這六任政府的前十年間，美國仍然與我國維持外交關係。在此期間，依照國際

法，對美國而言，「中國政府」應是在台北的中華民國政府。但是，也就因為美政府的作法基本上依照國際法原則，所以也不至於完全像赫姆斯參議員所謂該「一個中國政策」是「令人困惑」的「虛構故事」。在 2000 年元月，美國前眾院議長金瑞契（Newt Gingrich）表示，美國政策一直都是支持「一個中國，兩個政府」的，④此一說明，距離事實應不太遠，因為在台灣關係法的運作下，美國對華政策的表現到了雷根、布希、柯林頓政府時期，實際上至少可以說是「一個中國，以及一個以上政府」，或是「一個中國，一個政府，一個政治實體」。

④ 參考金瑞契接受記者專訪之報導，《自由時報》，民國 89 年 1 月 21 日，四版。

# 主要參考書目

(以本書曾引用者爲限)

## 一、原始資料

（一）政府出版品及文件

### 1. 中文部分

丁懋時，《當前中美關係》，立法院公報第83卷第28期委員會紀錄。

王炳南，《中美會談九年回顧》，北京：世界知識出版社，1985。

中共中央台灣工作辦公室，國務院台灣事務辦公室，《中國台灣問題（幹部讀本）》，北京：九洲圖書出版社，1998年9月。

中美關係報告編輯小組主編，《1979-1980中美關係報告》，台北：中央研究院美國文化研究所，1980。

中美關係報告編輯小組主編，《1980-1981中美關係報告》，台北：中央研究院美國文化研究所，1981。

中美關係報告編輯小組主編，《1981-1983中美關係報告》，台北：中央研究院美國文化研究所，1984。

中美關係報告編輯小組主編，《1983-1985中美關係報告》，台北：中央研究院美國文化研究所，1985。

裘兆琳主編，《1985-1987中美關係報告》，台北：中央研究院美國文化研究所，1989。

林正義主編，《1988-1989中美關係報告》，台北：中央研究院美國文化研究所，1991。

林正義主編，《1990-1991中美關係報告》，台北：中央研究院歐美研究所，1993。

裘兆琳主編，《中美關係專題研究1992-1994》，台北：中央研究院

歐美研究所，1996。

林正義主編，《中美關係專題研究1995-1997》，台北：中央研究院歐
　　美研究所，1998。

中華人民共和國外交部外交史編輯室編，《中國外交概覽1987》，
　　北京：世界知識出版社，1987。

中華人民共和國外交部外交史編輯室編，《中國外交概覽1988》，
　　北京：世界知識出版社，1988。

中華人民共和國外交部外交史編輯室編，《中國外交概覽1989》，
　　北京：世界知識出版社，1989。

中華人民共和國外交部外交史編輯室編，《中國外交概覽1990》，
　　北京：世界知識出版社，1990。

中華人民共和國外交部外交史編輯室編，《中國外交概覽1991》，
　　北京：世界知識出版社，1991。

中華人民共和國外交部外交史編輯室編，《中國外交概覽1992》，
　　北京：世界知識出版社，1992。

中華人民共和國外交部外交史編輯室編，《中國外交概覽1993》，
　　北京：世界知識出版社，1993。

中華人民共和國外交部外交史編輯室編，《中國外交概覽1994》，
　　北京：世界知識出版社，1994。

中華人民共和國外交部外交史編輯室編，《中國外交概覽1995》，
　　北京：世界知識出版社，1995。

中華人民共和國外交部政策研究室編，《中國外交1996》，北京：世紀
　　知識出版社，1996。

中華人民共和國外交部政策研究室編，《中國外交1997》，北京：世界
　　知識出版社，1997。

中華人民共和國外交部政策研究室編，《中國外交1998》，北京：世界
　　知識出版社，1998。

中華人民共和國外交部政策研究室編，《中國外交1999》，北京：世界
　　知識出版社，1999。

中華人民共和國國務院、台灣事務辦公室、國務院新聞辦公室合編，
　　《「台灣問題與中國的統一」白皮書》，北京，1993。

中華人民共和國國務院、台灣事務辦公室、國務院新聞辦公室合編，
　　《「一個中國原則與台灣問題」白皮書 》。北京，2000。

《 中華人民共和國對外關係文件集（ 1949-1950 ）》，第一集，北京：
　　世界知識出版社，1957。

《 中華人民共和國對外關係文件集（ 1951-1953 ）》，第二集，北京：
　　世界知識出版社，1958。

《 中華人民共和國對外關係文件集（ 1956-1957 ）》，第四集，北京：
　　世界知識出版社，1958。

中華民國外交部編，《 中外條約輯編 》（ 民國54年至61年 ），台北：
　　外交部，1973。

中華民國外交部編，《 外交部聲明及公報彙編 》（ 民國60年7月至61年
　　6月 ），台北：外交部，1972。

中華民國外交部編，《 外交部聲明及公報彙編 》（ 民國61年7月至62年
　　6月 ),台北：外交部， 1973。

中華民國外交部編，《 外交部聲明及公報彙編 》（ 中華民國71年元月至
　　12月 ），台北：外交部，1982。

中華民國外交部編，《 外交部聲明及公報彙編 》（ 中華民國74年元月至
　　12月 ），台北：外交部，1985。

中華民國外交部編，《 外交部聲明及公報彙編 》（ 中華民國78年元月至
　　12月 ），台北：外交部，1989。

中華民國外交部編，《 外交部聲明及公報彙編 》（ 中華民國81年元月至
　　12月 ），台北：外交部，1992。

中華民國外交部編，《 外交報告書：外交關係與外交行政 》，台北：
　　外交部，1992年12月。

中華民國外交部外交年鑑編輯委員會編，《 中華民國77年外交年鑑 》，
　　台北：正中書局，1989。

中華民國外交部外交年鑑編輯委員會編，《 中華民國78年、79年外交
　　年鑑 》，台北：正中書局，1990。

中華民國外交部外交年鑑編輯委員會編，《 中華民國81年外交年鑑 》，
　　台北：正中書局，1992。

中華民國外交部外交年鑑編輯委員會編，《 中華民國82年外交年鑑 》，

台北：正中書局，1993。

中華民國外交部外交年鑑編輯委員會編，《中華民國86年外交年鑑》，
　　台北：正中書局，1997。

中華民國外交部外交年鑑編輯委員會編，《中華民國87年外交年鑑》，
　　台北：正中書局，1998。

中華民國行政院大陸委員會，《台海兩岸關係說明書》，website at http://
　　www.mac.gov.tw/mlpolicy/(20 Feb. 2000).

中華民國行政院新聞局，《李總統登輝先生赴美訪問的意義及中外輿情
　　分析報告》，台北，民國84年6月15日。

中華民國行政院新聞局，《和平之旅》，台北：新聞局，1993。

中華民國行政院新聞局編，《李總統登輝先生八十年言論選集》，
　　台北：行政院新聞局，1992。

中華民國海峽交流基金會編，《辜汪會談紀要》，台北：海基會，1993年
　　8月12日。

中華民國國防部，《87年國防報告書》，台北：黎明公司，1998。

毛澤東，《毛澤東選集》，第四卷，北京：北京人民出版社，1990。

《努力建立中美建設性的戰略伙伴關係－江澤民主席對美國進行國事訪
　　問》，北京：世界知識出版社，1998。

馬英九，《兩岸關係的回顧與前瞻》，台北：行政院大陸委員會，
　　1992。

陳錫蕃，〈中美關係現況與展望報告〉，民國88年12月立法院第四屆
　　第二會期外交及僑務委員會「我國對外政策之檢討與展望—美國
　　部分」，立法院公報第89卷第7期。

《喬冠華團長在聯合國大會第二十八屆會議全體會議上的發言》，
　　北京：人民出版社，1973。

蔣總統經國先生哀思錄編纂委員會，《蔣總統經國先生哀思錄》，
　　台北，1988。

蔣總統經國先生哀思錄編纂委員會，《蔣總統經國先生哀思錄》，
　　台北，1975。

潘振球主編，《中華民國史事紀要（初稿）—中華民國38年（1949）
　　1至6月份》。台北：國史館，1996年2月。

潘振球主編，《中華民國史事紀要（初稿）—中華民國38年（1949）
　　7至9月份》，台北：國史館，1997年10月。

潘振球主編，《中華民國史事紀要（初稿）—中華民國38年（1949）
　　10至12月份》，台北：國史館，1997年10月。

潘振球主編，《中華民國史事紀要（初稿）—中華民國39年（1950）
　　1至3月份》，台北：國史館，1994年12月。

潘振球主編，《中華民國史事紀要（初稿）—中華民國39年（1950）
　　4至6月份》，台北：國史館，1994年12月。

潘振球主編，《中華民國史事紀要（初稿）—中華民國39年（1950）
　　7至9月份》，台北：國史館，1997年5月。

潘振球主編，《中華民國史事紀要（初稿）—中華民國39年（1950）
　　10至12月份》，台北：國史館，1997年5月。

潘振球主編，《中華民國史事紀要（初稿）—中華民國40年（1951）
　　1至6月份》，台北：國史館，1995年5月。

潘振球主編，《中華民國史事紀要（初稿）—中華民國40年（1951）
　　7至12月份》，台北：國史館，1996年2月。

潘振球主編，《中華民國史事紀要（初稿）—中華民國41年（1952）
　　1至6月份》，台北：國史館，1995年9月。

朱匯森主編，《中華民國史事紀要（初稿）—中華民國42年（1953）
　　1至6月份》，台北：國史館，1989年4月。

朱匯森主編，《中華民國史事紀要（初稿）—中華民國43年（1954）
　　1至6月份》，台北：國史館，1988年10月。

朱匯森主編，《中華民國史事紀要（初稿）—中華民國43年（1954）
　　7至12月份》，台北：國史館，1989年6月。

朱匯森主編，《中華民國史事紀要（初稿）—中華民國44年（1955）
　　1至6月份》，台北：國史館，1989年12月。

朱匯森主編，《中華民國史事紀要（初稿）—中華民國44年（1955）
　　7至12月份》，台北：國史館，1990年9月。

瞿韶華主編，《中華民國史事紀要（初稿）—中華民國47年（1958）
　　4至6月份》，台北：國史館，1991年12月。

瞿韶華主編，《中華民國史事紀要（初稿）—中華民國47年（1958）

7至9月份》，台北：國史館，1993年5月。

瞿韶華主編，《中華民國史事紀要（初稿）—中華民國47年（1958）
　　10至12月份》，台北：國史館，1993年5月。

簡笙簧主編，《中華民國史事紀要（初稿）—中華民國51年（1962）
　　1至3月份》，台北：國史館，1999年5月。

簡笙簧主編，《中華民國史事紀要（初稿）—中華民國51年（1962）
　　4至6月份》，台北：國史館，1999年5月。

中華民國史事紀要編輯委員會編，《中華民國史事紀要（初稿）—中華
　　民國60年（1971）1至6月份》，台北：中華民國史料研究中心，
　　1973年10月。

中華民國史事紀要編輯委員會編，《中華民國史事紀要（初稿）—中華
　　民國60年（1971）7至9月份》，台北：中華民國史料研究中心，
　　1974年3月。

中華民國史事紀要編輯委員會編，《中華民國史事紀要（初稿）—中華
　　民國60年（1971）10至12月份》，台北：中華民國史料研究中
　　心，1974年4月。

中華民國史事紀要編輯委員會編，《中華民國史事紀要（初稿）—中華
　　民國61年（1972）1至3月份》，台北：中華民國史料研究中心，
　　1980年10月。

中華民國史事紀要編輯委員會編，《中華民國史事紀要（初稿）—中華
　　民國61年（1972）7至9月份》，台北：中華民國史料研究中心，
　　1983年6月。

中華民國史事紀要編輯委員會編，《中華民國史事紀要（初稿）—中華
　　民國62年（1973）1至6月份》，台北：中華民國史料研究中心，
　　1984年4月。

朱匯森主編，《中華民國史事紀要（初稿）—中華民國62年（1973）
　　7至12月份》，台北：國史館，1986年6月。

朱匯森主編，《中華民國史事紀要（初稿）—中華民國63年（1974）
　　1至6月份》，台北：國史館，1988年6月。

瞿韶華主編，《中華民國史事紀要（初稿）—中華民國63年（1974）
　　7至12月份》，台北：國史館，1992年10月。

中華民國史事紀要編輯委員會編，《中華民國史事紀要（初稿）—中華
　　民國64年（1975）1至4月份》，台北：中華民國史料研究中心，
　　1976年4月。
中華民國史事紀要編輯委員會編，《中華民國史事紀要（初稿）—中華
　　民國64年（1975）5至8月份》，台北：中華民國史料研究中心，
　　1976年4月。
中華民國史事紀要編輯委員會編，《中華民國史事紀要（初稿）—中華
　　民國64年（1975）9至12月份》，台北：中華民國史料研究中心，
　　1976年4月。
朱匯森主編，《中華民國史事紀要（初稿）—中華民國65年（1976）
　　1至6月份》，台北：國史館，1988年5月。
總統蔣公哀思錄編纂委員會。《總統蔣公哀思錄》，台北，1975。

## 2. 英文部分

Central Intelligence Agency, "Relative U.S. Security Interest in the European-
　　Mediterranean Area and the Far East," July 14, 1949, Harry S. Truman
　　Library, PSF Box 249, Central Intelligence Memos, 1949.

Chance v. Taiwan, 86 F. 3d 1146, (1ˢᵗ Cir. 1996).

Chang, Jaw-Ling Joanne, ed. ROC-USA Relations, 1979-1989. Taipei:
　　Institute of American Culture, Academia Sinica, 1991.

Chiang, Ching-kuo. *Perspectives: Selected Statements of President Chiang
　　Ching-kuo 1978-1983*. Taipei: Government Information Office, 1984.

*China: U.S. Policy Since 1945*. Washington, D.C.: Congressional Quarterly,
　　1980.

CIA Report. "Possible Soviet Responses to the US Strategic Defense
　　Initiative". NICM83-10017, 12 September 1983. website at http://www.
　　fas.org/spp/starwars/offdocs/m8310017.htm.

"Communist China's Advanced Weapons Program," *Special National
　　Intelligence Estimate, No.13-2-63*. Submitted by the Director of Central
　　Intelligence. Concurred in by the United States Intelligence Board, 24
　　July 1963, NSEC 212. website at http://www.gwu.edu/nsarchiv/NSAEBB/

NSAEBB19/01-01.htm.

Congressional Record, July 25,1978. Washington, D.C.: Government Printing Office.

Congressional Record ---Extension of Remarks. June 5, 1986. Washington, D. C.: Government Printing Office.

Department of State Bulletin, July 3, 1950.

Department of State, United States. Foreign Relations of the United States 1952-1954, Vol. XIV. Washington, D.C.: United States Government Printing Office, 1985.

Department of State, United States. Foreign Relations of the United States, 1955-1957, Vol. II, III. Washington, D.C.: United States Government Printing Office, 1986.

Department of State, United States. Foreign Relations of the United States, 1961-1963, Vol. XXII. Washington, D.C.: United States Government Printing Office, 1986.

Department of State, United States. Foreign Relations of the United States, 1964-1968, Vol.XXX. website at http://www. state. gov.(20 Feb. 2000).

Department of State, United States. Summary of Foreign Relations of the United States, 1958-1960, Vol. XIX, China. website at http://www. state. gov. (20 Feb. 2000)

Department of State, United States. United States Relations With China , with special reference to the Period 1944-1949. Washington, D.C.: Department of State Publication, 1949.

Government Information Office, R.O.C. Getting Real. Taipei, 1999.

Government Information Office, Repiblic of China. The Legacy of the Taiwan Relations Act: A Compendium of Authoritatine 20th Anniversary Assessments. Taipei: Government Information Office, Repiblic of China, 1999.

Handy Economic and Trade Indications 1986. Taipei: China Extermal Trade Development Council, 1987.

Keefer, E. et al ed., Foreign Relations of the United States, 1961-1963, Vol.

*XXII/XXIV, Northeast Asia, Laos Microfiche Supplement* Washington, D.C.: Department of State, 1997.

Memorandum of Conversation, The White House. "The President's Trip to China, Indochina and the Philippines," Dec. 10, 1975. website at http://www.lbjlib.utexas.edu/ford/library/document/memcons/751210a.htm.

Rathjens, G. W. "Destruction of Chinese Nuclear Weapons Capabilities." U.S. Arms Control and Disarmament Agency, 14 December, 1964.

Rogers. William. "Principles and Pragmatism in American Foreign Policy." Speech delivered on August 31, 1971, released by U.S. Department of State, September, 1971.

"Tiananmen Square, 1989: The Declassified History." National Security Archive Electronic Briefing Book No. 16. Website at http://www.gwu.edu/nsachiv/NSAEBB/NSAEBB16/documents/index.html#d13.

*Taiwan Statistical Data Book 1987*. Taipei: China External Trade Development Council, 1988.

Taiwan v. U.S. District Court for the Nothern Dist. of Cal., 128 F. 3d 712 (9th Cir. 1997)

The Secretary of Defense. "U.S. Security Assistance to the Republic of China. : NSSM212(c), April 12, 1976," *Memorandum for the Assistance to the President for National Security Affairs.* website at http://www.gwu.edu.(20 Feb. 2000)

The White House, National Security Decision Directive Number 119. " Strategic Defense Initiative." Jannuary 6, 1984. website at http://www.fas.org/spp/starwars (20 Feb. 2000).

United States, Office of Naval Intelligence. "Chinese Exercise Strait 961 : 8-25 March 1996." website at http://www.gwu.edu/nsarchiv/NSAEBO/NSAEBB19/14-01.htm.

United States, White House Briefing Room. " Press Conference by the President." website at http://www.pub.whitehouse.gov/urines(July 21,1999)

United States, White House, Office of the Press Secretary. "Interview of the President by CCTV." Shanghai Stock Exchange, Shanghai, PRC, July 1,

1998.

United States, White House, Office of the Press Secretary. "Press Availability by President Clinton and President Jiang." June 27, 1998.

United States, White House, Office of the Press Secretary. "Press Conference by the President." Grand Hyatt, Hong Kong Special Administration Region, July 3, 1998.

United States, White House, Office of the Press Secretary. "Remarks by the President and the First Lady in Discussion on Shaping China for the 21st Century." Shanghai Library, Shanghai, People's Republic of China, June 30, 1998.

United States, White House, Office of the Press Secretary. "Remarks by the President to Students and Community of Beijing University." Beijing, PRC, June 29, 1998.

## （二）私人出版品

### 1. 中文部分

中共研究雜誌社編輯委員會編，《1969中共年報》，台北：中共研究雜誌社，1969。

中共研究雜誌社編輯委員會編，《1973中共年報》，台北：中共研究雜誌社，1973。

中共研究雜誌社編輯委員會編，《1974中共年報》，台北：中共研究雜誌社，1974。

中共研究雜誌社編輯委員會編，《1977中共年報》，台北：中共研究雜誌社，1977。

中共研究雜誌社編輯委員會編，《1979中共年報》，台北：中共研究雜誌社，1979。

中共研究雜誌社編輯委員會編，《1980中共年報》，台北：中共研究雜誌社，1980。

中共研究雜誌社編輯委員會編，《1990中共年報》，台北：中共研究雜誌社，1990。

中共研究雜誌社編輯委員會編，《1991中共年報》，台北：中共研究雜誌社，1991。

中共研究雜誌社編輯委員會編，《1994中共年報》，台北：中共研究雜誌社，1994。

中共研究雜誌社編輯委員會編，《1995中共年報》，台北：中共研究雜誌社，1995。

中共研究雜誌社編輯委員會編，《1996中共年報》，台北：中共研究雜誌社，1996。

中共研究雜誌社編輯委員會編，《1997中共年報》，台北：中共研究雜誌社，1997。

中共研究雜誌社編輯委員會編，《2000中共年報》，上下冊，台北：中共研究雜誌社，2000。

王曲文獻委員會（中央軍校第七分校師生）編著，《王曲文獻》，台北：飛燕公司，1995。

中國國際法學會編，《中國國際法與國際事務年報》，第八卷，台北：商務印書館，1995。

中國國際法學會編，《中國國際法與國際事務年報》，第十卷。

王景弘，《採訪歷史：從華府檔案看台灣》，台北：遠流公司，2000。

《外交風雲：中央社珍藏新聞照片》，台北：中央通訊社，1999。

《台灣：戰後50年》，台北：中國時報，1995。

伍修權，《回憶與懷念》，北京：中共中央黨校，1991。

李志綏著，戴鴻超英譯，《毛澤東私人醫師回憶錄（The Private Life of Chairman Mao）》，台北：時報文化，1994。

李建榮，《連戰風雲》，台北：時報文化，1998。

沈劍虹，《使美八年紀要-沈劍虹回憶錄》，台北：聯經公司，1982。

柯林頓，〈柯林頓總統有關美國對中國大陸政策演講〉，《中國戰略學刊》，台北：中國戰略學會，1999年4月7日。

姜義華編，《毛澤東著作選》，台北：台灣商務印書館，1996。

夏功權，《夏功權先生訪談錄》，台北：國史館，1995。

郝柏村，《八年參謀總長日記》，台北：天下文化，2000。

郝柏村，《不懼》，台北：五四書店，1995。

海峽交流基金會編，《財團人海峽交流基金會八十年年報》，台北：
　　海峽交流基金會，1992年12月15日。

馬樹禮，《使日十二年》，台北：聯經，1997。

陳之邁，《患難中的美國友人》，台北：傳記文學出版社，1979。

陳有為，《天安門事件後中共與美國外交內幕：一位中國大陸外交官的
　　歷史見證》，台北：正中書局，1999。

符兆祥，《葉公超傳》，台北：懋聯文化基金，1994。

理查德‧尼克松著，伍任譯。《尼克松回憶錄》（上、中、下冊）。
　　北京：商務印書館，1978。

許家屯，《許家屯香港回憶錄》（上、下冊），台北：聯合報，1993。

張京育主編，《自由之血、民主之花：民國七十八年中國大陸民主運動
　　紀實》，台北：國立政治大學國際關係研究中心，1989。

陶涵（Jay Taylor）著，林添貴譯，《台灣現代化的推手：蔣經國傳》，
　　台北：時報文化，2000。

傅建中，《季辛吉秘錄》，台北：時報印刷公司，1999。

喬冠華、章含之，《那隨風飄去的歲月》，上海：學林出版社，1997。

華錫鈞，《戰機的天空：雷霆、U-2到IDF》，台北：天下文化，1999。

溫柏格著，鄒念祖等譯。《為和平而戰：五角大廈關鍵性的七年》，
　　台北：政治大學國研中心，1991。

溫哈熊，《溫哈熊先生訪問記錄》，台北：中央研究院近代史研究所，
　　1994。

董顯光英文原著，曾虛白譯，《董顯光自傳》，台北：台灣新生報，
　　1981。

蔣中正，《蘇俄在中國》，台北：中央文物供應社，1956。

蔣廷黻，《蔣廷黻選集》，台北：文星叢刊，1965。

劉安祺述，《劉安祺先生訪問紀錄》，台北：中央研究院近代史
　　研究所，1991。

劉達人，《劉達人先生訪談錄》，台北：國史館，1997。

蔣經國，《風雨中的寧靜》，16版，台北：黎明文化，1984。

蔡維屏，《難忘的往事》，台北：惠友公司，1985。

薄一波，《若干重大決策與事件的回顧》上冊。北京：中共中央黨校，

1991。

鍾漢波，《海峽動盪的年代：一位海軍軍官服勤筆記》，台北：麥田公司，2000。

顧維鈞述，中國社會科學院近代史研究所譯，《顧維鈞回憶錄》，第五分冊。北京：中華書局，1987年2月。

顧維鈞述，中國社會科學院近代史研究所譯，《顧維鈞回憶錄》，第六分冊，北京：中華書局，1988年7月。

顧維鈞述，中國社會科學院近代史研究所譯，《顧維鈞回憶錄》，第七分冊，北京：中華書局，1988年2月。

顧維鈞述，中國社會科學院近代史研究所譯，《顧維鈞回憶錄》，第八分冊，北京：中華書局，1989年3月。

顧維鈞述，中國社會科學院近代史研究所譯，《顧維鈞回憶錄》，第九分冊，北京：中華書局，1989年5月。

顧維鈞述，中國社會科學院近代史研究所譯，《顧維鈞回憶錄》，第十分冊，北京：中華書局，1989年9月。

顧維鈞述，中國社會科學院近代史研究所譯，《顧維鈞回憶錄》，第十一分冊，北京：中華書局，1990年8月。

顧維鈞述，中國社會科學院近代史研究所譯，《顧維鈞回憶錄》，第十二分冊，北京：中華書局，1993年8月。

## 2. 英文部分

*Afghanistan: The Making of U.S. Policy, 1973-1990*, Digital National Security Archive, website at http://38.202.78.21/afintro.htm

Brzezinski, Zbigniew. *Power and Principle: Memoirs of the National Security Adviser 1977-1981.* New York: Farrar Straus Giroux, 1983.

Bush, George. *National Security Strategy of the United States: 1990-1991.* New York: Brasses Inc., 1990.

Bush, George. *U.S. Policy in the Asia-Pacific Region:Meeting the Challenges of the Post Cold-War Era.* Singapore: Institute of Southeast Asian Studies, 1992.

Bush, George, and Brent Scowcroft. *A World Transformed.* New York: A. A.

Knopf, 1998.

Burr, William ed. *The Kissinger Transcripts: The Top Secret Talks With Beijing and Moscow.* New York: The New Press, 1999.

Carter, Ashton B. and William J. Perry. *Preventive Defense: A New Security Strategy for America.* Washington, D.C.: Brookings Institution, 1999.

Carter, Jimmy. *Keeping Faith.* New York: Bartam Books, 1982.

Chernow and George Vallasi ed. *The Columbia Encyclopedia.* Fifth edition. New York: Houghton Miffin Company, 1993.

Chien, Fredrick F. *Opportunity and Challenge: A Collection of Statements Interviews and Personal Profiles.* Arizona: Arizona State University, 1995.

Christopher, Warren. *In the Stream of History: Shaping Foreign Policy for a New Era.* Stanford: Stanford University Press, 1998.

Cohen, Warren. *Dean Rusk.* New Jersey: Cooper Square Publishers, 1980.

Cook, Chris, and John Stevenson. *The Longman Handbook of the Modern World.* New York: Longman, 1998.

Dobrynin, Anatoly. *In Confidence: Moscow's Ambassador to America's Six Cold War Presidents.* New York: Times Books, 1995.

Eisenhower, Dweight D. *Mandate for Change, 1953-1956: The White House Years.* New York: Doublesday, 1963.

*Ford Administration Memorandum.* website at http://www.lbjlib.utexas.edu/ ford/library/document.

Furuya, Keiji. *Chiang Kai-shek: His Life and Times.* New York: St. John's University, 1981.

Gates, Robert. *From the Shadows.* New York: Simon D Schuster, 1997.

Gerson, Louis L. *John Foster Dulles.* New York: Cooper Square Publishers, Inc., 1967.

Gilbert, Stephen P., and William M. Carpenter eds. *America and Island China: A Documentary History.* Lanham: University Press of America, 1989.

Haig, Alexander Jr. *Caveat.* London: Weidenfeld and Nicolson, 1984.

Haldeman, H. R. *The Haldeman Diaries: Inside the Nixon White House.* New

York: G. P. Putnam's Sons, 1994.

Heffner, Richard. *A Documentary History of the United States.* 6<sup>th</sup> ed. New York : Penguin Putnam Inc., 1999.

Hersh, Seymour. *The Price of Power: Kissinger in the Nixon White House.* New York: Summit Books, 1983.

Hilsman, Roger. *To Move a Nation: The Politics of Foreign Policy in the Administration of John F. Kennedy.* New York: Doubleday & Company, Inc., 1967.

Holdridge, John. *Crossing the Divide: An Insider's Account of Normalization of U.S.-China Relations.* N.Y.: Rowman Littlefield Publishers, Inc., 1997.

Hosmer, Stephen T., Konrad Kellen, and Brian M. Jenkins. *The Fall of South Vietnam: Statements by Vietnamese Military and Civilian Leaders, A Report Prepared for Historian, Office of the Security of Defense.* Santa Monica: RAND Corp., 1978.

Khrushchev, Nikita. *Khrushchev Remembers.* Translated and edited by Strobe Talbott. Boston: Little, Brown and Company, 1974.

Kissinger, Henry. *White House Years.* Boston: Little, Brown and Company, 1979.

Kissinger, Henry. *Years of Upheaval.* Boston: Little, Brown and Company, 1982.

Laird, Melvin. *The Nixon Doctrine.* Wash. D.C.: AEI, 1972.

Landerich, George J. ed. *Gerald R. Ford 1913- : Chronology-Documents-Bibliographical Aids.* New York: Oceana Publication, Inc., 1997.

Lewis, Finlay. *Mondale: Protrait of An American Politician.* New York: Harper & Row, Publishers, 1984.

Lippman, Thomas N. *Madeleins Albright and the New American Diplomacy.* Boulder, Colorado: Westview Press, 2000.

MacArthur, Douglas. *Reminiscences.* New York: McGraw-Hill Book Company, 1964.

Manchester, William. *American Caesar: Douglas MacArthur.* London: Arrow

Books, 1979.

May, Ernest ed. *American Cold War Strategy: Interpreting NSC68.* Boston: Bedford/St. Martin's, 1993.

Nixon, Richard. *1999: Victory without War.* New York: Simon & Schuster Inc., 1990.

Nixon, Richard. *Beyond Peace.* New York: Simon and Schuster, Inc., 1993.

Nixon, Richard. *In the Arena: A Memoir of Victory, Defeat, and Renewal.* New York: Simon and Schuster, 1990.

Oudes, Bruce ed. *From: The President: Richard Nixon's Secret Files.* New York: Harper & Row Publishers, 1989.

Rankin, Karl. *China Assignment.* Seattle: University of Washington Press, 1964.

Reagan, Ronald. *An American Life.* N.Y.: Simon and Schuster, 1990.

*Record of Historic Richard Nixon-Zhou Enlai Talks in February 1972 Now Declassified,* Document 3. website at http://www. nfni. gsehd. gwn. edu/ ~nsarchiv/nsa/publications/DOC.readers/kissinger/nixehou/

Rusk, Dean. *As I Saw it.* New York: W. W. Norton Company, 1990.

Sidney, Hugh and Fred Ward. *Portrait of a President.* New York: Harper & Row, Publishers, 1975.

Shultz, George P. *Turmoil and Triumph: My Years as Secretary of State.* New York: Charles Saibner's Sons, 1993.

Smith, Gaddis. *Dean Acheson.* New York: Cooper Square Publishers, 1972.

*The Annals of America,* Vol. 16. Chicago: Encyclopaedia Britannica, Inc., 1976.

*The Annals of America,* Vol. 17. Chicago: Encyclopaedia Britannica, Inc., 1976.

*The Annals of America,* Vol. 18. Chicago: Encyclopaedia Britannica, Inc., 1976.

*The Annals of America,* Vol. 19. Chicago: Encyclopaedia Britannica, Inc., 1976.

*The Annals of America,* Vol. 20. Chicago: Encyclopaedia Britannica, Inc.,

1977.

*The Annals of America,* Vol. 21. Chicago: Encyclopaedia Britannica, Inc., 1987.

*The Cuban Missile Crisis, 1962*, Digital National Security Archive Website at http://nsarchive.chadwyck.com/(20 Feb. 2000)

Truman, Harry. *Memoirs of Harry S. Truman*. New York: Da Capo Press, 1965.

"U.S. Security Assistance to the Republic of China," *National Security Study Memorandum 212*. Oct. 8, 1974, Gerald Ford Library, Box 2. website at http://www.lbjlib.utexas.edu/ford/library/document/nsdmnssm/nssm212a.htm.

Vance, Cyrus. *Hard Choice: Critical Years in America's Foreign Policy*. New York: Simon and Schuster, 1983.

Vallasi, Chernow and George ed. *The Columbia Enyclopedia*. Fifth edition. New York: Houghton Miffin Company, 1993.

*V. K. Wellington Koo Papers*. Box 191,192,195, Manuscript Library, Columbia University.

Wolff, Lester and David Simon ed. *A Legislative History of the Taiwan Relations Act with Supplement：An Analytic Compilation with Documents on Subsequent Developments*. New York: Touro College, 1998.

Yoshida, Shigeru. *The Yoshida Memoirs*. Westport: Greenwood Press, 1961.

# 二、論　著

（一）專書

1. 中文部分

文厚（Alfred D. Wilhelm, Jr.）著，林添貴譯，《談判桌上的中國人》，台北：新新聞文化，1995。

白禮博（Richard Bernstein），孟儒（Ross Munro）著，許綏南譯，

《即將到來的中美衝突》，台北：麥田出版，1997。

田弘茂主編，《後冷戰時期亞太集體安全》，台北：業強出版，1996。

李大維，《台灣關係法立法過程-美國總統與國會間之制衡》，台北：洞察出版社，1988。

李際均，《軍事戰略思維》。北京：軍事科學出版社，增訂版，1997。

沈呂巡，《軍售問題與中共對台政策之研究》，台北：文友公司，1986。

宋楚瑜，《美國政治與民意》，台北：黎明文化公司，1978。

汪學文，《中共文化大革命史論》，台北：國立政治大學國際關係研究中心，1989。

林中斌，《核霸》，台北：學生書局，1999。

吳相湘，《俄帝侵略中國史》，台北：國立編譯館，1976。

周煦，《冷戰後美國的東亞政策（1989-1997）》，台北：生智文化，1999。

胡為真，《從莫斯科廣播看蘇俄對華政策》，台北：國際關係研究所，1978。

高希均，李誠主編，《台灣經濟四十年（一九四九至一九八九）》，台北：天下文化，1991。

高長，《兩岸經貿關係之探索》，台北：天一圖書，1997。

袁明，哈里·哈丁主編，《中美關係史上沉重的一頁》，北京：北京大學出版社，1989。

唐耐心著，新新聞週刊編譯小組譯，《不確定的友情：台灣、香港與美國1945至1992》，台北：新新聞文化公司，1995。

陳一新，《斷交後的中美關係1979-1994》，台北：五南書局，1995。

陳仁和，《大陳島》，台北：上海印刷廠，1987。

陳永發，《中國共產革命七十年》（上、下冊），台北：聯經出版社，1998。

國立政治大學國際關係研究中心顧問委員會編，《中共於國際雙邊關係中對台灣地位等問題的主張之研究（1949年10月至1996年3月）》，台北：國立政治大學國際關係研究中心顧問委員會，

1996。

章孝嚴，《珍寶島事件及匪俄關係，一九六一至一九六九》，台北：
黎明文化公司，1978。

梁碧瑩主編，《美國與近現代中國》。北京：中國社會科學出版社，
1996。

黃剛，《文獻析述：中華民國/台灣與美國間關係運作之建制
（1979-1999）》，台北：政治大學國研中心，2000。

黃剛，《世界相關各國與中華民國終斷使領關係之述論（1949年10月-
1998年2月）》，台北：政治大學國研中心，1998。

謝希德、倪世雄，《曲折的歷程：中美建交廿年》，上海：復旦大學
出版社，1999。

蘇格，《美國對華政策與台灣問題》，北京：世界知識出版社，1998。

竇暉，《中華人民共和國對外關係概述》，上海：外語教育出版社，
1988。

## 2. 英文部分

Born, Gary B. *International Civil Litigation in United States Courts*, Third edition. The Hague: Kluwer Law International, 1996.

Cambone, Stephen A. *A New Structure for National Security Policy Planning*. Washington, D.C.: The CSIS Press, 1998.

Cheng, Chu-Yuan. *Behind the Tiananmen Massacre: Social, Political, and Economic Ferment in China*. S.F.: Westview Press, 1990.

Chiu, Hundah, ed. *China and the Taiwan Question*. New York: Praeger Publishers, 1979.

Clough, Ralph N. *Island China*. Cambridge: Harvard University Press, 1978.

Copper J., with Chen, G. *Taiwan's Elections: Political Development and Democratization in the Republic of China*. Maryland: University of Maryland, 1984.

Cottrell, Robert. *The End of Hong Kong: The Secret Diplomacy of Imperial Retreat*. London: John Murray, 1993.

Feulner, Edwin J. Jr. *The March of Freedom: Modern Classics in Conservative*

*Thought.* Dallas: Spence Publishing Company, 1998.

Freedman, Lawrence, ed. *War.* Oxford: Oxford University Press, 1994.

Garver, John W. *The Sino-American Alliance:Nationalist China and American Cold War Strategy in Asia.* New York: M.E. Sharpe, Inc., 1997.

Harding, Harry. *A Fragile Relationship: the United States and China since 1972.* Washington, D.C.: The Brookings Institution, 1992.

Howe, Jonathan T. *Multicrises: Sea Power and Global Politics in the Missile Age.* Cambridge: The MIT Press, 1971.

Huntington, Samuel. *The Clash of Civilizations and the Remaking of World Order.* London: Touchstone Books, 1996.

Huxley, Tim, and Susan Willett. *Arming East Asia.* London: International Institute for Strategic Studies, Adelphi Paper 329, 1999.

Immerman, Richard H., ed. *John Foster Dulles and the Diplomacy of the Cold War.* Princeton: Princeton University Press, 1990.

International Institute for Strategic Studies. *Strategic Survey 1999/2000.* Oxford: Oxford University Press, 2000.

Jordan, Adams, Taylor Jr. William, and Mazarr, Michael. *American National Security.* 5th edition. Baltimore: The Johns Hopkins University Press, 1999.

Joseph, William A., ed. *China Briefing: The Contradictions of Change.* N. Y.: M. E. Sharpe, 1997.

Kubek, Anthony. *How The Far East Was Lost.* Taipei: Hwa kang Press, 1979.

Lasater, Martin. *The Security of Taiwan: Unraveling the Dilemma.* Washington, D.C.: Georgetown University, CSIS Significant Issues Series, 1982.

Mann, James. *About Face: A History of America's Curious Relationship With China, From Nixon to Clinton.* New York: Alfred A. Knopf, 1999.

Myers, Ramon, ed. *A Unique Relationship: The United States and the Republic of China under the Taiwan Relations Act.* Stanford: Hoover Institution Press, 1989.

Nye, Joseph S. Jr., Philip D. Zeli Kow and Navid C. King, ed. *Why People Don't Trust Government.* Cambridge: Harvard University Press, 1998.

Patterson Jr., Bradley. *The White House Staff: Inside The West Wing And Beyond.* Washington, D.C.: Brookings Institution Press, 2000.

Pillsbury, Michael. *Chinese Views of Future Warfare.* Washington, D.C.: National Defense University Press, 1997.

Purifoy, Lewis M. *Harry Truman's China Policy.* New York: New Viewpoint, 1976.

Ross, Robert. *Negotiating Cooperation: The United States and China, 1969-1989.* Stanford: Stanford Univ. Press, 1995.

Ross, Robert. *The 1998 Sino- American Summit.* N.Y.: Asia Society, June, 1998.

Shambaugh, David. *The 1997 Sino- American Summit.* N.Y.: Asia Society, October 1997.

Shaw, Yu-ming, ed. *ROC-US Relations: A Decade after the "Shanghai Communique".* Taipei: Asian and World Institute 1983.

Solomon, Richard. *Chinese Political Negotiating Behavior 1967-1984.* Santa Monica: Rand, 1995.

Sutter, Robert G. *Chinese Policy Priorities and Their Implications for the United States.* London: Rowman and Littlefield Publishers, Inc., 2000.

Tai, Paul H., ed. *United States, China and Taiwan: Bridges for A New Millennium.* Carbondale: Southern Illinois University, 1999.

Tien, Hung-mao and Cheng, Tun-jen, ed. *The Security Environment in the Asia-Pacific.* New York: M. E. Sharpe, Inc., 2000.

Timperlake, Edward and William C. Triplett II. *Red Dragon Rising: Communist China's Military Threat to America.* Washington, D.C.: Regnery Publishing, Inc., 1999.

Timperlake, Edward and William C. Triplett II. *Year of the Rat: How Bill Clinton Compromised U.S. Security for Chinese Cash.* Washington, D. C.: Regnery Publishing, Inc., 1998.

Tyler, Patrick. *A Great Wall: Six Presidents and China, An Investigative*

History. New York: The Century Foundation, 2000.

U.S. National Defense University, Institute for National Strategic Studies. *Strategic Assessment 1997*. Washington, D.C.: Fort L. J. McNail, 1997.

Von Glahn, Gerhard. *Law among Nations*. 7<sup>th</sup> ed. Boston: Allyn and Bacon, 1996.

Wang, Yu-san, ed. *Foreign Policy of the Republic of China on Taiwan: An Unorthodox Approach*. New York: Praeger Publishers, 1990.

Wang, Yu-san, ed. *The China Question*. New York: Praeger Special Studies, 1985.

（二）論文

## 1. 中文部分

芮正皋，〈透視聯合國問題〉，《國策雙週刊》。第146期，民國85年9月。

楊艾俐，〈駐美代表錢復談八八年中美經貿情勢：數字合理才能談判〉，《天下雜誌》，第80期，1988年1月。

鄒念祖，〈聯合國國際人權外交—中共的認知與政策〉，《問題與研究》，第38卷第8期，民國88年8月。

趙國材，〈論亞洲開發銀行之中國會籍問題〉，《問題與研究》，第25卷第9期，1986年6月。

## 2. 英文部分

Albright, M. "The Testing of American Foreign Policy." *Foreign Affairs*, Vol. 77, No. 6 (Nov.-Dec. 1998).

Chang, Jaw-ling Joanne. "Lessons from The Taiwan Relations Act." *Orbis* (Winter, 2000).

"Chinese Table Tennis Team in Nagoya." *Peking Review*, Vol. 14, No.16 (April 16, 1971) website at http://www.gwu.edu/~nsarchiv/NSAEBB/NSAEBB19/02-01.htm.

Dulles, John Foster. "Policy for Security and Peace." *Foreign Affairs*, Vol. 32, No. 3 (April, 1954).

Goldstein, Steven. *The United States and the Republic of China, 1949-1978: Suspicious Allies* (Discussion Paper, Institute for International Studies: Stanford University, February 2000).

Huntington, Samuel. "America's Changing Strategic Interests." *Survival (UK)*, Vol. XXXIII, No. 1 (1991).

Nixon, Richard. "Asia after Vietnam." *Foreign Affairs*, Vol. 46 (October 1967).

Segal, Gerald. "Does China Matter." *Froeign Affairs*, Vol. 78, No. 5 (September/October 1999).

"The U.S. -China Rule of Law Initiative." *Yale Law Review* (Yale Law School, Summer, 1999).

## 三、報章雜誌

### 1. 中文部分

《中央社新聞》（台北）

《人民日報》（北京）

《工商時報》（台北）

《中央日報》（台北）

《中國時報》（台北）

《文匯報》（香港）

《民眾日報》（台北）

《自由時報》（台北）

《經濟日報》（台北）

《聯合報》（台北）

《亞洲週刊》（香港）

### 2. 英文部分

*Los Angeles Times* (Los Angeles, U.S.A.)

*New York Times* (New York, U.S.A.)

*Far Eastern Economic Review* (Hong Kong)

*The Washington Post* (Washington, D.C., U.S.A.)

*Time* (London, U.K.)

## 〔附錄一〕

# 1954 年 12 月中美共同防禦條約

### 中文全文

本條約締約國

茲重申其對聯合國憲章之宗旨與原則之信心,及其與所有人民及政府和平相處之願望,並欲增強西太平洋區域之和平結構;

以光榮之同感,追溯上次大戰期間,兩國人民為對抗帝國主義侵略,而在相互同情與共同理想之結合下,團結一致並肩作戰之關係;

願公開正式宣告其團結之精誠,及為其自衛而抵禦外來武裝攻擊之共同決心,俾使任何潛在之侵略者不存有任一締約國在西太平洋區域立於孤立地位之妄想;並

願加強兩國為維護和平與安全而建立集體防禦之現有努力,以待西太平洋區域更廣泛之區域安全制度之發展;

茲議定下列各條款:

#### 第 一 條

本條約締約國承允依照聯合國憲章之規定,以不危及國際和平、安全與正義之和平方法,解決可能牽涉兩國之任何國際爭議,並在其國際關係中,不以任何與聯合國宗旨相悖之方式,作武力之威脅或使用武力。

#### 第 二 條

為其更有效達成本條約之目的起見,締約國將個別並聯合以自助及互助之方式,維持並發展其個別及集體之能力,以抵抗武裝攻擊,及由國外指揮之危害其領土完整與政治安定之共產顛覆活動。

#### 第 三 條

締約國承允加強其自由制度,彼此合作,以發展其經濟進步與社會福利,並為達成此等目的,而增加其個別與集體之努力。

## 第 四 條

締約國將經由其外交部部長或其代表，就本條約之實施隨時會商。

## 第 五 條

每一締約國承認對在西太平洋區域內任一締約國領土之武裝攻擊，即將危及其本身之和平與安全。茲並宣告將依其憲法程序採取行動，以對付此共同危險。

任何此項武裝攻擊及因而採取之一切措施，應立即報告聯合國安全理事會。此等措施應於安全理事會採取恢復並維持國際和平與安全之必要措施時予以終止。

## 第 六 條

為適用於第二條及第五條之目的，所有「領土」等辭，就中華民國而言，應指台灣與澎湖；就美利堅合眾國而言，應指西太平洋區域內在其管轄下之各島嶼領土。第二條及第五條之規定，並將適用於經共同協議所決定之其他領土。

## 第 七 條

中華民國政府給予，美利堅合眾國政府接受，依其共同協議之決定，在台灣澎湖及其附近，為其防衛所需要而部署美國陸海空軍之權利。

## 第 八 條

本條約並不影響，且不應被解釋為影響，締約國在聯合國憲章下之權利及義務，或聯合國為維持國際和平與安全所負之責任。

## 第 九 條

本條約應由中華民國與美利堅合眾國各依其憲法程序予以批准，並將於在台北互換批准書之日起發生效力。

## 第 十 條

本條約應無限期有效。任一締約國得於廢約之通知送達另一締約國一年後予以終止。

為此，下開各全權代表爰與本條約簽字，以昭信守。

本條約用中文及英文各繕二份。

中華民國四十三年

公曆一千九百五十四年十二月二日

訂於華盛頓。

中 華 民 國 代 表 ：

葉公超（簽字）

美利堅合眾國代表：

杜勒斯（簽字）

## 英文全文

The Parties to this Treaty,

Reaffirming their faith in the purposes and principles of the Charter of the United Nations and their desire to live in peace with all peoples and all Governments, and desiring to strengthen the fabric of peace in the West Pacific Area,

Recalling with mutual pride the relationship which brought their two peoples together in a common bond of sympathy and mutual ideals to fight side by side against imperialist aggression during the last war,

Desiring to declare publicly and formally their sense of unity and their common determination to defend themselves against external armed attack, so that no potential aggressor could be under the illusion that either of them stands alone in the West Pacific Area, and

Desiring further to strengthen their present efforts for collective defense for the preservation of peace and security pending the development of a more comprehensive system of regional security in the West Pacific Area,

Have agreed as follows:

## ARTICLE I

The Parties undertake, as set forth in the Charter of the United Nations, to settle any international dispute in which they may be involved by peaceful means in such a manner that international peace, security and justice are not endangered and to refrain in their international relations from the threat or use of force in any manner inconsistent with the purposes of the United Nations.

## ARTICLE II

In order more effectively to achieve the objective of this Treaty, the Parties separately and jointly by self-help and mutual aid will maintain and develop their individual and collective capacity to resist armed attack and communist subversive activities directed from without against their territorial integrity and political stability.

## ARTICLE III

The Parties undertake to strengthen their free institutions and to cooperate with each other in the development of economic progress and social well-being and to further their individual and collective efforts toward these ends.

## ARTICLE IV

The Parties, through their Foreign Ministers or their deputies, will consult together from time to time regarding the implementation of this Treaty.

## ARTICLE V

Each Party recognizes that an armed attack in the West Pacific Area directed against the territories of either of the Parties would be dangerous to its own peace and safety and declares that it would act to meet the common danger in accordance with its constitutional processes.

Any such armed attack and all measures taken as a result thereof shall be immediately reported to the Security Council of the United Nations. Such measures shall be terminated when the Security Council has taken the measures necessary to restore and maintain international peace and security.

## ARTICLE VI

For the purposes of Articles II and V, the terms "territorial" and "territories" shall mean in respect of the Republic of China, Taiwan and the Pescadores; and in respect of the United States of America, the island territories in the West Pacific under its jurisdiction. The provisions of Articles II and V will be applicable to such other territories as may be determined by mutual agreement.

## ARTICLE VII

The Government of the Republic of China grants, and the Government of the United States of America accepts, the right to dispute such United States land, air and sea forces in and about Taiwan and the Pescadores as may be required for their defense, as determined by mutual agreement.

## ARTICLE VIII

This Treaty does not affect and shall not be interpreted as affecting in any way the rights and obligations of the Parties under the Charter of the United Nations or the responsibility of the United Nations for the maintenance of international peace and security.

## ARTICLE IX

This Treaty shall be ratified by the Republic of China and the United States of America in accordance with their respective constitutional processes and will come into force when instruments of ratification thereof have been exchanged by them at Taipei,

## ARTICLE X

This Treaty shall remain in force indefinitely. Either Party may terminate it one year after notice has been given to the other Party.

IN WITNESS WHEREOF, the undersigned Plenipotentiaries have signed this Treaty.

DONE in duplicate, in the Chinese and English languages, at Washington on this Second day of the Twelfth month of the Forty-third Year of the Republic of China, corresponding to the Second day of December of the Year One Thousand Nine Hundred and Fiftyfour.

For the Republic of China:
(Signed)
George K. C. Yeh
For the United States of America
(Signed)
John Foster Dulles

〔附錄二〕

# 1958 年 10 月中美聯合公報

## 中文全文

我外交部與美國駐華大使館於今日下午二時同時發布中美「聯合公報」如下：

「一、過去三日來，中華民國政府與美國政府曾根據中美共同防禦條約第四條之規定，進行會商。此次會商係由蔣總統所邀集。雙方參加此次會商之人員如下：

中華民國方面：蔣總統、副總統兼行政院院長陳誠、總統府秘書長張群、外交部部長黃少谷、駐美大使葉公超。

美　國　方　面：國務卿杜勒斯、助理國務卿勞勃森、駐華大使莊萊德。

二、此次會商原定在中共所宣佈對金門停火兩週期內舉行。在該項情況下，原盼主要之考慮將為採取各項措施，俾對無軍事行動之實際局勢，予以穩定一點，有所貢獻。詎意中共竟在會商前夕，破壞其本身所作之宣布，而對金門列島恢復砲擊。由於此種發展，中美會商遂須著重於軍事方面之情勢。雙方僉認在當前情況之下，金門、馬祖與台灣、澎湖在防衛上有密切之關連。

三、中美兩國政府回溯中美共同防禦條約之宗旨，原在宣示中美間之團結一致。此項中共之新侵略行動及其宣傳攻勢，並未如其所預期而分化中美兩國，且反而促使中美間之合作更臻密切。中美兩國政府相信彼此團結一致抵制侵略，實不僅為本身之利益，而亦係為和平而效力。誠如艾森豪總統於本年 9 月 11 日所言，反對武裝侵略之立場乃係與維護世界和平相符之唯一立場。

四、中美兩國政府察及：中共在蘇俄之支持下，揚言企圖奪取台灣，消滅自由中國，並將美國整個逐出西太平洋，並迫使美國放棄其與該地區自由國家所作之集體安全措施。中共此種策略絕無成功之可能。

我人希望、且亦確信、中共面對美國政府與中華民國政府之精誠團結及決心與力量，將不藉挑起世界大戰以試驗此種策略，而將放棄其所已採之軍事行動，以推進其必屬徒勞而具有危險性之策略。

五、中美兩國政府於應付當前軍事局勢之外，並曾對於中美關係，從長期遠大之觀點，進行商討。

在美國方面，美國政府及其人民對於中國人民具有莫大信心，對於中國人民為尊重人性尊嚴與家庭生活之文化所已提供並將繼續提供之偉大貢獻，深表敬佩。美國確認中華民國為自由的中國之真正代表，並為億萬中國人民之希望與意願之真正代表。

中華民國政府方面以能真正代表全體中國人民為宗旨，並為保持使中國人民能對人類福祉作巨大貢獻之本質與特性，而奮鬥到底。

六、中美兩國政府重申其維護聯合國憲章原則之決心，並鑒及兩國現正履行之條約係屬防禦性質。中華民國政府認為恢復大陸人民之自由乃其神聖使命，並相信此一使命之基礎，建立在中國人民之人心，而達成此一使命之主要途徑，為實行孫中山先生之三民主義，而非憑藉武力。

七、此次舉行之會商，已使中美雙方對於共同關切之當前各項緊要問題，獲得徹底研究與檢討之機會。該項會商，對兩國政府均有重大價值，自無疑義。兩國政府同認此種會商今後仍應在適當時機繼續不時舉行。」

## 英文全文

Consultations have been taking place over the past three days between the Government of the United States and the Government of the Republic of China pursuant to Article IV of the Mutual Defense Treaty. These consultations had been invited by President Chiang Kai-shek. The following are among those who took part in the consultations:

For the Republic of China:

President Chiang Kai-shek

Vice-President-Premier Chen Cheng

Secretary-General to the President Chang Chun

Minister of Foreign Affairs Huang Shao-ku

Ambassador to the United States George K. C. Yeh

For the United States of America:

Secretary of State John Foster Dulles

Assistant Secretary of State Walter S. Robertson

Ambassador to the Republic of China Everett F. Drumriglit.

The consultations had been arranged to be held during the two weeks when the Chinese Communists had declared they would cease fire upon Quemoy. It had been hoped that, under these circumstances, primary consideration could have been given to measures which would have contributed to stabilizing an actual situation of nonmilitancy. However, on the eve of the consultations, the Chinese Communists, in violation of their declaration, resumed artillery fire against the Quemoys. It was recognized that under the present conditions the defense of the Quemoys, together with the Matsus, is closely related to the defense of Taiwan and Penghu.

The two Governments recalled that their Mutual Defense Treaty had had the purpose of manifesting their unity "so that no potential aggressor could be under the illusion that either of them stands alone in the West Pacific Area." The consultations provided a fresh occasion for demonstrating that unity.

The two Governments reaffirmed their solidarity in the face of the new Chinese Communist aggression now manifesting itself in the bombardment of the Quemoys. This aggression and the accompanying Chinese Communist propaganda have not divided them, as the Communists have hoped. On the contrary, it has drawn them closer together. They believe that by unitedly opposing aggression they serve not only themselves but also the cause of peace. As President Eisenhower said on September 11, the position of opposing aggression by force is the only position consistent with the peace of the world.

The two Governments took note of the fact that the Chinese Communists, with the backing of the Soviet Union, avowedly seek to conquer Taiwan, to eliminate Free China and to expel the United States from the Western Pacific generally, compelling the United States to abandon its collective security arrangements with free countries of that area. This policy cannot possibly succeed. It is hoped and believed that the Communists, faced by the proven unity, resolution and strength of the Governments of the United States and the Republic of China, will not put their policy to the test of general war and that they will abandon the military steps which they have already taken to initiate their futile and dangerous policy.

In addition to dealing with the current military situation, the two Governments considered the broad and long-range aspects of their relationship.

The United States, its Government and its people, have an abiding faith in the Chinese people and profound respect for the great contribution which they have made and will continue to make to a civilization that respects and honors the individual and his family life. The United States recognizes that the Republic of China is the authentic spokesman for Free China and of the hopes and aspirations entertained by the great mass of the Chinese people.

The Government of the Republic of China declared its purpose to be a worthy representative of the Chinese people and to strive to preserve those qualities and characteristics which have enabled the Chinese to contribute so much of benefit to humanity.

The two Governments reaffirmed their dedication to the principles of the Charter of the United Nations. They recalled that the treaty under which they are acting is defensive in character. The Government of the Republic of China considers that the restoration of freedom to its people on the mainland is its sacred mission. It believes that the foundation of this mission resides in the minds and the hearts of the Chinese people and that the principal means of successfully achieving its mission is the implementation of Dr. Sun Yat-sen's three people's principles (nationalism, democracy and social well-being) and not the use of force.

The consultations which took place permitted a thorough study and reexamination of the pressing problems of mutual concern. As such, they have proved to be of great value to both Governments. It is believed that such consultations should continue to be held at appropriate intervals.

〔附錄三〕

# 1972 年 2 月美國與中共上海公報及中華民國政府聲明

## （一）上海公報

### 中文全文（中共方面版本）

應「中華人民共和國」總理周恩來的邀請，美利堅合眾國總統理查德・尼克松自 1972 年 2 月 21 日至 2 月 28 日訪問了「中華人民共和國」。陪同總統的有尼克松夫人、美國國務卿威廉・羅杰斯、總統助理亨・基辛格博士和其他美國官員。

尼克松總統於 2 月 21 日會見了中國共產黨毛澤東。兩位領導人就中美關係和國際事務認真、坦率地交換了意見。

訪問中，尼克松總統和周恩來總理就美利堅合眾國和「中華人民共和國」關係正常化以及雙方關心的其他問題進行了廣泛、認真和坦率的討論。此外，國務卿威廉・羅杰斯和外交部長姬鵬飛也以同樣精神進行了會談。

尼克松總統及其一行訪問了北京，參觀了文化、工業和農業項目，還訪問了杭州和上海，在那裏繼續同中國領導人進行討論，並參觀了類似的項目。

「中華人民共和國」和美利堅合眾國領導人經過這麼多年一直沒有接觸之後，現在有機會坦率地互相介紹彼此對各種問題的觀點，對此，雙方認為是有益的。他們回顧了經歷著重大的變化和巨大動盪的國際形勢，闡明了各自的立場和態度。

中國方面聲明，哪裏有壓迫，哪裏就有反抗。國家要獨立，民族要解放，人民要革命，已成為不抗拒的歷史潮流。國家不分大小，應該一

美國對華「一個中國」政策之演變

■

250

律平等，大國不應欺負小國，強國不應欺負弱國。中國決不做超級大國，並且反對任何霸權主義和強權政治。

中國方面表示：堅決支持一切被壓迫人民和被壓迫民族爭取自由、解決的鬥爭；各國人民有權按照自己的意願，選擇本國的社會制度，有權維護本國獨立、主權和領土完整，反對外來侵略、干涉、控制和顛覆。一切外國軍隊都應撤回本國去。中國方面表示：堅決支持越南、老撾、柬埔寨三國人民為實現自己的目標所作的努力，堅決支持越南南方共和臨時革命政府的七點建議以及在今年2月對其中兩個關鍵問題的說明和印度支那人民最高級會議聯合聲明；堅決支持朝鮮民主主義人民共和國政府1971年4月12日提出的朝鮮和平統一的八點方案和取消「聯合國韓國統一復興委員會」的主張；堅決反對日本軍國主義的復活和對外擴張，堅決支持日本人民要求建立一個獨立、民主、和平和中立的日本的願望，堅決主張印度和巴基斯坦按照聯合國關於印巴問題的決議，立即把自己的軍隊全部撤回到本國境內以及查謨和克什米爾停火線的各自一方，堅決支持巴基斯坦政府和人民維護獨立、主權的鬥爭以及查謨和克什米爾人民爭取自決權的鬥爭。

美國方面聲明：為了亞洲和世界的和平，需要對緩和當前的緊張局勢和消除衝突的基本原因作出努力。美國將致力於建立公正而穩定的和平。這種和平是公正的，因為它滿足各國人民和各國爭取自由和進步的願望。這種和平是穩定的，因為它消除外來侵略的危險。美國支持全世界各國人民在沒有外來壓力和干預的情況下取得個人自由和社會進步。美國相信，改善具有不同意識形態的國與國之間的聯繫，以便減少由於事故、錯誤估計或誤會而引起的對峙的危機，有助於緩和緊張局勢的努力。各國應該互相尊重並願進行和平競賽，讓行動作出最後判斷。任何國家都不應自稱一貫正確，各國都要準備為了共同的利益重新檢查自己的態度。美國強調：應該允許印度支那各國人民在不受外來干涉的情況下決定自己的命運；美國一貫的首要目標是談判解決；越南共和國和美國在1972年1月27日提出的八點建議議提供了實現這個目標的基礎；在談判得不到解決時，美國預計在符合印度支那每個國家自決這一目標的情況下從這個地區最終撤出所有美國軍隊。美國將保持其與大韓民國的密切聯繫和對它的支持；美國將支持大韓民國為謀求在朝鮮半島緩和

緊張局勢和增加聯繫的努力。美國最高度地珍視同日本的友好關係，並將繼續發展現存的緊密紐帶。按照 1971 年 12 月 21 日聯合國安全理事會的決議，美國贊成印度和巴基斯坦之間的停火繼續下去，並把全部軍事力量撤至本國境內以及查謨和克什米爾停火線的各自一方；美國支持南亞各國人民和平地、不受軍事威脅地建設自己的未來的權利，而不使這個地區成為大國競爭的目標。

中美兩國的社會制度和對外政策有著本質的區別。但是，雙方同意，各國不論社會制度如何，都應根據尊重各國主權和領土完整、不侵犯別國、不干涉別國內政、平等互利、和平共處的原則來處理國與國之間的關係。國際爭端應在此基礎上予以解決，而不諸武力和武力威脅。美國和「中華人民共和國」準備在他們的相互關係中實行這些原則。

考慮到國際關係的上述這些原則，雙方聲明：

——中美兩國關係走向正常化是符合所有國家的利益的；

——雙方都希望減少國際軍事衝突的危險；

——任何一方都不應該在亞洲—太平洋地區謀求霸權，每一方都反對任何其他國家或國家集團建立這種霸權的努力；

——任何一方都不準備代表任何第三方進行談判，也不準備同對方達成針對其他國家的協議或諒解。

雙方都認為，任何大國與另一大國進行勾結反對其他國家，或者大國在世界上劃分利益範圍，那都是違背世界各國人民利益的。

雙方回顧了中美兩國之間長期存在的嚴重爭端。「中國」方面重申自己的立場；台灣問題是阻礙中美兩國關係正常化的關鍵問題；「中華人民共和國」政府是中國的唯一合法政府；台灣是中國的一個省，早已歸還祖國；解決台灣是中國內政，別國無權干涉；全部美國武裝力量和軍事設施必須從台灣撤手。中國政府堅決反對任何旨在製造「一中一臺」、「一個中國、兩國政府」、「兩個中國」、「台灣獨立」和鼓吹「台灣地位未定」的活動。

美國方面聲明：美國認識到，在台灣海峽兩邊的所有中國人都認為只有一個中國，台灣是中國的一部分。美國政府對這一立場不提出異議。它重申它對由中國人自己和平解決台灣問題的關心。考慮到這一前景，它確認從台灣撤出全部美國武裝力量和軍事設施的最終目標。在此

期間，它將隨著這個地區緊張局勢的緩和逐步減少它在台灣的武裝力量和軍事設施。

雙方同意，擴大兩國人民之間的了解是可取的。為此目的，他們就科學、技術、文化、體育和新聞等方面的具體領域進行了討論，在這些領域中進行人民之間的聯繫和交流將會是互相有利的。雙方各自承認對進一步發展這種聯繫和交流提供便利。

雙方把雙邊貿易看作是另一個可以帶來互利的領域，並一致認為平等互利的經濟關係是符合兩國人民的利益的。他們同意為逐步發展兩國間的貿易提供便利。

雙方同意，他們將通過不同渠道保持接觸，包括不定期地派遣美國高級代表前來北京，就促進兩國關係正常化進行具體磋商並繼續就共同關心的問題交換意見。

雙方希望，這次訪問的成果將為兩國關係開闢新的前景。雙方相信，兩國關係正常化不僅符合中美兩國人民的利益，而且會對緩和亞洲及世界緊張局勢作出貢獻。

尼克松總統、尼克松夫人及美方一行對「中華人民共和國」政府和人民給予他們有禮貌的款待，表示感謝。

（1972 年 2 月 28 日）

## 英文全文

President Richard Nixon of the United States of America visited the People's Republic of China at the invitation of Premier Chou En-lai of the People's Republic of China from February 21 to February 28, 1972. Accompanying the President were Mrs. Nixon, U.S. Secretary of State William Rogers, Assistant to the President Dr. Henry Kissinger, and other American officials.

President Nixon met with Chairman Mao Tse-tung of the Communist Party of China on February 21. The two leaders had a serious and frank exchange of views on Sino-U.S. relations and world affairs.

During the visit, extensive, earnest and frank discussions were held between President Nixon and Premier Chou En-lai on the normalization of relations between the United States of America and the People's Republic of China, as well as on other matters of interest to both sides. In addition, Secretary of State William Rogers and Foreign Minister Chi Peng-fei held talks in the same spirit.

President Nixon and his party visited Peking and viewed cultural, industrial and agricultural sites, and they also toured Hangchow and Shanghai where, continuing discussions with Chinese leaders, they viewed similar places of interest.

The leaders of the People's Republic of China and the United States of America found it beneficial to have this opportunity, after so many years without contact, to present candidly to one another their views on a variety of issues. They reviewed the international situation in which important changes and great upheavals are taking place and expounded their respective positions and attitudes.

The U.S. side stated: Peace in Asia and peace in the world requires efforts both to reduce immediate tensions and to eliminate the basic causes of conflict. The United States will work for a just and secure peace: just, because it fulfills the aspirations of peoples and nations for freedom and progress; secure, because it removes the danger of foreign aggression. The United States supports individual freedom and social progress for all the peoples of the world, free of outside pressure or intervention. The United States believes that the effort to reduce tensions is served by improving communication between countries that through accident, miscalculation or misunderstanding. Countries should treat each other with mutual respect and be willing to compete peacefully, letting performance be the ultimate judge. No country should claim infallibility and each country should be prepared to re-examine its own attitudes for the common good. The United States stressed that the peoples of Indochina should be allowed to determine their destiny without outside intervention; its constant primary objective has been a negotiated solution; the eight-point proposal put forward by the Republic of Vietnam and the United States on January 27, 1972 represents a basis for the attainment of that objective; in the absence of a negotiated settlement the United States envisages the ultimate withdrawal of all U.S. forces from the region consistent with the aim of self-determination for each country of Indochina. The United States will maintain its close ties with and support for the Republic of Korea; the United States will support efforts of the Republic of Korea to seek a relaxation of tension and increased communication in the Korean peninsula. The United States places the highest value on its friendly relations with Japan; it will continue to develop the existing close bonds. Consistent with the United Nations Security Council Resolution of December 21, 1971, the United States favors the continuation of the ceasefire between India and Pakistan and the withdrawal of all military forces to within their own territories and to their own sides of the ceasefire line in Jammu and Kashmir; the United States supports the right of the peoples of South Asia to shape their own future in peace, free of military threat, and without having the area become the subject of great power rivalry.

The Chinese side stated: Wherever there is oppression, there is resistance. Countries want independence, nations want liberation and the people want revolution——this has become the irresistible trend of history. All nations, big or small, should be equal; big nations should not bully the small and strong nations should not bully the weak. China will never be a superpower and it opposes hegemony and power politics of any kind. The Chinese side stated that it firmly supports the struggles of all the oppressed people and nations for freedom and liberation and that the people of all countries have the right to choose their social systems according to their own wishes and the right to safeguard the independence, sovereignty and territorial integrity of their own countries and oppose foreign aggression, interference, control and subversion. All foreign troops should be withdrawn to their own countries.

The Chinese side expressed its firm support to the peoples of Vietnam, Laos and Cambodia in their efforts for the attainment of their goal and its firm support to the seven-point proposal of the Provisional Revolutionary

附

錄

■

255

Government of the Republic of South Vietnam and the elaboration of February this year on the two key problems in the proposal, and to the Joint Declaration of the Summit Conference of the Indochinese Peoples. It firmly supports the eight-point program for the peaceful unification of Korea put forward by the Government of the Democratic People's Republic of Korea on April 12, 1971, and the stand for the abolition of the "UN Commission for the Unification and Rehabilitation of Korea." It firmly opposes the revival and outward expansion of Japanese militarism and firmly supports the Japanese people's desire to build an independent, democratic, peaceful and neutral Japan. It firmly maintains that India and Pakistan should, in accordance with the United Nations resolutions on the India-Pakistan q uestion, immediately withdraw all their forces to their respective territories and to their own sides of the ceasefire line in Jammu and Kashmir and firmly supports the Pakistan Government and people in their struggle to preserve their independence and sovereignty and the people of Jammu and Kashmir in their struggle for the right of selfdetermination.

There are essential differences between China and the United States in their social systems and foreign policies. However, the two sides agreed that countries, regardless of their social systems, should conduct their relations on the principles of respect for the sovereignty and territorial integrity of all states, non-aggression against other states, non-interference in the internal affairs of other states, equality and mutual benefit, and peaceful coexistence. International disputes should be settled on this basis, without resorting to the use or threat of force. The United States and the People's Republic of China are prepared to apply these principles to their mutual relations.

With these principles of international relations in mind the two sides stated that:

* progress toward the normalization of relations between China and the United States is in the interests of all countries:

* both wish to reduce the danger of international military conflict;

* neither should seek hegemony in the Asia-Pacific region and each is

opposed to efforts by any other country or group of countries to establish such hegemony; and

　　* neither is prepared to negotiate on behalf of any third party or to enter into agreements or understandings with the other directed at other states.

　　Both sides are of the view that it would be against the interests of the peoples of the world for any major country to collude with another against other countries, or for major countries to divide up the world into spheres of interest.

　　The two sides reviewed the long-standing serious disputes between China and the United States. The Chinese reaffirmed its position: The Taiwan question is the crucial question obstructing the normalization of relations between China and the United States; the Government of the People's Republic of China is the sole legal government of China; Taiwan is a province of China which has long been returned to the motherland; the liberation of Taiwan is China's internal affair in which no other country has the right to interfere; and all U.S. forces and military installations must be withdrawn from Taiwan. The Chinese Government firmly opposes any activities which aim at the creation of "one China, one Taiwan," "one China, two governments," "two Chinas," and "independent Taiwan" or advocate that "the status of Taiwan remains to be determined."

　　The U.S. side declared: The United States acknowledges that all Chinese on either side of the Taiwan Strait maintain there is but one China and that Taiwan is a part of China. The United States Government does not challenge that position. It reaffirms its interest in a peaceful settlement of the Taiwan question by the Chinese them-selves. With this prospect in mind, it affirms the ultimate objective of the withdrawal of all U.S. forces and military installations from Taiwan. In the meantime, it will progressively reduce its forces and military installations on Taiwan as the tension in the area diminishes.

　　The two sides agreed that it is desirable to broaden the understanding between the two peoples. To this end, they discussed specific areas in such fields as science, technology, culture, sports and journalism, in which people-to-people contacts and exchanges would be mutually beneficial. Each side undertakes to facilitate the further development of such contacts and exchanges.

Both sides view bilateral trade as another area from which mutual benefit can be derived, and agreed that economic relations based on equality and mutual benefit are in the interest of the peoples of the two countries. They agree to facilitate the progressive development of trade between their two countries.

The two sides agreed that they will stay in contact through various channels, including the sending of a senior U.S. representative to Peking from time to time for concrete consultations to further the normalization of relations between the two countries and continue to exchange views on issues of common interest.

The two sides expressed the hope that the gains achieved during this visit would open up new prospects for the relations between the two countries. They believe that the normalization of relations between the two countries is not only in the interest of the Chinese and American peoples but also contributes to the relaxation of tension in Asia and the world.

President Nixon, Mrs. Nixon and the American party expressed their appreciation for the gracious hospitality shown them by the Government and people of the People's Republic of China.

# （二）中華民國政府聲明

## 中文全文

中華民國外交部發言人奉命就美國尼克森總統與周匪恩來所發之「聯合公報」，發表聲明如下：

關於美國尼克森總統與周匪恩來所發表之「聯合公報」，中華民國政府茲重申外交部本年 2 月 17 日之鄭重聲明，即目前盤距我國大陸之共匪係一叛亂集團，絕無權代表中國大陸人民，美國與共匪偽政權間凡由此次訪問所達成任何涉及中國政府及人民權益之公開及容未公開之協

議，中華民國政府一律不予承認。

在所謂聯合公報中，提到久已破產之和平共存五原則濫調。實則自
1955 年萬隆會議以來。事實業已證明，所謂五原則乃共匪為進行其對外
滲透顛覆與武裝侵略所施放之煙幕，當年參加萬隆會議之若干國家已身
受其害，世人對此當能記憶猶新，不致為其所惑。

「聯合公報」涉及所謂「台灣問題」。中華民國政府鄭重指出：共
匪乃全中國人民之公敵，亦為亞洲乃至全世界之禍根亂源，我政府與海
內外中國人民為推翻共匪暴力統治所從事之奮鬥，不僅是為了救中國，
抑且是為了救亞洲，救世界。此為我政府與人民之神聖責任，在任何情
況之下，決不動搖改變。唯有我全國人民選舉所產生的唯一合法的中華
民國政府光復大陸，統一全國，拯救同胞，始能解決我們本身問題，除
此以外別無其他任何途徑。

「聯合公報」中提出今後美國與共匪間將進行貿易、科學、技術、
文化、體育、新聞等方面之接觸交換。中華民國政府亦願指出：共匪一
切對外活動均以統戰為目標。此次邀請美國總統訪問之主要動機，一方
面在離間分化民主國家間之團結合作，進一步來孤立和打擊美國，另一
方面在利用與美國之各種接觸交換，以加強對美國內部之滲透顛覆製造
暴亂。故美國與共匪進行上述之接觸交換，不啻引狼入室。

據尼克森總統說，其此次赴我國大陸訪問匪偽政權之目的，在求
「一代之和平」，鬆弛亞太地區之緊張情勢，實則尼克森總統此行所產
生之影響，與其所期望者將完全相反，而亞太地區國家則將首受其害。
中華民國政府認為，此一地區之國家，若干已飽嘗共匪政治顛覆與武裝
侵略之苦果，若干正在面臨共匪此種日益嚴重之威脅，此一地區之國家
為求確保安全自由，必須依靠其自身之決心與實力充分加強彼此間之團
結合作，決不可稍存與共匪和平共存之幻想。

中華民國政府對一切艱難險阻之突破，擁有無比的信心，今後將繼
續實踐「莊敬自強」，力求「操之在我」，為達成使我國大陸同胞早日
重獲自由之神聖任務而加倍努力。

## 英文全文

The spokesman of the Ministry of Foreign Affairs the Republic of China is authorized to issue the following statement in connection with the so-called "Joint Communique" issued by President Richard M. Nixon of the United States of America and Chou En-lai:

Concerning the so-called "Joint Communique" issued by President Nixon and Chou En-lai, the Government of the Republic of China hereby reiterates its solemn declaration made on February 17, 1972 that it will consider null and void any agreement, which has been and which may not have been published, involving the rights and interests of the Government and people of the Republic of China, reached between the United States and the Chinese Communist regime as a result of that visit, because the regime now occupying the Chinese mainland is a rebel group which has no right whatsoever to represent the Chinese people.

In the "Joint Communique", reference was made to the long-bankrupted tune of the "Five Principles of Peaceful Coexistence". As a matter of fact, since the Bandung Conference of 1955, events have proven that the so-called "Five Principles" is a smoke screen put up by the Chinese Communists to facilitate their conduct of infiltration, subversion and armed aggression against other countries. Some of those countries that participated in the Bandung Conference have already suffered from its bitter fruits. The memories of such events are still fresh in the minds of many people and no one should be hoodwinked by it.

The "Joint Communique" touched upon the so-called "question of Taiwan". The Government of the Republic of China wishes to declare solemnly that the Chinese Communist regime is the public enemy of all the people of China and that it is also the source of troubles for Asia and the entire world. The efforts exerted by the Government of the Republic of China and the Chinese people both at home and abroad in overthrowing the brutal rule of the said regime have as their objectives not only the salvation of China but also that of Asia and the world. The destruction of the tyranny of the Chinese

Communist regime is a sacred responsibility of the Government and people of the Republic of China which will never waver or change under any circumstances. Our question can be solved only when the Government of the Republic of China, the sole legitimate government elected by all people of China, has succeeded in its tasks of the recovery of the mainland, the unification of Chin and the deliverance of our compatriots. The re is definitely no other alternative.

The "Joint Communique" stated that the United States and the Chinese Communist regime would in the future enter into trade, scientific, technological, cultural, sport, journalistic and other contacts and exchanges. The Government of the Republic of China wishes also to point out that all the external activities conducted by the Chinese Communist regime are aimed at the implementation of the "united front" tactics. The main motivations behind its invitation of President Nixon for a visit are twofold. On the one hand, it is intended to drive a wedge on the unity and cooperation among the democratic nations, so as to isolate and deal a blow to the United States. On the other hand, it is intended to make use of the various contacts and exchanges to increase its infiltration and subversion against the United States and to create chaos. By entering such contacts and exchanges with the Chinese Communist regime, it is tantamount inviting wolves into one's home.

According to President Nixon, he made the trip to the Chinese mainland with the hope that it might bring a "generation of peace" and relax tensions in Asian and the Pacific region. Actually, the effects caused by the visit of President Nixon are diametrically opposite to what he expected, and the countries in Asian and the Pacific area will be among the first ones to suffer from its aftermath. It is the considered opinion of the Government of the Republic of China that countries in this area either have already tasted the bitter cup of political subversion and armed aggression by the Chinese Communists or are now confronting with such menace. In order to assure their freedom and security, countries in this area must rely upon their own determination and strength and spare no efforts in consolidating the unity and cooperation among themselves. They should not entertain the slightest illusion of coexisting peacefully with the Chinese Communists.

On its part, the Republic of China has the utmost confidence in overcoming all dangers and difficulties. Henceforth, we shall continue to strengthen ourselves through calmness and dignity as well as to keep the destiny in our own hands. We shall redouble our efforts in striving for the sacred tasks of the early restoration of freedom to our compatriots on the Chinese mainland.

# 1978 年 12 月中（共）美建交公報 及中華民國政府相關聲明

## （一）建交公報

### 中文全文（中共方面版本）

美利堅合眾國與「中華人民共和國」已同意自 1979 年 1 月 1 日起互相承認，並建立外交關係。

在此範圍內，美國人民將與台灣人民維持文化、商務、及其他非官方關係。

美利堅合眾國與「中華人民共和國」重申上海公報中雙方所同意的原則，並再度強調：

雙方希望減低國際軍事衝突的危險。

雙方均不應尋求在亞太地區或世界任何其他地區內的霸權，及雙方反對任何其他國家或國家集團建立此種霸權的努力。

雙方均不準備代表任何第三方面進行談判，也不準備同對方達成針對其他國家的協議或諒解。

美利堅合眾國政府承認「中國」立場，中國僅有一個，而台灣是中國的一部分。

雙方相信「中美關係之正常化」，不僅符合「中國」與美國人民之利益，而且亦有貢獻與亞洲與世界和平之大業。

美利堅合眾國與「中華人民共和國」將於 1979 年 3 月 1 日交換大使與建立大使館。

(The communique was released on December 15, 1978, in Washington and Peking.)

The United States of America and the People's Republic of China have agreed to recognize each other and to establish diplomatic relations as of January 1, 1979.

The United States of America recognizes the Government of the People's Republic of China as the sole legal Government of China. Within this context, the people of the United States will maintain cultural, commercial, and other unofficial relations with the people of Taiwan.

The United States of America and the People's Republic of China reaffirm the principles agreed on by the two sides in the Shanghai Communique and emphasize once again that:

  × Both wish to reduce the danger of international military conflict.

  × Neither should seek hegemony in the Asia-Pacific region or in any other region of the world and each is opposed to efforts by any other country or group of countries to establish such hegemony.

  × Neither is prepared to negotiate on behalf of any third party or to enter into agreements or understandings with the other directed at other states.

  × The Government of the United States of America acknowledges the Chinese position that there is but one China and Taiwan is part of China.

  × Both believe that normalization of Sino-American relations is not only in the interest of the Chinese and American peoples but also contributes to the cause of peace in Asia and the world.

The United States of America and the People's Republic of China will exchange Ambassadors and establish Embassies on March 1, 1979.

# （二）中華民國蔣經國總統聲明

## 中文全文

美國決定與共匪偽政權建立外交關係，不僅嚴重損害中華民國政府及人民之權益，且將對整個自由世界產生嚴重之影響，其因此所引起之

一切後果，均應由美國政府負完全責任。

數年來美國政府曾一再重申其對中華民國維持外交關係，並信守條約承諾之保證，而今竟背信毀約，此後自將難以取信於任何自由國家。

現美國對藉恐怖鎮壓以維持其存在之共匪偽政權界以外交承認，實有悖於其宣稱維護人權加強民主力量以抵抗極權專制之宗旨。此舉無異剝奪中國大陸上億萬被共匪奴役之民眾早日重獲自由之希望。無論自任何角度而言，美國此一行動不啻為人類自由及民主制度之一大挫折，且必深為世界各地愛好自由民主的人民所譴責。

最近國際情勢發展證明，美國進行與共匪「關係正常化」，非特未能進一步保障亞洲自由國家之安全，反而鼓勵共黨之顛覆與侵略活動，加速中南半島各國之淪入共黨魔掌。中華民國政府與人民確信，持久之國際和平與安全，決不能建立於一項權宜運用之不穩定基礎上。

無論國際情勢如何發展，中華民國以一主權國家，當秉承光榮之傳統，團結海內外軍民同胞，繼續致力於社會、經濟及政治等各方面之改進，忠於國家目標，及所負之國際責任，吾人對國家前途具有充分之信心。

總統　蔣公於遺訓中諄諄昭示我全國同胞「莊敬自強」，以完成復國建國之大業。中華民國政府及人民有決心亦有信心，盡其在我，與其他各民主國家之人民共同努力，以對抗共產暴政及其侵略政策，今後自當更加沉著鎮定，積極努力，並呼籲全國同胞與政府通力合作，一心一德，共渡此一難關。中華民國無論在任何情況下，絕不與共匪偽政權談判，絕不與共產主義妥協，亦絕不放棄光復大陸拯救同胞之神聖使命，此項立場決不變更。

## 英文全文

The decision by the United States to establish diplomatic relations with the Chinese Communist regime has not only seriously damaged the rights and interests of the Government and people of the Republic of China, but also had tremendous adverse impact upon the entire free world. For all the consequences that might arise as a result of this move, the Government of the United States alone should bear the full responsibilities.

In the last few years, the United States Government has repeatedly reaffirmed its assurances to maintain diplomatic relations with the Republic of China and to honor its treaty commitments. Now that it has broken the assurances and abrogated the treaty. The United States Government cannot be expected to have the confidence of any free nations in the future.

The United States' extending diplomatic recognition to the Chinese Communist regime, which owes its very existence to terror and suppression, is not in conformity with her professed position of safeguarding human-rights and strengthening the capabilities of the democratic nations so as to resist the totalitarian dictatorships. Such a move is tantamount to denying the hundreds of millions of enslaved people on the Chinese mainland of their hope to an early restoration of freedom. Viewed from whatever aspects, the move by the United States constitutes a great setback to human freedom and democratic institutions. It will be condemned by all freedom-loving and peace-loving peoples over the world.

Recent international events have proven that the United States' pursuance of "normalization" process with the Chinese Communist regime did not protect the security of free Asian nations, it has further encouraged Communist subversion and aggressive activities and hastened the fall of Indochina into Communist hands. The Government and people of the Republic of China firmly believe lasting international peace and security can never be established on an unstable foundation of expediency.

Regardless of how international situation may develop, the Republic of China as a sovereign nation will, with her glorious tradition, unite all her people, civilian and military, at home and abroad, to continue her endeavors in progresses in social, economic and political fields. The Chinese Government and people, faithful to the national objectives and their international responsibilities, have full confidence in the future of the Republic of China.

Late President Chiang Kai-shek had repeatedly instructed the Chinese people to be firm with dignity and to complete the task of national recovery and national reconstruction. The Government and people of the Republic of China have the determination and faith that they will exert their utmost to work together with other free peoples in democratic countries and to counter Communist tyrannical rule and its aggressive policy. Henceforth, we shall be calm and firm, positive and hard-working. It is urged that all citizens will cooperate fully with the government, one heart and one soul, united and determined to tide over this difficult moment. Under whatever circumstances, the Republic of China shall neither negotiate with the Chinese Communist regime, nor compromise with Communism, and she shall never give up her sacred tasks of recovering the mainland and delivering the compatriots there. This firm position shall remain unchanged.

## （三）中華民國蔣經國總統告美代表團處理中美關係五原則

### 中文全文

　　中華民國和美國之間未來關係必須建立在五項原則上：(1) 持續不變；(2) 事實基礎；(3) 安全保障；(4) 妥定法律；(5) 政府關係。

　　美國突然宣佈對我斷交的決定，此一嚴重傷害中華民國和人民權益的重要外交舉措，竟然不與我政府事先磋商，對於美國這一種行動而引起的一切後果，都應該由美國政府負完全的責任。

　　今後處理有關中美間的問題，必須建立在五項原則上：

　　一、中華民國與美國有悠久的邦交與合作關係，在第二次世界大戰中，中美兩國並肩作戰。1954 年中美兩國簽訂了共同防禦條約以後，更加強了兩國的同盟關係，並對亞太地區的安全與和平提供了重大的貢獻。近數年來美國政府曾一再重申其對中華民國維持外交關係，並信守條約承諾之保證，而今美國政府突然宣佈對我斷交之決定。此一嚴重傷害中華民國及其人民權益之重要外交舉措，竟不與我政府事先磋商，而僅在宣佈此一消息以前七小時始予通知，使我國全體人民和政府深感憤慨。余曾立即向安克志大使提出對美國政府嚴重之抗議，並鄭重指出由於美國此一行動而引起之一切後果，均應由美國政府負完全責任。

　　二、中華民國自 1911 年建國以來，一直是一個獨立之主權國家，中華民國是中國文化與中國歷史唯一真正的代表。中華民國政府是依據

中華民國憲法所產生的合法政府。中華民國的存在一向是一個國際的事實。中華民國的國際地位及國際人格，不因任何國家承認中共偽政權而有所變更。美國應當繼續承認並尊重中華民國的法律地位和國際人格。

三、中華民國政府對於國際條約義務向予尊重信守，中美共同防禦條約簽訂迄今已廿四年，其間我對該條約所規定之各項義務與責任始終忠實履行。而今美國政府事先未有磋商，竟片面通知終止中美共同防禦條約，且未提出任何理由，因而創下美國歷史上前所未有出賣盟友之惡例。中美協防條約本為西太平洋自由國家集體安全連鎖防線的重要環節，目前此一地區情勢仍然動盪不安，特別是越南淪亡後，自由國家所受共產勢力侵略顛覆的威脅，實有增無減。美國片面終止中美共同防禦條約之舉，不但將更增加此一地區之動盪不安，而且將引發新的戰爭危機，為確保西太平洋地區，包括中華民國之和平及安全，美國亟需採取具體有效的措施，並對此一地區各國重申其保證。

四、美國卡特總統表示，在中美共同防禦條約終止以後，仍將關切此一地區的和平、安全與繁榮，並繼續以防衛性武器提供中華民國，美國必須就此項承諾向我國提出法律上之保證。

五、美國已經聲明，今後仍將與中華民國保持所有文化、經濟、貿易、科技、旅行等關係之意願。鑒於兩國間具有相互利益之活動，異常複雜頻繁，決非民間團體或個人所能處理。中美兩國均為法治國家，今後中美兩國人民之切身利益，在在需要法令規章的保障及政府政策性之指導。為了便利一切關係之保持與增進，將來在台北及華盛頓必須互設政府與政府間之代表機構，負責處理一切業務。

這五項原則為中華民國處理今後中美關係的基本立場，希望美國代表團能向美國人民及政府忠實轉達。

最後，本人代表中華民國人民和政府，向美國人民和政府申明，中華民國今後將以更堅定不移的決心和信心，為實現我們的國家的目標而繼續奮鬥，進而促進亞太地區的安定與世界的正義和平。

## 英文全文

Ladies and Gentlemen:

President Chiang received Deputy Secretary of State Warren Christopher at the Presidential Office this morning. Members of the U.S. delegation who accompanied Mr. Christopher were: Ambassador Leonard Unger, Admiral Maurice Weisner, Commander-in-Chief of the U.S. forces in the Pacific, Roger Sullivan, Deputy Assistant Secretary of State for East Asian and Pacific Affairs, Herbert Hansell, Chief Legal Advisor of the State Department, Michael Armcost, Deputy Assistant Secretary of Defense, William Brown, Minister-Counselor.

Officials representing the Chinese government were: Premier Y. S. Sun, Y. S. Tsiang, Foreign Minister, Admiral Soong Chang-chih, Chief of the General Staff, Fredrick Chien, Vice Foreign Minister.

At this second meeting with Mr. Christopher, the President discussed the issues that were brought up at the negotiating sessions yesterday afternoon and earlier this morning.

President Chiang told Mr. Christopher that the government and people of the Republic of China were outraged by President Carter's decision to sever diplomatic relations with a nation which has always been a staunch ally of the United States.

Our two peoples have fought shoulder to shoulder through the years in maintaining world peace and upholding justice. The rights and interest of the Republic of China and its people were seriously damaged when the United States government failed to consult us before making such an important diplomatic decision.

The President informed Mr. Christopher that future ties between the Republic of China and the United States must rest on five underlying principles. These principles are Reality, Continuity, Security, Legality, and Governmentality.

These five principles are essential to, but not necessarily exhaustive, as for as the position of the Republic of China is concerned. But they are significant in that they identify the prime concerns of the Republic of China about the arrangements of our future relations with the United States.

Let me here explain and summarize the five principles stated by

President Chiang which form the fundamental basis of the Chinese position:

The Republic of China is an independent sovereign state with a legitimately established government based on the Constitution of the Republic of China. It is an effective government, which has the wholehearted support of her people. The international status and personality of the Republic of China cannot be changed merely because of the recognition of the Chinese Communist regime by any country of the world. The legal status and international personality of the Republic of China is a simple reality which the United States must recognize and respect.

The United States has expressed its intention that it will continue to maintain cultural, economic, trade, scientific technological, and travel relations with the Republic of China. The ties that bound our two countries and peoples together in the past, however, include much more than these. The Republic of China is ready and willing to continue these traditional ties. The United States, on the other hand, must also realize the importance of the continuity of these ties, not only in their present scope, but also on an expanded scale to meet future needs.

The security of the Asian-Pacific region is also of utmost importance to the well-being and livelihood of the 17 million people on Taiwan, as well as American interests in the area. The Sino-U.S. Mutual Defense Treaty signed in 1954 was designed to be a vital link in the chain of collective defense system of free countries in the West Pacific. The situation in this region has not changed. It is still unstable and insecure. The threat of invasion and subversion by Communist forces to the free nations of Asia, particularly after the fall of Vietnam, is even more serious than before.

Hence, the U.S. unilateral action to terminate the Sino-U.S. Mutual Defense Treaty will further destabilize this region and might create a new crisis of war. Thus, in order to ensure the peace and security of the West Pacific, which includes that of the Republic of China, it is imperative that the United States take concrete and effective measures to renew its assurances to countries in this region.

We are ready and determined to continue to do our share in securing stability and peace in the West Pacific. But in order to do this, we must have sufficient capabilities to defend ourselves, and thereby protect our neighbors. President Carter has indicated that he is sill concerned about the peace, security, and prosperity of this region after the termination of the Sino-U.S. Mutual Defense Treaty, and will continue to supply the Republic of China with defense weapons. The U.S. must give us assurances of a legal nature which would ensure the fulfillment of this commitment.

We are at present faced with the pragmatic problems involved in continuing and maintaining 59 treaties and agreements, as will as other arrangements, between our two countries. Since both the Republic of China and the United States are governed by law, the private interests of both Chinese and American citizens require the protection of definite legal provisions. Appropriate legislative measures in both countries must therefore be taken to provide a legal basis on which these security, commercial, and cultural treaties and agreements can continue to remain in full force and effect.

The complex nature of the activities of mutual interest to out two countries makes it impossible for them to be carried out by any private organization or individual. To facilitate the continuation and expansion of all relations between our two countries, it is necessary that government-to-government level mechanisms be set up in Taipei and Washington. This model alone can serve as the framework on which the future relationship of out two countries can be constructed.

## （四）中華民國外交部關於終止共同防禦條約聲明

### 中文全文

關於美國政府於 1979 年 1 月 1 日通知終止共同防禦條約事，中華民國政府茲發表聲明如下：

中華民國政府一向審慎信守其在共同防禦條約下之義務，從未違反該條約之任何規定。美國政府無合理之理由即片面通知終止該條約，實屬完全不可理解。

依照國際法之原則，構成條約規定之基礎者係條約所以簽訂之理由及精神。未經事先諮商即片面終止共同防禦條約，實違反條約規定之基本精神。

自共同防禦條約簽訂以來，情勢並無重大變遷，因此，情勢變遷之原則，絕不能作為終止該條約之正當理由。

中華民國政府對共同防禦條約之被片面終止，深感沉痛，已向美國政府提出其最強烈之抗議。

## 英文全文

In regard to the notice given by the Government of the United States on January 1, 1979 to terminate the Mutual Defense Treaty, the Government of the Republic of China wishes to make the following statement:

The Government of the Republic of China has scrupulously observed its obligations under the Mutual Defense Treaty, and has never violated any provisions of that Treaty. For the U. S. Government to unilaterally give notice of termination for no justifiable ground is wholly unthinkable.

In accordance with the principles of international law, the cause and spirit constitute the basis of the provisions of a treaty. To terminate the Mutual Defense Treaty unilaterally without prior consultations violates the basic spirit of the provisions of that treaty.

There has been no vital change of circumstances since the signing of the Mutual Defense Treaty and the termination of the treaty can never be justified on the ground of rebus sic stantibus (the principle of changed circumstances).

The Government of the Republic of China deplores the unilateral termination of the Mutual Defense treaty and has lodged its strong protest with the Government of the United States.

# 1979年4月台灣關係法

### 中譯文全文

◎有關於 1979 年美國參眾兩院通過之「台灣關係法」全文

**台灣關係法**

### 簡　　稱

第一條：本法律可稱為「台灣關係法」

### 政策的判定及聲明

第二條：(A)由於美國總統已終止美國和台灣統治當局（在 1979 年 1 月 1 日前美國承認其為中華民國）間的政府關係，美國國會認為有必要制訂本法：

[1] 有助於維持西太平洋地區的和平、安全及穩定；

[2] 授權繼續維持美國人民及台灣人民間的商務、文化及其他各種關係，以促進美國外交政策的推行。

(B) 美國的政策如下：

[1] 維持及促進美國人民與台灣之人民間廣泛、密切及友好的商務、文化及其他各種關係；並且維持及促進美國人民與中國大陸人民及其他西太平洋地區人民間的同種關係；

[2] 表明西太平洋地區的和平及安定符合美國的政治、安全及經濟利益，而且是國際關切的事務；

[3] 表明美國決定和「中華人民共和國」建立外交關係之舉，是基於台灣的前途將以和平方式決定這一期望；

[4] 任何企圖以非和平方式來決定台灣的前途之舉——包括使用經濟抵制及禁運手段在內，將被視為對西太平洋地區和平及安定的威脅，

而為美國所嚴重關切；

　　[5] 提供防禦性武器給台灣人民；

　　[6] 維持美國的能力，以抵抗任何訴諸武力、或使用其他方式高壓手段，而危及台灣人民安全及社會經濟制度的行動。

　　(C) 本法律的任何條款不得違反美國對人權的關切，尤其是對於台灣地區一千八百萬名居民人權的關切。茲此重申維護及促進所有台灣人民的人權是美國的目標。

## 美國對台灣政策的實行

　　第三條： (A)為了推行本法第二條所明訂的政策，美國將使台灣能夠獲得數量足以使其維持足夠的自衛能力的防衛物資及技術服務；

　　(B) 美國總統和國會將依據他們對台灣防衛需要的判斷，遵照法定程序，來決定提供上述防衛物資及服務的種類及數量。對台灣防衛需要的判斷應包括美國軍事當局向總統及國會提供建議時的檢討報告。

　　(C) 指示總統如遇台灣人民的安全或社會經濟制度遭受威脅，因而危及美國利益時，應迅速通知國會。總統和國會將依憲法程序，決定美國應付上述危險所應採取的適當行動。

## 法律的適用和國際協定

　　第四條：(A) 缺乏外交關係或承認將不影響美國法律對台灣的適用，美國法律將繼續對台灣適用，就像 1979 年 1 月 1 日之前，美國法律對台灣適用的情形一樣。

　　(B) 前項所訂美國法律之適用，包括下述情形，但不限於下述情形：

　　[1] 當美國法律中提及外國、外國政府或類似實體、或與之有關之時，這些字樣應包括台灣在內，而且這些法律應對台灣適用；

　　[2] 依據美國法律授權規定，美國與外國、外國政府或類似實體所進行或實施各項方案、交往或其他關係，美國總統或美國政府機構獲准，依據本法第六條規定，遵照美國法律同樣與台灣人民進行或實施上述各項方案、交往或其他關係（包括和台灣的商業機構締約，為美國提供服務）。

　　[3] (a) 美國對台灣缺乏外交關係或承認，並不消除、剝奪、修改、

拒絕或影響以前或此後台灣依據美國法律所獲得的任何權利及義務（包括因契約、債務關係及財產權益而發生的權利及義務）。

(b)為了各項法律目的，包括在美國法院的訴訟在內，美國承認「中華人民共和國」之舉，不應影響台灣統治當局在 1978 年 12 月 31 日之前取得或特有的有體財產或無體財產的所有權，或其他權利和利益，也不影響台灣當局在該日之後所取得的財產。

[4] 當適用美國法律需引據遵照台灣現行或舊有法律，則台灣人民所適用的法律應被引據遵照。

[5] 不論本法律任何條款，或是美國總統給予「中華人民共和國」外交承認之舉、或是台灣人民和美國之間沒有外交關係、美國對台灣缺乏承認、以及此等相關情勢，均不得被美國政府各部門解釋為，依照 1954 年原子能法及 1978 年防止核子擴散法，在行政或司法程序中決定事實及適用法律時，得以拒絕對台灣的核子輸出申請，或是撤銷已核准的輸出許可證。

[6] 至於移民及國籍法方面，應根據該法二〇二項(b)款規定對待台灣。

[7] 台灣依據美國法律在美國法院中起訴或應訴的能力，不應由於欠缺外交關係或承認，而被消除、剝奪、修改、拒絕或影響。

[8] 美國法律中有關維持外交關係或承認的規定，不論明示或默示，均不應對台灣適用。

(C) 為了各種目的，包括在美國法院中的訴訟在內，國會同意美國和（美國在 1979 年 1 月 1 日前承認為中華民國的）台灣當局所締結的一切條約和國際協定（包括多國公約），至 1978 年 12 月 31 日仍然有效者，將繼續維持效力，直至依法終止為止。

（D）本法律任何條款均不得被解釋為，美國贊成把台灣排除或驅逐出任何國際金融機構或其他國際組織。

## 美國海外私人投資保證公司

第五條：(A)當本法律生效後三年之內，1961 年援外法案二三一項第二段第二款所訂國民平均所得一千美元限制。將不限制美國海外私人投資保證公司活動，其可決定是否對美國私人在臺投資計畫提供保險、

再保險、貸款或保證。

（B）除了本條(A)項另有規定外，美國海外私人投資保證公司在對美國私人在臺投資計畫提供保險、再保險、貸款或保證時，應適用對世界其他地區相同的標準。

## 美國在台協會

第六條：(A) 美國總統或美國政府各部門與台灣人民進行實施的各項方案、交往或其他關係，應在總統指示的方式或範圍內，經由或透過下述機構來進行實施：

[1] 美國在台協會，這是一個依據哥倫此亞特區法律而成立的一個非營利法人：

[2] 總統所指示成立，繼承上述協會的非政府機構。（以下將簡稱「美國在台協會」為「該協會」。）

（B）美國總統或美國政府各部門依據法律授權或要求，與台灣達成、進行或實施協定或交往安排時，此等協定或交往安排應依美國總統指示的方式或範圍，經由或透過該協會達成、進行或實施。

（C）該協會設立或執行業務所依據的哥倫比亞特區、各州或地方政治機構的法律、規章、命令，阻撓或妨礙該協會依據本法律執行業務時，此等法律、規章、命令的效力應次於本法律。

## 該協會對在臺美國公民所提供的服務

第七條：(A)該協會得授權在臺雇員：

[1] 執行美國法律所規定授權之公證人業務，以採錄證詞，並從事公證業務：

[2] 擔任已故美國公民之遺產臨時保管人：

[3] 根據美國總統指示，依照美國法律之規定，執行領事所獲授權執行之其他業務，以協助保護美國人民的利益。

（B）該協會雇員獲得授權執行之行為有效力，並在美國境內具有相同效力，如同其他人獲得授權執行此種行為一樣。

## 該協會的免稅地位

第八條：該協會、該協會的財產及收入，均免受美國聯邦、各州或地方稅務當局目前或嗣後一切課稅。

## 對該協會提供財產及服務、以及從該協會獨得之財產及服務

第九條 (A)美國政府各部門可依總統所指定條件，出售、借貸或租賃財產（包括財產利益）給該協會，或提供行政和技術支援和服務，供該協會執行業務。

此等機構提供上述服務之報酬，應列入各機構所獲預算之內。

(B) 美國政府各部門得依總統指示的條件，獲得該協會的服務。當總統認為，為了實施本法律的宗旨有必要時，可由總統頒佈行政命令，使政府各部門獲得上述服務，而不顧上述部門通常獲得上述服務時，所應適用的法律。

(C) 依本法律提供經費給該協會的美國政府各部門，應和該協會達成安排，讓美國政府主計長得查閱該協會的帳冊記錄，並有機會查核該協會經費動用情形。

## 台灣機構

第十條：(A)美國總統或美國政府各機構依據美國法律授權或要求，向台灣提供，或由台灣接受任何服務、連絡、保證、承諾等事項，應在總統指定的方式及範圍內，向台灣設立的機構提供上述事項，或由這一機構接受上述事項。此一機構乃總統確定依台灣人民適用的法律而具有必需之權力者，可依據本法案代表台灣提供保證及採取其他行動者。

(B) 要求總統給予台灣設立的機構相同數目的辦事處及規定的全體人數，這是指與 1979 年一月一日以前美國承認為中華民國的台灣當局在美國設立的辦事處及人員相同而言。

(C) 根據台灣給予美國在臺協會及其適當人員的特權及豁免權，總統已獲授權給予台灣機構及其適當人員有效履行其功能所需的此種特權及豁免權（要視適當的情況及義務而定）。

## TAIWAN RELATIONS ACT

Public Law 96-8 96th Congress

An Act to help maintain peace, security, and stability in the Western Pacific and to promote the foreign policy of the United States by authorizing the continuation of commercial, cultural, and other relations between the people of the United States and the people on Taiwan, and for other purposes.

Be it enacted by the Senate and House of Representatives of the United States of America in Congress assembled,

### SHORT TITLE

SECTION 1. This Act may be cited as the "Taiwan Relations Act".

### FINDINGS AND DECLARATION OF POLICY

SEC. 2. (a) The President- having terminated governmental relations between the United States and the governing authorities on Taiwan recognized by the United States as the Republic of China prior to January 1, 1979, the Congress finds that the enactment of this Act is necessary——

(1) to help maintain peace, security, and stability in the Western Pacific; and

(2) to promote the foreign policy of the United States by authorizing the continuation of commercial, cultural, and other relations between the people of the United States and the people on Taiwan.

(b) It is the policy of the United States——

(1) to preserve and promote extensive, close, and friendly commercial, cultural, and other relations between the people of the United States and the people on Taiwan, as well as the people on the China mainland and all other peoples of the Western Pacific area;

(2) to declare that peace and stability in the area are in the political, security, and economic interests of the United States, and are matters of international concern;

(3) to make clear that the United States decision to establish diplomatic

relations with the People's Republic of China rests upon the expectation that the future of Taiwan will be determined by peaceful means;

(4) to consider any effort to determine the future of Taiwan by other than peaceful means, including by boycotts or embargoes, a threat to the peace and security of the Western Pacific area and of grave concern to the United States;

(5) to provide Taiwan with arms of a defensive character; and

(6) to maintain the capacity of the United States to resist any resort to force or other forms of coercion that would jeopardize the security, or the social or economic system, of the people on Taiwan.

(c) Nothing contained in this Act shall contravene the interest of the United States in human rights, especially with respect to the human rights of all the approximately eighteen million inhabitants of Taiwan. The preservation and enhancement of the human rights of all the people on Taiwan are hereby reaffirmed as objectives of the United States.

IMPLEMENTATION OF UNITED STATES POLICY WITH REGARD TO TAIWAN

SEC. 3. (a) In furtherance of the policy set forth in section 2 of this Act, the United States will make available to Taiwan such defense articles and defense services in such quantity as may be necessary to enable Taiwan to maintain a sufficient self-defense capability.

(b) The President and the Congress shall determine the nature and quantity of such defense articles and services based solely upon their judgment of the needs of Taiwan, in accordance with procedures established by law. Such determination of Taiwan's defense needs shall include review by United States military authorities in connection with recommendations to the President and the Congress.

(c) The President is directed to inform the Congress promptly of any threat to the security or the social or economic system of the people on Taiwan and any danger to the interests of the United States arising therefrom. The President and the Congress shall determine, in accordance with constitutional processes, appropriate action by the United States in response to any such danger.

## APPLICATION OF LAWS; INTERNATIONAL AGREEMENTS

SEC. 4. (a) The absence of diplomatic relations or recognition shall not affect the application of the laws of the United States with respect to Taiwan, and the laws of the United States shall apply with respect to Taiwan in the manner that the laws of the United States applied with respect to Taiwan prior to January 1, 1979.

(b) The application of subsection (a) of this section shall include, but shall not be limited to, the following:

(1) Whenever the laws of the United States refer or relate to foreign countries, nations, states, governments, or similar entities, such terms shall include and such laws shall apply with such respect to Taiwan.

(2) Whenever authorized by or pursuant to the laws of the United States to conduct or carry out programs, transactions, or other relations with respect to foreign countries, nations, states, governments, or similar entities, the President or any agency of the United States Government is authorized to conduct and carry out, in accordance with section 6 of this Act, such programs, transactions, and other relations with respect to Taiwan (including, but not limited to, the performance of services for the United States through contracts with commercial entities on Taiwan), in accordance with the applicable laws of the United States.

(3)(A) The absence of diplomatic relations and recognition with respect to Taiwan shall not abrogate, infringe, modify, deny, or otherwise affect in any way any rights or obligations (including but not limited to those involving contracts, debts, or property interests of any kind) under the laws of the United States heretofore or hereafter acquired by or with respect to Taiwan.

(B) For all purposes under the laws of the United States, including actions in any court in the United States, recognition of the People's Republic of China shall not affect in any way the ownership of or other rights or interests in properties, tangible and intangible, and other things of value, owned or held on or prior to December 31, 1978, or thereafter acquired or earned by the governing authorities on Taiwan.

(4) Whenever the application of the laws of the United States depends upon the law that is or was applicable on Taiwan or compliance therewith, the law applied by the people on Taiwan shall be considered the applicable law for that purpose.

(5) Nothing in this Act, nor the facts of the President's action in extending diplomatic recognition to the People's Republic of China, the absence of diplomatic relations between the people on Taiwan and the United States, or the lack of recognition by the United States, and attendant circumstances thereto, shall be construed in any administrative or judicial proceeding as a basis for any United States Government agency, commission, or department to make a finding of fact or determination of law, under the Atomic Energy Act of 1954 and the Nuclear Non-Proliferation Act of 1978, to deny an export license application or to revoke an existing export license for nuclear exports to Taiwan.

(6) For purposes of the Immigration and Nationality Act, Taiwan may be treated in the manner specified in the first sentence of section 202(b) of that Act.

(7) The capacity of Taiwan to sue and be sued in courts in the United States, in accordance with the laws of the United States, shall not be abrogated, infringed, modified, denied, or otherwise affected in any way by the absence of diplomatic relations or recognition.

(8) No requirement, whether expressed or implied, under the laws of the United States with respect to maintenance of diplomatic relations or recognition shall be applicable with respect to Taiwan.

(c) For all purposes, including actions in any court in the United States, the Congress approves the continuation in force of all treaties and other international agreements, including multilateral conventions, entered into by the United States and the governing authorities on Taiwan recognized by the

United States as the Republic of China prior to January 1, 1979, and in force between them on December 31, 1978, unless and until terminated in accordance with law.

(d) Nothing in this Act may be construed as a basis for supporting the exclusion or expulsion of Taiwan from continued membership in any international financial institution or any other international organization.

### OVERSEAS PRIVATE INVESTMENT CORPORATION

SEC. 5. (a) During the three-year period beginning on the date of enactment of this Act, the $1,000 per capita income restriction in insurance, clause (2) of the second undesignated paragraph of section 231 of the reinsurance, Foreign Assistance Act of 1961 shall not restrict the activities of the Overseas Private Investment Corporation in determining whether to provide any insurance, reinsurance, loans, or guaranties with respect to investment projects on Taiwan.

(b) Except as provided in subsection (a) of this section, in issuing insurance, reinsurance, loans, or guaranties with respect to investment projects on Taiwan, the Overseas Private Insurance Corporation shall apply the same criteria as those applicable in other parts of the world.

### THE AMERICAN INSTITUTE OF TAIWAN

SEC. 6. (a) Programs, transactions, and other relations conducted or carried out by the President or any agency of the United States Government with respect to Taiwan shall, in the manner and to the extent directed by the President, be conducted and carried out by or through——

(1) The American Institute in Taiwan, a nonprofit corporation incorporated under the laws of the District of Columbia, or

(2) such comparable successor nongovernmental entity as the President may designate, (hereafter in this Act referred to as the "Institute").

(b) Whenever the President or any agency of the United States Government is authorized or required by or pursuant to the laws of the United States to enter into, perform, enforce, or have in force an agreement or transaction relative to Taiwan, such agreement or transaction shall be entered into, performed, and enforced, in the manner and to the extent directed by the President, by or through the Institute.

(c) To the extent that any law, rule, regulation, or ordinance of the District of Columbia, or of any State or political subdivision thereof in which the Institute is incorporated or doing business, impedes or otherwise interferes with the performance of the functions of the Institute pursuant to this Act; such law, rule, regulation, or ordinance shall be deemed to be preempted by this Act.

## SERVICES BY THE INSTITUTE TO UNITED STATES CITIZENS ON TAIWAN

SEC. 7. (a) The Institute may authorize any of its employees on Taiwan

(1) to administer to or take from any person an oath, affirmation, affidavit, or deposition, and to perform any notarial act which any notary public is required or authorized by law to perform within the United States;

(2) To act as provisional conservator of the personal estates of deceased United States citizens; and

(3) to assist and protect the interests of United States persons by performing other acts such as are authorized to be performed outside the United States for consular purposes by such laws of the United States as the President may specify.

(b) Acts performed by authorized employees of the Institute under this section shall be valid, and of like force and effect within the United States, as if performed by any other person authorized under the laws of the United States to perform such acts.

## TAX EXEMPT STATUS OF THE INSTITUTE

SEC. 8. (a) The Institute, its property, and its income are exempt from all taxation now or hereafter imposed by the United States (except to the extent that section 11(a)(3) of this Act requires the imposition of taxes imposed under chapter 21 of the Internal Revenue Code of 1954, relating to the Federal Insurance Contributions Act) or by State or local taxing authority of the United States.

(b) For purposes of the Internal Revenue Code of 1954, the Institute shall be treated as an organization described in sections 170(b)(1)(A), 170(c), 2055 (a), 2106(a)(2)(A), 2522(a), and 2522(b).

## FURNISHING PROPERTY AND SERVICES TO AND OBTAINING SERVICES FROM THE INSTITUTE

SEC. 9. (a) Any agency of the United States Government is authorized to sell, loan, or lease property (including interests therein) to, and to perform administrative and technical support functions and services for the operations of, the Institute upon such terms and conditions as the President may direct. Reimbursements to agencies under this subsection shall be credited to the current applicable appropriation of the agency concerned.

(b) Any agency of the United States Government is authorized to acquire and accept services from the Institute upon such terms and conditions as the President may direct. Whenever the President determines it to be in furtherance of the purposes of this Act, the procurement of services by such agencies from the Institute may be effected without regard to such laws of the United States normally applicable to the acquisition of services by such agencies as the President may specify by Executive order.

(c) Any agency of the United States Government making funds available to the Institute in accordance with this Act shall make arrangements with the Institute for the Comptroller General of the United States to have access to the; books and records of the Institute and the opportunity to audit the operations of the Institute.

## TAIWAN INSTRUMENTALITY

SEC. 10. (a) Whenever the President or any agency of the United States Government is authorized or required by or pursuant to the laws of the United States to render or provide to or to receive or accept from Taiwan, any performance, communication, assurance, undertaking, or other action, such action shall, in the manner and to the extent directed by the President, be rendered or Provided to, or received or accepted from, an instrumentality established by Taiwan which the President determines has the necessary authority under the laws applied by the people on Taiwan to provide assurances and take other actions on behalf of Taiwan in accordance with this Act.

(b) The President is requested to extend to the instrumentality established by Taiwan the same number of offices and complement of personnel as were previously operated in the United States by the governing authorities on Taiwan recognized as the Republic of China prior to January 1, 1979.

(c) Upon the granting by Taiwan of comparable privileges and immunities with respect to the Institute and its appropriate personnel, the President is authorized to extend with respect to the Taiwan instrumentality and its appropriate; personnel, such privileges and immunities (subject to appropriate conditions and obligations) as may be necessary for the effective performance of their functions.

## SEPARATION OF GOVERNMENT PERSONNEL FOR EMPLOYMENT WITH THE INSTITUTE

SEC. 11. (a)(1) Under such terms and conditions as the President may direct, any agency of the United States Government may separate from Government service for a specified period any officer or employee of that agency who accepts employment with the Institute.

(2) An officer or employee separated by an agency under paragraph (1) of this subsection for employment with the Institute shall be entitled upon termination of such employment to reemployment or reinstatement with such agency (or a successor agency) in an appropriate position with the attendant rights, privileges, and benefits with the officer or employee would have had or acquired had he or she not been so separated, subject to such time period and other conditions as the President may prescribe.

(3) An officer or employee entitled to reemployment or reinstatement rights under paragraph (2) of this subsection shall, while continuously employed by the Institute with no break in continuity of service, continue to participate in any benefit program in which such officer or employee was participating prior to employment by the Institute, including programs for compensation for job-related death, injury, or illness; programs for health and life insurance; programs for annual, sick, and other statutory leave; and programs for retirement under any system established by the laws of the United States; except that employment with the Institute shall be the basis for participation in such programs only to the extent that employee deductions and employer contributions, as required, in payment for such participation for the period of employment with the Institute, are currently deposited in the program's or system's fund or depository. Death or retirement of any such officer or employee during approved service wi th the Institute and prior to reemployment or reinstatement shall be considered a death in or retirement from Government service for purposes of any employee or survivor benefits acquired by reason of service with an agency of the United States Government.(4) Any officer or employee of an agency of the United States Government who entered into service with the Institute on approved leave of absence without pay prior to the enactment of this Act shall receive the benefits of this section for the period of such service.

(b) Any agency of the United States Government employing alien personnel on Taiwan may transfer such personnel, with accrued allowances, benefits, and rights, to the Institute without a break in service for purposes of retirement and other benefits, including continued participation in any system established by the laws of the United States for the retirement of employees in which the alien was participating prior to the transfer to the Institute, except that employment with the Institute shall be creditable for retirement purposes only to the extent that employee deductions and employer contributions, as required, in payment for such participation for the period of employment with the Institute, are currently deposited in the system' s fund or depository.

(c) Employees of the Institute shall not be employees of the United States and, in representing the Institute, shall be exempt from section 207 of title 18, United States Code.

(d)(1) For purposes of sections 911 and 913 of the Internal Revenue Code of 1954, amounts paid by the Institute to its employees shall not be treated as earned income. Amounts received by employees of the Institute shall not be included in gross income, and shall be exempt from taxation, to the extent that they are equivalent to amounts received by civilian officers and employees of the Government of the United States as allowances and benefits which are exempt from taxation under section 912 of such Code.(2) Except to the extent required by subsection (a)(3) of this section, service performed in the employ of the Institute shall not constitute employment for purposes of chapter 21 of such Code and title II of the Social Security Act.

REPORTING REQUIREMENT

SEC. 12. (a) The Secretary of State shall transmit to the Congress the text of any agreement to which the Institute is a party. However, any such agreement the immediate public disclosure of which would, in the opinion of the President, be prejudicial to the national security of the United States shall not be so transmitted to the Congress but shall be transmitted to the Committee on Foreign Relations of the Senate and the Committee on Foreign Affairs of the House of Representatives under an appropriate injunction of secrecy to be removed only upon due notice from the President.

(b) For purposes of subsection (a), the term "agreement" includes-

(1) any agreement entered into between the Institute and the governing authorities on Taiwan or the instrumentality established by Taiwan; and

(2) any agreement entered into between the Institute and an agency of the United States Government.

(c) Agreements and transactions made or to be made by or through the Institute shall be subject to the same congressional notification, review, and approval requirements and procedures as if such agreements and transactions were made by or through the agency of the United States Government on behalf of which the Institute is acting.

(d) During the two-year period beginning on the effective date of this Act, the Secretary of State shall transmit to the Speaker of the House and Senate House of Representatives and the Committee on Foreign Relations of Foreign Relations the Senate, every six months, a report describing and reviewing economic relations between the United States and Taiwan, noting any interference with normal commercial relations.

## RULES AND REGULATIONS

SEC. 13. The President is authorized to prescribe such rules and regulations as he may deem appropriate to carry out the purposes of this Act. During the three-year period beginning on the effective date speaker of this Act, such rules and regulations shall be transmitted promptly to the Speaker of the House of Representatives and to the Committee on Foreign Relations of the Senate. Such action shall not, however, relieve the Institute of the responsibilities placed upon it by this Act.'

## CONGRESSIONAL OVERSIGHT

SEC. 14. (a) The Committee on Foreign Affairs of the House of Representatives, the Committee on Foreign Relations of the Senate, and other appropriate committees of the Congress shall monitor-

(1) the implementation of the provisions of this Act;

(2) the operation and procedures of the Institute;

(3) the legal and technical aspects of the continuing relationship between the United States and Taiwan; and

(4) the implementation of the policies of the United States concerning security and cooperation in East Asia.

(b) Such committees shall report, as appropriate, to their respective Houses on the results of their monitoring.

## DEFINITIONS

SEC. 15. For purposes of this Act-

(1) the term "laws of the United States" includes any statute, rule, regulation, ordinance, order, or judicial rule of decision of the United States or any political subdivision thereof; and

(2) the term "Taiwan" includes, as the context may require, the islands of Taiwan and the Pescadores, the people on those islands, corporations and other entities and associations created or organized under the laws applied on those islands, and the governing authorities on Taiwan recognized by the United States as the Republic of China prior to January 1, 1979, and any successor governing authorities (including political subdivisions, agencies, and instrumentalities thereof).

## AUTHORIZATION OF APPROPRIATIONS

SEC. 16. In addition to funds otherwise available to carry out the provisions of this Act, there are authorized to be appropriated to the Secretary of State for the fiscal year 1980 such funds as may be necessary to carry out such provisions. Such funds are authorized to remain available until expended.

## SEVERABILITY OF PROVISIONS

SEC. 17. If any provision of this Act or the application thereof to any person or circumstance is held invalid, the remainder of the Act and the application of such provision to any other person or circumstance shall not be affected thereby.

## EFFECTIVE DATE

SEC. 18. This Act shall be effective as of January 1, 1979. Approved April 10, 1979.

附

錄

■

289

# 〔附錄六〕

# 1982 年 8 月中（共）美八一七公報

## 中文全文（中共方面版本）

一、 在美利堅合眾國政府與「中華人民共和國政府」於 1979 年元日 1 日建立外交關係所簽署的聯合公報中，美利堅合眾國承認「中華人民共和國政府」為中國唯一的合法政府，其亦認知中國立場即只有一個中國而台灣是中國的一部分。在此前提下，雙方同意美國人民將繼續與台灣人民維持文化、商業與其他非正式關係。在此一基礎上，美國與「中國」間關係得以正常化。

二、 在兩國建立外交關係之談判過程中，美國對台軍售問題並未獲得解決。雙方曾抱持不同立場，而「中方」宣稱其在（關係）正常化之後，將再度提出此一問題。雙方認識到此一問題將嚴重阻擾美「中」關係之發展，其等已在自雷根總統與趙紫陽總理及海格國務卿與副總理兼外交部長黃華於 1981 年 10 月所舉行的數次會談之中與會談後曾就此作進一步討論。

三、 尊重彼此之主權、領土完整及不干涉彼此內政，構成指引「中」美關係的基本原則。該原則於 1972 年 2 月 28 日之上海公報中獲得確認並於 1979 年元月 1 日生效的建交聯合公報中再次予以確認。雙方明白地表示此等原則繼續地支配其等全面關係。

四、 「中國政府」重申台灣問題是中國的內政事務。「中國」在 1979 年元月 1 日所發表的致台灣同胞書揭櫫了力求祖國和平統一的基本政策。「中國」在 1981 年 9 月 30 日所提出的九點建議代表著在此基本政策下謀求台灣問題和平解決的進一步之主要努力。

五、 美國政府對於其與「中國」之關係極為重視，並重申其無意侵犯「中國」之主權與領土完整或干涉「中國」內政或採行「兩個中國」

或「一中一台」之政策。美國政府瞭解並體諒「中國」於 1979 年 1 月 1 日告台灣同胞書及 1981 年 9 月 30 日「中國」提出之九點建議所顯示其致力於和平解決台灣問題之政策。此一有關台灣問題之新情勢亦對解決美「中」就對台灣武器銷售問題之歧見提供有利之條件。

六、有鑒於前述雙方之陳述，美國政府茲聲明其並不謀求執行一對臺銷售武器之長期政策，對台灣武器銷售在質或量上均不會超過美「中」兩國建立外交關係後近年來（美對台灣）所提供之水準，美國意圖逐漸減少對台灣之武器銷售，經由一段時間而趨於一最終解決。藉此聲明，美國認知「中國」關係此一問題徹底解決之一貫立場。

七、為促成經由一段時間後就美國對台灣武器銷售此一植根於歷史問題之最終解決，兩國政府將盡一切努力採取措施並造成有利於徹底解決此一問題之條件。

八、美「中」關係之發展不但符合兩國人民之利益，並有助於世界之和平與安定，雙方決心基於平等互惠之原則，加強彼此在經濟、文化、教育、科學、技術及其他方面之聯繫，並作堅強共同努力以繼續發展美「中」人民與政府間之關係。

九、為使美「中」關係健全發展，維持世界和平、反對侵略及擴張，兩國政府重申上海公報及建交公中業經雙方同意之原則。雙方將保持聯繫並就共同興趣之雙邊及國際事務作適當磋商。

## 英文全文

1. In the Joint Communique on the Establishment of Diplomatic Relations on January 1, 1979, issued by the Government of the United States of America and the Government of the People's Republic of China, the United States of America recognized the Government of the People's Republic of China as the sole legal government of China, and it acknowledged the Chinese position that there is but one China and Taiwan is part of China. Within that context, the two sides agreed that the people of the United States would continue to maintain cultural, commercial, and other unofficial relations with the people of Taiwan. On this basis, relations between the United States and China were normalized.

2. The question of United States arms sales to Taiwan was not settled in the course of negotiations between the two countries on establishing diplomatic relations. The two sides held differing positions, and the Chinese side stated that it would raise the issue again following normalization. Recognizing that this issue would seriously hamper the development of United States-China relations, they have held further discussions on it, during and since the meetings between President Ronald Reagan and Premier Zhao Ziyang and between Secretary of State Alexander M. Haig, Jr., and Vice Premier and Foreign Minister Huang Hua in October 1981.

3. Respect for each other's sovereignty and territorial integrity and non-interference each other's internal affairs constitute the fundamental principles guiding United States-China relations. These principles were confirmed in the Shanghai Communique of February 28, 1972 and reaffirmed in the Joint Communique on the Establishment of Diplomatic Relations which came into effect on January 1, 1973. Both sides emphatically state that these principles continue to govern all aspects of their relations.

4. The Chinese government reiterates that the question of Taiwan is China's internal affair. The Message to the Compatriots in Taiwan issued by China on January 1, 1979, promulgated a fundamental policy of striving for peaceful reunification of the Motherland. The Nine-Point Proposal put forward by China on September 30, 1981 represented a Further major effort under this fundamental policy to strive for a peaceful solution to the Taiwan question.

5. The United States Government attaches great importance to its relations with China, and reiterates that it has no intention of infringing on Chinese sovereignty and territorial integrity, or interfering in China's internal affairs, or pursuing a policy of "two Chinas" or "one China, one Taiwan." The United States Government understands and appreciates the Chinese policy of striving for a peaceful resolution of the Taiwan question as indicated in China's Message to Compatriots in Taiwan issued on January 1, 1979 and the Nine-Point Proposal put forward by China on September 30, 1981. The new

situation which has emerged with regard to the Taiwan question also provides favorable conditions for the settlement of United States-China differences over the question of United States arms sales to Taiwan.

6. Having in mind the foregoing statements of both sides, the United States Government states that it does not seek to carry out a long-term policy of arms sales to Taiwan, that its arms sales to Taiwan will not exceed, either in qualitative or in quantitative terms, the level of those supplied in recent years since the establishment of diplomatic relations between the United States and China, and that it intends to reduce gradually its sales of arms to Taiwan, leading over a period of time to a final resolution. In so stating, the United States acknowledges China's consistent position regarding the thorough settlement of this issue.

7. In order to bring about, over a period of time, a final settlement of the question of United States arms sales to Taiwan, which is an issue rooted in history, the two governments will make every effort to adopt measures and create conditions conducive to the thorough settlement of this issue.

8. The development of United States-China relations is not only in the interest of the two peoples but also conducive to peace and stability in the world. The two sides are determined, on the principle of equality and mutual benefit, to strengthen their ties to the economic, cultural, educational, scientific, technological and other fields and make strong joint efforts for the continued development of relations between the governments and peoples of the United States and China.

9. In order to bring about the healthy development of United States China relations, maintain world peace and oppose aggression and expansion, the two governments reaffirm the principles agreed on by the two sides in the Shanghai Communique and the Joint Communique on the Establishment of Diplomatic Relations. The two sides will maintain contact and hold appropriate consultations on bilateral and international issues of common interest.

# 中華民國政府對八一七公報之聲明
## （1982年8月「雷根政府對台北六大保證」）

### 中文全文

中華民國外交部發言人茲就美利堅合眾國政府與中共偽政權發表「聯合公報」事發表聲明如次：

對美國政府與中共偽政權於本（71）年8月17日所發表之聯合公報，中華民國政府願重申其一貫之嚴正立場，即美國政府與中共政權雙方在該公報中所達成任何涉及中華民國政府及中國人民權益之協議，中華民國認為一律無效。中華民國政府並願就下列事項鄭重發表聲明如次：

美國對中華民國防禦性武器之提供，係根據台灣關係法之規定所執行對華軍售之既定政策。茲美國政府竟誤信中共政權虛偽之「和平意向」，而同意在對華軍售之數量與質量上設限，顯然違反「台灣關係法」之文字與精神，吾人深表遺憾。

中國共產黨為達到目的一向不擇手段。和談與戰爭之交相運用，更為其一貫之傳統技倆。目前更處心積慮，以種種方法發動國際統戰，企圖進一步孤立我國；以一切手段阻撓美國對我軍售，為其武力犯台鋪路。茲美國政府未能明瞭中共偽政權陰謀詭計，與其發表上述文件，實係一項嚴重之錯誤。

在所謂「聯合公報」進行磋商過程中，美方曾將有關發展告知中華民國政府，中華民國政府亦曾迭次將其一貫之反對立場告明美方；美方於本（71）年7月14日循適當途徑，向我方表示下列事項：

1. 美方未同意在對我軍售上，設定結束期限。

2. 美方對中共要求就對我軍售事與其事先諮商事未予同意。

3.美方無意扮演任何我與中共間調解人之角色。

4.美方將不同意修改台灣關係法。

5.美方並未變更其對台灣主權之一貫立場。

6.美方無意義我施加壓力與中共進行談判。

吾人至盼美國政府正視中共偽政權妄圖併吞我復興基地、分化自由世界之陰謀，勿為所惑，並基於自由正義之立國精神，積極履行「台灣關係法」，繼續售我防禦性武器，以維持中華民國之安定與繁榮，並確保亞太地區之和平與安全。

## 英文全文

With regard to the Joint Communique issued on August 17, 1982, by the Government of the United States of America and the Chinese communist regime, the Government of the Republic of China reiterates its solemn position that it will consider null and void any agreement involving the rights and interests of the Government and people of the Republic of China, reached between the United States Government and the Chinese communist regime.

The Government of the Republic of China makes further declarations as follows:

The supply of adequate defensive weapons to the Republic of China is an established arms sales policy of the United States of America, formulated by and executed within the stipulations of the Taiwan Relations Act. Now the United States Government has mistaken the fallacious "peaceful intention" of the Chinese communists as sincere and meaningful and consequently acceded to the latter's demand to put ceilings on both the quality and quantity of the arms to be sold to the Republic of China. It is in contravention of the letter and spirit of the Taiwan Relations Act, for which we must express our profound regret.

The Chinese communists would always justify the means they choose to employ in attaining their aims. The alternating employment of peace talk and military action is their traditional, inveterate trick. The Chinese communists are exerting all efforts in waging an international united front campaign, with a view to further isolating the Republic of China. They are seeking all possible means to interrupt and discontinue U.S. arms sales to the Republic of China, trying to pave the way for their military invasion of this country. It is a serious mistake that the United States Government, failing to comprehend the real nature of the trick and fraud of the Chinese communists, unwittingly issued the above-said document jointly with them.

During the period of discussions on the so-called Joint Communique, the U.S. side has kept the Government of the Republic of China informed of its developments, and at the same time the Government of the Republic of China has presented to the United States its consistent position of firmly opposing the issuance of such a document on July 14, 1982, the U.S. side, through appropriate channels, made it known to the Republic of China that the U.S. side:

1.Has not agreed to set a date for ending arms sales to the Republic of China,

2.Has not agreed to hold prior consultations with the Chinese communists on arms sales to the Republic of China,

3.Will not play any mediation role between Taipei and Peiping,

4.Has not agreed to revise the Taiwan Relations Act,

5.Has not altered its position regarding sovereignty over Taiwan,

6.Will not exert pressure on the Republic of China to enter into negotiations with the Chinese communists.

We earnestly hope that the United States Government will not be deceived by but will see through the Chinese communists' plot in attempting to annex our base of national recovery and to divide the free world. We also hope that the United States, upholding her founding spirit of freedom and justice, will fully and positively implement the Taiwan Relations Act to continue providing us with defensive arms so as to maintain the stability and prosperity of the Republic of China and to safeguard the peace and security of the Asian-Pacific region.

# 1994 年 9 月美國務院「對台政策檢討」

## 中譯文全文

（一）美國對華政策檢討部分：

1. 我駐美代表處更名為「駐美國台北經濟文化代表處」（Taipei Economic and Cultural Representative Office in the United States）

2. 允許美國經濟及技術機關（economic and technical agencies）之高層官員及國務院較資深之經濟及技術官員訪台，並與我各層級官員晤談。

3. 允許美國務院主管經濟及技術事務之次卿及以下官員，與我方代表在官署以外地點會晤。

4. 允許美經濟及技術部會閣員，透過（美國在台協會）安排，與我方代表及訪賓在官署洽公；

5. 允許美在台協會之處長、副處長等人進入我外交部洽公；

6. 於適當時機支持我方加入不限以國家為會員之國際組織，並設法讓我在無法以國家身分參加之國際組織中表達意見。對於聯合國等僅以國家身分為會員之國際組織，美國不支持我參加；

7. 允許我高階層領袖過境美國，惟不得從事任何公開活動，每次過境將個案考量；

8. 提議經由美國在台協會舉辦雙方次長級經濟對話，以及談判簽訂一項貿易投資架構協定。

（二）檢討報告中對我政策未改變的部分：

1. 「美國在台協會」將續為處理雙方非官方關係之機構；

2. 為符合雙方非官方關係，不允我方高階層領袖訪美；

3. 不允我方代表進入國務院，白宮及舊行政大樓洽公；

4. 對台軍售政策並無改變；

5. 美國將不支持台灣加入以國家為會員之國際組織，例如聯合國。

## 英文全文

Taiwan Policy Review

Winston Lord, Assistant Secretary for East Asian and Pacific Affairs

Statement before the Senate Foreign Relations Committee, Washington, DC, September 27, 1994.

Thank you for inviting me to testify on behalf of the Administration on an issue of substantial importance to our policy in the Asia-Pacific region. Our bonds with Taiwan are robust, friendly, growing, and complex.

Your invitation is timely. For the first time in 15 years, we have systematically enhanced the ways in which we promote American interests and manage our relationship with Taiwan. The Administration has carefully examined every facet of our unofficial ties, with a view to correcting their anomalies and strengthening their sinews. The President has taken a personal interest in this process and directed that a series of changes be implemented.

The lengthy, detailed interagency policy review that we have conducted is the first of its kind launched by any administration of either political party since we shifted recognition to Beijing in 1979. We have consulted with interested members of Congress and the private sector. The foundation of our approach has been to advance U.S. national objectives in our relations with Taiwan and the P.R.C., as well as in the Asia-Pacific area generally. The results, we believe, strike the right balance between Taipei and Beijing, laying the basis for further expanding relations with both while ensuring continued peace and stability in the Taiwan Strait.

Policy Framework

The basic framework of our policies toward the P.R.C. and Taiwan remains unchanged. It is worth recalling how durable and productive that policy has been. During 22 years, six administrations of both political parties have closely examined this approach and concluded that it is firmly rooted in U.S. national interests. Throughout this period we have maintained our friendship and ties with Taiwan while advancing our considerable goals with the People's Republic of China.

U.S. policy toward Taiwan is governed, of course, by the Taiwan Relations Act of 1979. Three communiques with the People's Republic of China-the Shanghai Communique of 1972, the Normalization Communique of 1979, and the Joint Communique of 1982-also constitute part of the foundation. In the joint communique shifting diplomatic relations to the P.R. C. 15 years ago, the United States recognized "the Government of the People's Republic of China as the sole legal Government of China." The document further states that "Within this context, the people of the United States will maintain cultural, commercial, and other unofficial relations with the people of Taiwan." The United States also acknowledged "the Chinese position that there is but one China and Taiwan is part of China." These formulations were repeated in the 1982 communique. Since 1978, each administration has reaffirmed this policy.

The policy has been essential in maintaining peace, stability, and economic development on both sides of the Taiwan Strait and throughout the region. It has buttressed expansion of bilateral contacts between China and Taiwan, including a broadening of social and economic linkages that have improved standards of living both in Taiwan and in the People's Republic of China. Meanwhile, the United States has maintained mutually beneficial ties with both the P.R.C. and Taiwan. We have focused our bilateral and multilateral agendas on working cooperatively with each while not putting at unnecessary risk our relations with either. We have made absolutely clear our expectation that cross-strait relations will evolve in a peaceful manner. We neither interfere in nor mediate this process. But we welcome any evolution in relations between Taipei and Beijing that is mutually agreed upon and peacefully reached.

Change In the Region

During the past two decades, Taiwan has been one of the world's greatest economic success stories, achieving rapid growth and prosperity. Its security has been enhanced and is more solid than ever. It has taken dramatic strides toward democracy and the fulfillment of human rights. With a small population and modest resources, Taiwan has risen to become one of the world's major economic actors, while putting into practice a lively, increasingly representative political system. It has shown that political openness must accompany economic reform and that Asians value freedom as much as other peoples around the globe.

These remarkable developments are a tribute, above all, to the talents and energy of the people of Taiwan and to their enlightened leaders. They also reflect the soundness of bipartisan U.S. policies pursued through successive administrations. We have been faithful to Taiwan while addressing our wide range of goals with Beijing.

At the same time, in recent years, changes of a profound nature have taken place in the People's Republic of China. The P.R.C. is undergoing a significant transition from a command to a market economy that has brought unprecedented prosperity to millions. It has opened up to the outside world, but it clings to a repressive political system. It is an increasingly important player on the world stage.

In the end, it is only the two parties themselves-Taiwan and the P.R.C. - that will be able to resolve the issues between them. In this regard, the United States applauds the continuing progress in the cross-strait dialogue. The record is one of slow but not inconsequential advance. We should not underestimate the significance of two parties-who have a history of bitter enmity-getting together to discuss issues. While credit must go, first of all, to each for enhancing their dialogue, U.S. policy has contributed to a climate which has fostered not only these growing exchanges but also trade, investment, and travel between them. This trend toward contact and dialogue serves the interests of both parties and the United States and of regional stability and prosperity.

Taiwan's security is one of the most important aspects of our policy. Meeting the needs of Taiwan is critical not only for Taiwan but also for peace and stability in the region. We will continue to provide material and training to Taiwan to enable it to maintain a sufficient self-defense capability, as mandated by the Taiwan Relations Act.

There is no change in our arms sales policy as a result of the adjustments we are undertaking. Our sales to Taiwan will remain fully consistent with both the Taiwan Relations Act and the 1982 U.S.-P-R.C. communique. These documents are complementary and support the same basic objectives-peace and stability in the Taiwan Strait.

Policy Adjustments

Within this framework, the President has decided to enhance our unofficial ties with Taiwan. Our goal is to reinforce the success of the fundamental policy approach I have outlined, which has promoted peace and growth in the region, while accommodating changing circumstances in ways that advance U.S. interests. We believe it would be a serious mistake to derail this basic policy of several administrations by introducing what China would undoubtedly perceive as officiality in our relations with Taiwan. This is why the Administration strongly opposes Congressional attempts to legislate visits by top leaders of the "Republic of China" to the U.S.

Let me give you the highlights of our changes. Taken together, they represent a significant advance while remaining faithful to the undertakings of several administrations of both political parties to Beijing. I will be pleased to provide more details later in response to your questions.

We are now prepared to send high-level officials from U.S. economic and technical agencies to visit Taiwan. We will make judgments as to what level of visitor best serves our interests. They will have meetings at whatever levels necessary to accomplish our objectives. We are also prepared to establish a sub-cabinet economic dialogue with Taiwan. Moreover, last week we signed a Trade and Investment Framework Agreement and anticipate an early commencement of talks. We also are making some changes in the ways we promote our commercial and technical interests in Washington, including where meetings can be held.

Taiwan will have a new name for its office here-the Taipei Economic and Cultural Representative Office. Recognizing Taiwan's important role in transnational issues, we will support its membership in organizations where statehood is not a prerequisite, and we will support opportunities for Taiwan's voice to be heard in organizations where its membership is not possible.

Due in significant part to a well-conceived and consistent U.S. policy since 1979, U.S. and Taiwan relations are thriving. We can conduct any important business. Our trade and investment levels are high and rising. Some 37,000 students from Taiwan study in the U.S.-the second-highest number in the world. Thanks to our efforts, Taiwan is a valued member of the Asia-Pacific Economic Cooperation forum-the most important regional economic body in Asia. It is engaged in serious, productive negotiations which will lead to its accession to GATT.

Conclusion

Mr. Chairman, U.S. policy toward Taiwan has been a major bipartisan success story through several administrations. It is balanced, it is faithful to our obligations, our commitments, and our national purposes. It promotes our goals with both the P.R.C. and with Taiwan. Relations with the P.R.C. are official and diplomatic; with Taiwan, they are unofficial but strong. We do not believe that we can or should tamper with this successful formula. We do not seek and cannot impose a resolution of differences between Taiwan and the People's Republic of China. Nor should we permit one to manipulate us against the other.

What we can do-and what we have just done is the most thorough review and adjustment in 15 years-is to strengthen our unofficial relations with Taiwan, permit the expansion of ties with the P.R.C., promote regional peace and development, and serve American national interests. Thank you.

通識叢書

# 美國對華「一個中國」政策之演變
## ——從尼克森到柯林頓

主編◆王壽南

作者◆胡為真

發行人◆施嘉明

總編輯◆方鵬程

責任編輯◆李俊男

美術設計◆吳郁婷

出版發行：臺灣商務印書館股份有限公司

臺北市重慶南路一段三十七號

電話：(02)2371-3712

讀者服務專線：0800056196

郵撥：0000165-1

網路書店：www.cptw.com.tw

E-mail：ecptw@cptw.com.tw

網址：www.cptw.com.tw

局版北市業字第 993 號

初版一刷：2001 年 04 月

初版五刷：2012 年 11 月

定價：新台幣 290 元

美國對華「一個中國」政策之演變：從尼克森
到柯林頓 ／ 胡爲眞著. -- 初版. -- 臺北市
：臺灣商務, 2001[民 90]
　　面 ； 公分. --（通識叢書）
參考書目：面
ISBN 957-05-1700-X(平裝)

　1. 中國 － 外交關係 － 美國 2. 美國 －
外交關係 － 中國

578.252　　　　　　　　　　　90003535

# 讀者回函卡

感謝您對本館的支持，為加強對您的服務，請填妥此卡，免付郵資寄回，可隨時收到本館最新出版訊息，及享受各種優惠。

姓名：＿＿＿＿＿＿＿＿＿＿＿＿＿＿＿ 性別：□男 □女

出生日期：＿＿年＿＿月＿＿日

職業：□學生 □公務（含軍警） □家管 □服務 □金融 □製造
　　　□資訊 □大眾傳播 □自由業 □農漁牧 □退休 □其他

學歷：□高中以下（含高中） □大專 □研究所（含以上）

地址：□□□＿＿＿＿＿＿＿＿＿＿＿＿＿＿＿＿
　　　＿＿＿＿＿＿＿＿＿＿＿＿＿＿＿＿＿＿＿＿

電話：（H）＿＿＿＿＿＿＿＿＿　（O）＿＿＿＿＿＿＿＿

E-mail:＿＿＿＿＿＿＿＿＿＿＿＿＿＿＿＿＿＿

購買書名：＿＿＿＿＿＿＿＿＿＿＿＿＿＿＿＿

您從何處得知本書？
　　　□書店 □報紙廣告 □報紙專欄 □雜誌廣告 □DM廣告
　　　□傳單 □親友介紹 □電視廣播 □其他

您對本書的意見？（A/滿意 B/尚可 C/需改進）
　　　內容＿＿＿＿ 編輯＿＿＿＿ 校對＿＿＿＿ 翻譯＿＿＿＿
　　　封面設計＿＿＿＿ 價格＿＿＿＿ 其他＿＿＿＿

您的建議：＿＿＿＿＿＿＿＿＿＿＿＿＿＿＿
　　　　　＿＿＿＿＿＿＿＿＿＿＿＿＿＿＿＿＿＿
　　　　　＿＿＿＿＿＿＿＿＿＿＿＿＿＿＿＿＿＿

臺灣商務印書館

台北市重慶南路一段三十七號　電話：（02）23713712轉分機50～57
讀者服務專線：0800056196　傳真：（02）23710274・23701091
郵撥：0000165-1號　E-mail: cptw@cptw.com.tw
網址：www.cptw.com.tw

## 傳統現代　並翼而翔

Flying with the wings of tradition and modernity.